U0935338

珍藏本
纪念版

汉译世界学术名著丛书

货币和资本理论的研究

〔瑞典〕林达尔 著

陈福生 陈振骅 译

2017年·北京

Erik Lindahl

STUDIES IN THE THEORY OF

MONEY AND CAPITAL

根据 New York Farrar & Rinehart,Inc. 1939 年版译出

汉译世界学术名著丛书
（120 年纪念版·珍藏本）
出 版 说 明

2017 年 2 月 11 日，商务印书馆迎来 120 岁的生日。120 年前，商务印书馆前贤怀揣文化救国的理想，抱持“昌明教育，开启民智”的使命，立足本土，放眼寰宇，以出版为津梁，沟通中西，为中国、为世界提供最富智慧的思想文化成果。无论世事白云苍狗，潮流左右激荡，甚至战火硝烟弥漫，始终践行学术报国之志，无改初心。

逐译世界各国学术名著，即其一端。早在 20 世纪初年便出版《原富》《天演论》等影响至今的代表性著作，1950 年代后更致力于外国哲学和社会科学经典的译介，及至 1980 年代，辑为“汉译世界学术名著丛书”，汇涓为流，蔚为大观。丛书自 1981 年开始出版，历时三十余年，迄今已推出七百种，是我国现代出版史上规模最大、最为重要的学术翻译工程。

从书所选之书，立场观点不囿于一派，学科领域不限于一门，皆为文明开启以来，各时代、各国家、各民族的思想与文化精粹，代表着人类已经到达过的精神境界。丛书系统译介世界学术经典，引领时代思想，为本土原创学术的发展提供丰富的文化滋养，为推动中国现代学术和现代化进程做出了突出的贡献。

为纪念商务印书馆成立120周年，我们整体推出“汉译世界学术名著丛书”120年纪念版的珍藏本，寄望既利于文化积累，又便于研读查考，同时向长期支持丛书出版的译者、编者和读者致以敬意。

两甲子后的今天，商务印书馆又站在了一个新的历史时间节点上。我们不仅要铭记先辈的身影和足迹，更须让我们的步伐充满新的时代精神。这是商务人代代相传的事业，更是与国家和民族的命运始终紧密相连的事业。我们责无旁贷，必须做好我们这代人的传承与创造，让我们的努力和成果不仅凝聚成民族文化的记忆，还能成为后来人可以接续的事业。唯此，才能不负前贤，无愧来者。

商务印书馆编辑部

2017年10月

中译本序言

本书作者林达尔(1891—1960)是瑞典现代资产阶级经济学家,瑞典学派(亦称北欧学派或斯德哥尔摩学派)的主要代表者之一,瑞典隆德大学教授,并曾兼任瑞典中央银行顾问。本书是他的代表作,其他重要著作有:由魏克赛尔审查的学位论文《课税的公正》(1919年出版)、《就业稳定问题》(1949年出版)等。

瑞典学派是现代资产阶级经济学的一个主要流派,它的奠基者为达维逊、卡塞尔和魏克赛尔,其中魏克赛尔,特别是他在1898年出版的《利息与价格》一书,对于瑞典学派的形成有重大影响。在这本书中,魏克赛尔提出自然利率这个概念,以与市场利率(即金融市场上的借贷利息率)相区别。据魏克赛尔的说法,所谓自然利率,是指借贷不使用货币,一切借贷都以实物进行,因而完全由实物资本的供给和需求所决定的利率,故又称为实际利率。据他说,自然利率又可理解为能使储蓄与投资相一致的利率,以及使物价水平不变从而经济体系维持均衡状态的利率,所以自然利率又被称为正常利率或均衡利率。事实上,魏克赛尔所说的自然利率,亦即庸俗经济学所说的资本边际生产率,大体相当于投资的预期利润率。魏克赛尔认为,设若一个社会的市场利率低于自然利率,将出现生产资料的需求和生产扩张、信用膨胀、投资大于储蓄、货币所得增长以及物价水平上涨等累积的经济扩张过程;反之,设若市场利率高于自然利率,将会出现信用紧缩、投资小于储蓄、货币所得减少以及物价水平下跌等累积的经济紧缩过程。当市场利率恰与自然利率一致时,投资与储蓄相等,所得和物价水平维持不变,经济体系处于稳定的和均衡的状态,在这种场合,经济体系的运行,完全取决于货币以外的其他因素,货币只起着流通媒介和计价单位的作用,这时的货币被称为中性货币或中立货币。魏克赛尔的这一"理论"在资产阶级经济学发展过程中的意义及其对瑞典学派的影响,主要表现在:第一,我们知道,在资产阶级庸俗经济学的价值理论(或所谓均衡价格理论)中,是用各种商品及生产因素各自的供求关系来"说明"商品和生产因素的相对价格,而在货币理论中,则用货币数量说来说明商品的绝对价格水平,魏克赛尔在这里开始把货币理论和经济理论综合在一个理论体系之内,并为现代资产阶级经济学广泛传播的货币、就业和经济周期的综合理论奠定了初步基础;第二,魏克赛尔在这里企图通过储蓄与投资来分析整个经济体系的生产和物价水平的变动,从而成为20世纪三十年代凯恩斯主义传播以来,在资产阶级经济学家中广泛传播的用储蓄投资来解释资本主义经济周期以及所谓宏观经济学的奠基者。

瑞典学派是在20世纪二十年代末到三十年代期间形成的。它的主要代表者及其重要论著,除本书以外,还有:(1)缪尔达尔:《价格形成与变动因素》(1927年)、《货币均衡论》(1931年用瑞典文发表,1933年扩大后用德文出版,1939年再增添若干章节后用现在这个题名出版英译本);(2)1927年在瑞典成立的失业委员会于1931—1935年间发表的报告书和六个瑞典经济学家所写的下列论著：巴格(Gösta Bagge)：《失业的原因》、阿克曼：《产业合理化及其效果》、哈马舍尔德：《经济波动的蔓延》、缪尔达尔：《财政政策的经济效果》、约翰逊(A. Johanssen)：《工资与失业》、俄林：《货币政策、公共工程、贴补和关税政策是消除失业的工具》及哈马舍尔德执笔的报告书结论部分：《消除失业的政策》；(3)伦德堡：《经济扩张理论的研究》(1937年)。

瑞典学派的形成及其所以在各国资产阶级经济学家中受到日益增长的重视，是与资本主义发展到总危机阶段，资本主义内在矛盾日益尖锐化分不开的：第一次世界大战后，1920年，一些主要资本主义国家爆发了周期性经济危机，这次危机后的萧条阶段持续很久，失业超过十九世纪任何一次危机，经过短暂的复苏后，1929年又爆发了资本主义世界历史上最严重的一次世界经济危机，然后是三十年代在主要资本主义国家出现的特种萧条；同时，随着垄断资本的发展，一小撮财政寡头利用其所控制的国家机器，日益加强了对国民经济的干预，借以攫取最大限度的垄断利润。在这种经济、政治条件下，十九世纪资产阶级庸俗经济学各种流派的静态均衡理论体系，断言仿佛借助资本主义自由竞争下的市场价格机构的自动调节作用，资本主义可以实现"充分就业"的均衡，在失业大军和过剩设备经常大量存在的事实面前，已日益丧失其辩护作用。资产阶级经济学家不得不找寻某些新的辩护手法，这表现在当代资产阶级经济学各种流派发展趋向的如下一些共同特点：首先，在被迫承认资本主义自发的市场力量无法避免危机和失业的同时，却又说什么只要加强国家对国民经济生活的干预，就可以"消灭"危机和失业；其次，提出各种各样的危机"理论"，企图以此

掩盖危机的真正原因，并为国家垄断资本主义的政策措施制造“理论”根据；第三，对传统的静态均衡理论，进行某些补苴罅漏的工作，倡导所谓与资本主义现实更为“接近”的动态经济理论；第四，进一步用主观唯心论来代替对资本主义客观经济过程的分析，强调所谓资本家的预期对资本主义经济发展变化的“决定性”作用。

需要指出，在政治经济学的一些基本理论方面，瑞典学派完全附和资产阶级庸俗经济学其他流派的辩护谬论，如价值论的边际效用价值说和均衡价格“理论”，分配论的边际生产力说和归与论等；对于经济危机的解释，瑞典学派跟资产阶级投资过多危机理论和凯恩斯就业理论，亦无多大差异。瑞典学派作为一个独特的流派，其主要特点表现在：(1)更多注重经济危机问题的研究，并且“理论”的说明与“反危机”政策建议密切结合，这个学派的重要成员大都直接参与瑞典政府经济政策的拟订和执行；(2)在传统的庸俗经济理论基础上倡导所谓动态经济学，借以修补静态均衡理论的显明漏洞；(3)一般采用储蓄、投资等概念来分析整个经济体系的发展变化；(4)在分析所谓资本主义动态过程时，通常把所得、投资、储蓄、消费及资本价值等主要经济变数的数值区分为事前估计(ex ante)与事后计算(ex post)两种；(5)倡导所谓期间分析(亦称过程分析或序列分析)，以代替传统的均衡分析；(6)特别强调人们(尤其是资本家)的预期(即对未来经济情况之主观的估计)对经济过程之决定性作用。正是由于瑞典学派代表了国家垄断资本主义的需要，反映了当代资产阶级经济学各种流派发展的一般趋势，也由于它与凯恩斯主义在理论结论和政策主张方面有许多相似之处，所以自20世纪三十年代以来，瑞典学派受到了各国资产阶级

经济学家日益增长的重视。

* * *

以上我们极其简括地评介了瑞典学派的一般特点。本书作为瑞典学派的代表著作之一，基本上反映了这些特点。这本书包括三篇相互独立的论著和一个附录，是作者在1929年到1939年间所写的主要论著汇集而成。它包含一个共同的主题，即作者企图建立一个所谓一般的动态经济理论的主张及其思想发展过程。倡导建立一个所谓动态理论体系还可看做是林达尔在瑞典学派成员中较为突出的特点。这本书也包括作者对旨在“消灭”危机和失业的经济政策的基本主张。在其后二十年间林达尔的论著，基本上仅是对本书所包含的一些主要论点的精练和扩充。

本书第三篇《资本在物价理论中的地位》最先发表于1929年，这篇论文的中心内容有二：其一是，“企图把瓦尔拉、卡塞尔的物价形成学说和庞巴维克、魏克赛尔的资本理论熔为一炉”（原书序言）。我们知道，为着对抗马克思主义劳动价值学说和剩余价值学说，瓦尔拉等把价值混淆为价格（卡塞尔则更荒谬地否认价值是一个客观存在的范畴，鼓吹所谓没有价值的价格），把价值的决定问题，单纯归结为一个由商品的供给与需求所决定的所谓均衡价格问题，但在他们的均衡价格“理论”体系中，系假定投资期间（即从原始生产因素——劳动和土地的投入生产到制造出消费品所经历的时间）是已知的，没有考虑利息率的高低对投资期间的影响，因而在这种理论体系中，制造一种产品所使用的各种生产因素的配合比例，在技术条件许可变动的范围内，仅取决于各该生产因素的价格；但按照庞巴维克、魏克赛尔资本“理论”的说法，仿佛利息不

是剩余价值的一种转化形态，而是什么“时间因素本身生产性作用”的结果，即需时较长的生产过程比需时较短的生产过程有较大的生产性，于是他们认为，当资本增加而致利率下跌时，将引起投资期间较长的生产的扩张(从而延长全社会的平均投资期间)，这样，制造一种产品所使用的各种生产因素的配合比例(这种配合比例又得反转来影响产品和生产因素的价格)，“不但是生产因素所提供的服务的价格的函数，而且是利息率的函数”(本书第229页)。林达尔在这里除了重复他的前辈们的种种辩护谬论以外，企图把庞巴维克和魏克赛尔的上述资本、利率“理论”，纳入瓦尔拉的一般均衡价格理论体系之中。林达尔这篇论文的第二个中心内容，是企图在庸俗经济学传统的静态均衡理论的基础上，加入所谓预期因素，以建立所谓与现实更为“接近”的动态经济理论体系。不言而喻，断言资本家的主观心理对未来经济情况的估计，对资本主义经济的变化发展有“决定性”作用的所谓动态理论，除了借以否认资本主义的发生、发展及其被社会主义共产主义所代替的客观必然性以外，与资本主义现实是不可能有丝毫共同之处的。

本书第二篇《利息率和物价水平》包括作者1930年发表的《执行货币政策的方法》一书的较重要部分。在这里，作者提出了自己用以说明物价水平变动的基本方程式：“E(1－S)＝PQ，其中E代表名义总收入，S代表这总收入中储蓄起来的部分，P代表消费品的价格水平，而Q代表一定时期中这种货物的数量。”作者的全部论述，基本上是对上述魏克赛尔物价累积变动理论的发展和若干修正。需要指出的是，正像魏克赛尔的“理论”一样，林达尔所作的修正补充，并没有使这个“理论”具有丝毫科学因素。正如作者自己对上述基本方程式所作的概括性说明:“消费资料价格水平,一方面主要是由消费和储蓄的关系来决定,另一方面是由消费资料产量和生产资料产量的关系来决定。这些关系本身又决定于利息率水平和人们对将来的预期”(原书第3—4页)。很显明,在谈论价格及其变动时,避而不谈价值是由生产所需的社会必要劳动决定,价格则围绕价值而上下波动这一唯一科学的结论,却说什么价格水平最后“决定于利息率水平和人们对将来的预期”,这种求助于主观唯心论,企图以某些表面现象来掩盖资本主义经济的实质的辩护谬论,当然与旨在揭示事物实质的科学理论,不可能有丝毫共同之处。此外,作者在这里及本书附录中还提出了旨在“消灭”危机和失业的经济政策,即,物价水平应和劳动生产率的变化成反比例变化;“中央银行应担负消除商业变动的主要责任”,“财政政策只可作为补充手段”,而利率政策又是货币政策之主要的有效工具;“通过调节大景气时期和不景气时期的国家支出,反复地把预算编成有‘赤字’或编成有‘盈余’”。事实证明,在资本主义基本矛盾日益尖锐化的条件下说什么可以“消除”危机和失业,在垄断寡头正借助通货膨胀加强剥削劳动人民的条件下鼓吹什么物价水平随生产率的提高而降低,这一套谬论的实质,除了蛊惑性欺骗宣传外,只能是为国家垄断资本主义的发展提供“理论”根据。

《动态理论研究》(本书第一篇)是一篇方法论论文。林达尔认为,资产阶级经济学传统的研究动态理论的方法(即本书第三篇采用的方法)有很大的局限性。他认为,研究动态理论可采用两种方法,即均衡方法与不均衡方法,前者是把动态过程看做是由一系列短期暂时均衡状态组成(本书第二篇即采用这个方法),但最好的方法是不均衡方法，这就是借助事前估计和事后计算这两个概念工具，建立所谓动态的序列模型，来分析相连续的各分析时期的经济变动过程。且不说林达尔自己始终未能提出这样一个理论体系，事实上，按照林达尔的主张所建立的动态理论体系，不仅不像他所鼓吹的会与资本主义现实更为接近，恰恰相反，正像庸俗经济学的静态均衡理论一样，所谓动态经济理论与真正科学的理论是背道而驰的。首先，这种理论，正像作者所供认，是以庸俗经济学的各种辩护谬论为其理论基础的；其次，据林达尔的说法，决定资本主义经济动态过程的，是资本家的计划，而资本家的预期（即对未来价格、成本、需求及一般经济前景的主观的估计）对计划的制订（从而对实际经济过程）又有着决定性作用。且不说在竞争和生产无政府状态的资本主义条件下，各个资本家的计划绝不可能与资本主义现实符合，因而依据这种计划所推演的结论，也绝不可能反映资本主义真实情况。这里需要着重指出的是，当代资产阶级经济学家特别强调资本家主观心理的决定性作用，其真正意图，除了对抗马克思主义关于资本主义必然被共产主义所代替的科学论断以外，还企图为利用国家预算向垄断组织提供大量补助、税务优惠以及低利贷款和拨款，制造冠冕堂皇的借口。这就是，经营积极性取决于资本家的预期，为了消灭危机和失业，必须千方百计引起资本家的乐观情绪，以鼓励其经营积极性。

本书中译本的出版，有助于我们研究当代资产阶级经济学。

宋承先

1962年11月

目　　录

原书序言

我的英国朋友要我把一些早期著作译为英文，本书就是他们这种愿望的产物。在实现这一愿望的过程中，我把我的计划稍稍作了一些修改，因为我要增加一些我对主要经济理论的后期研究结果。由于这个原因，对前期著作，我只选择两篇和上述题材有关的论文。本书因此由三篇论文组成，这三篇论文是我在不同时间所写的性质比较不相同的论文。每一篇都可以单独阅读，但由于这三篇论文是从不同角度来讨论经济理论上一些相关的问题的，所以可以说它们构成一个有联系的整体。

在本书里，论文是按照与写作日期的先后相反的次序排列的。[①] 第一篇从前没有刊印过。第二篇所包含的是我的《执行货币政策的方法》一文中比较重要的部分，这篇论文先在 1929 年刊印，仅流传于私人间，后在 1930 年用瑞典文公开刊印出来。第三篇是我的《从资本理论观点来研究定价问题》这篇论文的译文，这篇论文曾登载在 1929 年的《经济杂志》上。另一篇论文曾刊载在 1935 年的《经济杂志》上，它涉及国家财政上一个常被提出讨论的问题，现在把它缩短，作为附录。

① 附录是个例外。

这几篇论文的译文力求准确地表达原文的意思。译文和瑞典原文主要的不同之点在于：译文里插进了小标题；一些地方重新加以分类，一些地方加以缩短，一些地方加以删削。这样做的目的是使读者更易了解作者的论点。此外，在某些地方做了补充，使得原文的意思能够更准确地表达出来。在第三篇的“代数式讨论”这一部分，译文使用了博利教授和其他作家所用的比较精密的符号来替代原文所使用的华拉斯符号。那些和作者现今的意见不相符合的部分还是保留下来，不过另加新的说明，或另加新的注释。这种说明或注释都用方括弧标明。

第二、第三两篇在研究方法上和第一篇有所不同，这乃是作者十多年来思想改变的必然结果。但是，尽管如此，读者还可按本书的先后次序研读这几篇论文，即先研究比较一般的问题，然后再研究比较专门的问题。

现在姑且按这些论文写作日期的先后次序来作说明。第三篇可以说是对现实经济理论循序渐进的研究，先作出简单的静态分析，然后逐渐介绍比较复杂的假设。在头二章里，作者企图把瓦尔拉、卡塞尔的价格决定学说和庞巴维克、魏克赛尔的资本理论熔为一炉。以下各章，在静态范围内提出动态问题，这在一定的假设下是可以做到的。假定有了完全的预见，那么动态问题很明显地可以使用和瓦尔拉所用的完全相同的方法来处理的。我认为这种研究方法并不是完全不现实的做法，因为人们实际上对许多未来发生的事件都能很准确地加以预测。上述分析以后提到预料不到的事件。如果这种事件可作为一个暂时的平衡转变为另一个暂时的平衡的原因，那么这种事件也可以归纳到静态范围中去。

第二篇论述货币问题，大体上也是使用同样的简化方法，把动态过程作为一系列暂时的平衡加以分析。在这些平衡之间出现了带来利益或带来损失的意料不到的事件。在其他方面，上述货币问题都是按照瓦尔拉所用的方法来处理的。消费资料价格水平，一方面主要是由消费和储蓄的关系来决定，另一方面是由消费资料产量和生产资料产量的关系来决定。这些关系本身又决定于利息率水平和人们对将来的期望。下面在各种假设下对累进过程的分析足以说明这个思想方法。这个分析考虑到很多方面，特别是短期利息率和长期利息率的重大区别。最后，在提出更多的动态假设时，分析就能表明，魏克赛尔"放款正常利息率"概念是不够严密的。

第一篇首先把我的现今见解总结出来。我不认为传统的研究现实动态理论的方法（第三篇使用了这个方法）是必须采用的，我也不认为这个方法可适用于一切情况。我认为，如果可能，必须这样作出经济理论，使它从头就能适用于实际情况。这意味着我们必须从一般的说法进到比较特殊、比较复杂的说法。我简单地说明如何根据这个见解把经济理论体系加以改造。"代数式讨论"是这一篇的结尾部分。在这部分里，我对一些基本概念力求作出概括的、扼要的说明，使这些概念可直接适用于实际情况，同时也对这些概念的关系作出系统的说明。虽然我所做的似乎是初步的工作，但这种工作是主要的工作，而且我的说明显示了这种工作是有一定的困难。我希望，通过使用事前估计和事后计算这两者之间的差别（这一差别在瑞典学派看来已经是确定的了），我能够找到一种简单的方法来解决一个常被提出辩论的问题，即储蓄和投资的关系问题。要把上述讨论弄得完全,那就需要对这个经济过程的发展情况作出完全的分析,但本书不能够把这种分析包括在内。

希克斯夫人对本书的编写工作一向很关怀,而且耐心地帮助我。如果本书值得刊行的话,这是由于她孜孜不倦的努力,连琐屑事项也不肯放松。此外,对于拟订和执行本书编写计划,她提出了有益的意见。她的丈夫希克斯博士也很关心本书编写的进展,他校对稿样并且向我提出了许多有益的意见。我要在这里向他们夫妇表示衷心的感谢。罗森斯泰因-罗丹博士,不但向我提出意见,而且在实际工作上帮助我,我也要在这里向他表示谢意。在我的瑞典籍同僚中,我要感谢财政部的哈马舍尔德博士。我和他做了几次的商讨,其结果,我的第一篇论文在很多方面有所改进。他并且乐意地校对稿样。我也要感谢托费霍先生;他不但翻译本书的大部分,而且他的正确见解、有价值的建议和尖锐的批评,使本书的内容有很大的改进。

伊里克·林达尔

1939 年 6 月于瑞典伦德城

第一篇　动态理论研究

动态理论研究绪言

1. 经济原理的目的

经济科学的最后目的，或在于说明过去的经济现象，或在于预测在一定的情况下，将来可能发生的经济事件。就前者来说，我们所关心的是经济史方面的问题；就后者来说，我们所关心的是实际生活问题，特别是有关经济政策领域的问题。

无论所研究的是经济史问题或实际生活问题，处理问题的科学方法，既需要多方搜集基于经验的资料，适当地加以安排，又需要证明所研究的现象的因果关系。这种研究的头一个步骤是说明由于研究时期开始时存在着一定情况而发生的一定发展。这些情况必须叙述得繁简适中，扼要地包括后来的全部发展。这样，它不但要包括时期开始时的客观事实和计划，它还要包括这些计划后来对于那时期发生的事件的反应，作为活动着的经济人潜伏倾向的表现。如果这一切都知道了，便可对议论中的发展情况提出理论上的说明。

但分析不应该终止于此。我们不能够完全了解最初情况对后来发展的重要关系，除非我们把这个发展和所假定的另一些情况所产生的发展来作比较。我们可借助于下表把这一点弄得更明白。

在一个任意选定的时刻的情况	在后来一个时期中因左列情况而产生的发展
a′	A′
a″	A″
…	…
b′	B′
b″	B″
…	…

处理历史问题时所要做的工作,包括:(1)描述议论中的发展(A′);(2)确定那些可以假定是所说的发展的共同原因的最初情况(a′)。为明了各个别情况的重要性,必须按照上面提出的计划进一步研究最初情况与后来发展可能有的关系。例如,如果我们能够证明实际类型的发展(A)是起因于一系列原始情况(a′)或起因于其他混合情况如 a″等,而另一类型的发展(B)只能以其他混合情况如 b′、b″等等来解释,我们便可断定:实际发展所以属于 A 的类型而不属于 B 的类型,是因为原始情况属于 a 的类型而不属于 b 的类型。

处理实际问题或政治问题,类似的推论方法也应用得着。有的时候,某种类型的发展(A)被认为和我们的活动有利,于是我们就得去寻找最好的方法来谋求这个发展的实现。解决这个问题,首先得提出说明,指出必须具备 a 的类型的原始情况;其次研究如果采取其他行动(a′,a″等等),结果将是怎样;最后权衡各种行动的利害得失,择一施行。有的时候,经济学家的任务,只在于说明采取某些行动所可能有的后果。但在这样做的时候,他也要依靠一种计划来指明原始情况与后来发展之间的关系。

绪言的目的在于说明经济原理的目标。这个目标是：**提供理论证明一定的原始情况如何引起一定的发展**。这种理论是作为分析历史问题与实际问题的工具来使用的。这样说来，经济原理本身没有什么目标，它只是一种工具，为那些专门处理具体经济问题的经济学部门服务。[①] 但经济原理是不可缺少的工具。连基于经验的材料的安排也得以从经济学说所发展出来的概念体系为根据。此外，我们已经知道，如果我们想做更深入的研究，推定所研究的现象的因果关系，我们就得利用假设的例案进行研究，而假设的例案必然具有理论的形式。

这些理论所包含的结论，具有纯粹形式的性质，说明怎样一些事件一定是所假定的原始情况的结果。[②] 但这种类型的理论是否可称为“经济规律”，却是一个疑问，因为我们不能从它们本身的内容判断它们是否切合于实际社会情况。当然，作为理论体系的论

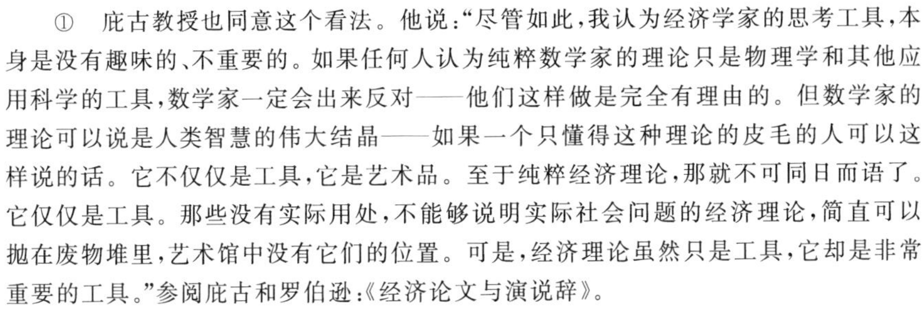

① 庇古教授也同意这个看法。他说：“尽管如此，我认为经济学家的思考工具，本身是没有趣味的、不重要的。如果任何人认为纯粹数学家的理论只是物理学和其他应用科学的工具，数学家一定会出来反对——他们这样做是完全有理由的。但数学家的理论可以说是人类智慧的伟大结晶——如果一个只懂得这种理论的皮毛的人可以这样说的话。它不仅仅是工具，它是艺术品。至于纯粹经济理论，那就不可同日而语了。它仅仅是工具。那些没有实际用处，不能够说明实际社会问题的经济理论，简直可以抛在废物堆里，艺术馆中没有它们的位置。可是，经济理论虽然只是工具，它却是非常重要的工具。”参阅庇古和罗伯逊：《经济论文与演说辞》。

② 参阅罗宾斯：《论经济学的意义与性质》，第2版，第78—79页。“经济学说，正像一切科学学说那样，显然是从一系列假设演绎出来的……这些演绎出来的结论的正确性要看它们在逻辑上是否一贯。它们是否适用于说明一种情况，要看这情况有否包含所假设的因素。”读者也可参阅马肯劳斯：《物价变动和物价政策原理》，1933年在柏林出版。这本书对这问题和其他方法论问题都说得很明白。

据的假设,必须尽可能密切地和经验现象相关联。只有这样,理论才适合于解决实际问题。[①]

如果我们是分析历史事件,理论便应该根据那些和当时实际情况相符合的假设。如果我们是研究实际生活问题,是说明一个人、一家行号或一个公共团体在一定情况下所采取的行动的可能结果,那么,我们理论的论据便应该和这情况相符合。理想的经济原理理论体系应该包括一切适用于处理上述历史和实际问题的理论(说明各种事件与其所引起的发展之间的关系)。这些问题的解决,不论对现在或对将来来说,都有重大的意义。

由于实际社会存在着许许多多经济现象,上述的理想目标,当然是达不到的。经济原理只能包括有限数目的理论,因此,那些为分析实际问题所必需的特别理论,在很大程度上必须留给研究这些问题的工作者去解决。严格地说,我们所能要求于经济原理的只是这样:它应该尽可能帮助特别学说的创立。这意味着,纯粹原理应该根据那些和所考虑的实际问题有关的材料,使得这种原理不难应用于这些问题。

2. 一般概念与一般原理

根据上述观点,我们可以对两个研究方法问题提出几个结论。第一个问题是关于有系统的原理的一般性问题,第二个问题是关于使用典型的简单理论来处理复杂的实际问题的问题。首先,理

① 参阅凯恩斯(Cairnes)的《政治经济学的性质和论理方法》(1888 年在伦敦出版,第 33 页和 110 页—111 页)对于这个问题的讨论。

论大体上可区别为一般的理论和特别的、具体的理论。其次，作为交叉的分类，[①]理论也可区别为简单理论和复杂理论。简单理论也可能在不同程度上是具体的、复杂的。简单理论的特征与所根据的材料和所想象的发展是一致的，例如“固定状态”学说、“自由竞争”学说等等，就是简单理论。我们将在下节再来讨论这些简单理论的用处，现在我们先讨论一般理论与特殊理论的异同。

使用比较抽象的、适用于多种场合的词语来讲述的一个理论，一般地说比使用比较具体的、只与个别事例有关的词语来讲述的理论更为重要。另一方面，一个适用于具体的事例，因而其概念内容是建立在比较确定的假设上的理论，当然比仅仅涉及抽象的、比较不确定的情况的理论有更大的说服力。

把资本理论作为例子。如果我们对资本下了很广泛的定义，认为资本包括一切和经济有关的有形货物，但没有进一步对这些货物的性质作任何假定，我们的理论便可适用于一切实际事例，但其内容却是比较空虚贫乏。另一方面，如果我们对资本货物的形式作出比较详细的假设——如果是说流动资本，便假定是若干桶的酒（魏克赛尔），如果是说永久性的资本，便假定是某种机器（阿克曼）——毫无疑问，我们便可得到比较明确的结果。但当处理实际社会中比较复杂的问题时，这些结果能适用到什么程度还是一个问题。

如果我们想创立一个经济理论体系，在上述方法中，哪一个更值得采用呢？

为答复这个问题，我们可先研究那些引证比较简单的具体事

① 参阅第 15 页的图。

例而作出的理论的情况。如果这种理论是较易创立的，则它们就可能越难以应用于实际社会的复杂问题。例如，我们可对一个自足自给的社会的物价问题，创立一学说，但当研究一个对外贸易纷繁的国家的事件时，就不能从这个理论推求出什么可靠的结论了。所以，我们首先要作出一个比较一般的理论，既适用于和外界有往来的社会，又适用于和外界没有往来的社会，然后把这个一般的理论应用于我们的特别事例。换句话说，需要两个过程：先创立一个比较广泛的理论，然后借着这个理论的帮助来说明现实。

如果我们没对简单理论加以新的说明，把它弄成比较一般的形式，而直接把它应用于比较复杂的实际事例，我们就有引申出不正确结论的危险。轻率地应用简单经济理论于实际情况的危险，实例很多，不胜枚举。研究经济史领域中问题或经济政策领域中问题的经济学家，往往没有充分的时间或耐心，对基本法则作出必要的新说明。因此，专跟纯粹理论打交道的经济学家，应该负起这个艰巨任务。

所以，我们的结论是：如属可能，应该使用一般词语来阐明纯粹理论，使得这理论至少可以大体上应用于分析实际问题。如果使用的词语一般化到了这种程度，我们便有一个理论基础，可以根据它来进一步发展那些分析具体问题所需要的特别理论①。

① 参阅缪尔达尔：《价格决定问题与变动因素》，1927 年在乌普萨拉出版，第 1 页，注 1：“当把上述两类理论应用于具体问题时，它们的分歧便现得十分明显。如果我们从一般理论出发，特殊资料（关于特殊事例的资料）便能和理论相配合。只要具体概念是正确的，一般理论就也是正确的。可以设想，介在一般理论与特殊理论之间的理论，它们可以互相配合，不过方程式有更多的项目。如果理论是建立在上面所说那样性质的近似假设的基础上的，那么分析中所使用的特殊资料便将使理论有所改变。”

但这并不意味着经济学家应该把理论尽可能一般化。所迫切需要的，仅仅是一般化的可以应用于我们目前问题的理论，我们不需要比这更进一步的、可以应用于其他和目前无关的问题的一般化理论。如果我们把理论弄得过于抽象，理论的内容便变得空洞、不切实际。因此，各时代各国家经济理论的性质，大都只适合当地的经济制度，这并不是偶然的。

尽管如此，想把理论一般化到可以适用于一切实际问题的程度，这不是总办得通的。以此之故，我们可给各种不同情况分别作出不同理论。这样，我们的理论体系将含有若干不同理论，能够说明整个问题。

现阶段的经济理论，还不能充分满足研究历史问题、实际问题的人们没有明白地说出来的要求。直到现在，经济理论家在建立理论体系时还对处理具体的、简单的问题有所偏好。这是很自然的，因为经济学还是比较未成熟的科学。但我们已经跨进了一个新的时代，不能不以一般化的方法来补充上述办法。现代经济学家必须朝着这个方向把现有的理论加以新的说明，加以发展，这是他们的重要任务。

3. 简单假设的用处

我们现在可转到简单假设在经济理论上所占地位这一方面。每个经济学家都很自然地感觉到，简单假设在许多场合下是必需的，在另一些场合下是非常有用的。在评述那些支持简单假设的论点时，先分清一般理论和特别理论，这样做有很大好处。

(a) 必须注意，要发展作为经济理论基础的一般法则，有时需要或多或少地简化基本假设，这一点在本书后面部分就可看到。所作出的理论的价值的大小，要看它接近现实的程度，就是说，要看它是否在基本论点没有重大修改的条件下能够容易地应用于实际问题。

在另一些情况中，尽管从逻辑观点上说不需要把我们的理论简单化，但简单化的结果可大大减少说明的困难，同时又不致缩小它的应用范围。这样，说明一个学说的重点时，如果提出典型的简单例案，加以讲述，可有很大的训迪作用。在对不是经济学家的读者谈论经济问题时，特别需要在一定程度上把问题弄得简单，以免说明艰涩难懂。

这样，便发生了下面的问题。在建立一般理论体系时，应否先从比较简易的理论开始，然后逐渐进入越来越抽象的理论呢？答复这个问题，必须把理论的创立和理论的说明区别开来。概括地说，由简入繁的方法，大抵对创立理论比对说明理论更为适用。换句话说，即使创立一个理论是经过了很辛勤的过程，使用同样的启发方法来说明所得的结果并不总是适当的。无论如何，必须批驳那种认为在逻辑上必须从简单的具体情况出发的普通见解。要给这个非常普通的说明方法作辩解，所提出的理由应以这个方法从上述训迪观点看来的优点为依据。在做有系统的说明时，较好的方法是从普通情况出发，渐次进入比较复杂的情况。但从严格科学观点看来，这个问题不是很重要的问题。

(b) 特别理论的数量很多、种类很繁杂，使我们不得不在其中作一选择。明智的办法是，先选简单的、典型的事例。这样我们也可以得到对我们很有帮助的接近现实的理论。例如，对工资的上涨由于资本的增多这个静态理论所作的简单说明，即在动态情况下也不失其重要性。

这些简单理论还有这样一个价值，即它们使我们能在实际的发展与想象的发展之间进行比较。它们因此起着分析工具的作用。借着它们的帮助，我们可以识别那些在一定情况下起因果作用的要素，并探索那些起因于这些要素的复杂状态。

不但如此，在实际情况中，简单的理论往往会逐步地发展得越来越复杂，例如由物物交换经济演进到货币经济，由生产一种商品的社会演进到生产两种商品的社会，等等。这样，简单的理论往往在不知不觉中变成比较一般的理论，包括新的以及旧的情况，像上面所说那样。必须着重指出，虽然简单情况可转变为复杂情况，一般的理论并不因此而失去其必要性。可是，既然有了一般理论，适用于实际社会的复杂问题，是否需要先从比较简单的问题出发，然后逐渐推广到比较复杂的问题呢？从逻辑观点来说，这是完全不必要的，但就训迪的作用来说，这是很适当的。先讲简单问题，使读者有时间作好思想准备，以后提出比较复杂的实际问题时，他就能了解得更深刻些。

这样，我们的推论把我们带到这个结论：我们既需要一般理论，又需要简单理论，但在目前，经济理论家所使用的概念和假设，尤其需要一般化。

4．动态理论与静态理论

在继续讲下去之前，我们要提出一个不但对本书是非常重要的并且对整个经济理论基础也是非常重要的问题，来说明我们论点的意义。这个问题就是静态与动态的关系。

上面已经说过，经济理论的目标，在于说明一定情况与相应发展的关系。用数学术语来说，这个目标就是借着方程式的帮助来决定作为时间函数（或时间曲线）的变数的数值，以这些变数已知的原始数值和决定这些数值的变动的情况为根据。这种理论必须叫做动态理论。如果我们对经济理论所下的定义被接受的话，那么，我们就得到这样的结论：一切能达到说明目的的经济理论一定都具有动态的性质，尽管这个结论有点费解。

我们在这里已给动态这名词一个很广泛的意义，连静态问题也包括在内。[1] 严格地说，静态理论也把说明一定时期中所发生的经济发展，作为它的目标；不过它所研究的变数的数值是固定的，不随时间的推移而变动。这样，相应的时间曲线乃是直线的性质，与时间轴平行。因此，我们只要给每一个变数规定一个数值，这样就使问题易于解决。具有同样经济过程反复发生的特征的社会应该叫做静止社会。因此我们可以说：静态理论是相当于动态理论在静止情况下的特殊应用。

动态理论在变动着或发展着的社会的应用，可以说是在更特殊意义上的动态理论。分析实际社会中实际情形所需要的理论，就是这一类型的理论，也就是不像静态理论那样可以简化的理论。

---

① 参阅斯特雷勒所著《国民经济理论中的静态理论与动态理论》这部富有启发性的著作，1926年在莱比锡出版，在该书第134页中，著者支持一个显然与本书相反的见解，即静态比动态更为抽象。如果所谓抽象是仅指排除特殊的复杂状况，那么，就静态和特别动态的关系来说，上述的话是对的。但抽象化的目的如果是在于把理论一般化，则本书所持的见解是正确的。

和特殊动态理论相比，静态理论相当于简单理论，一般动态理论相当于一般理论，像下图所示那样：

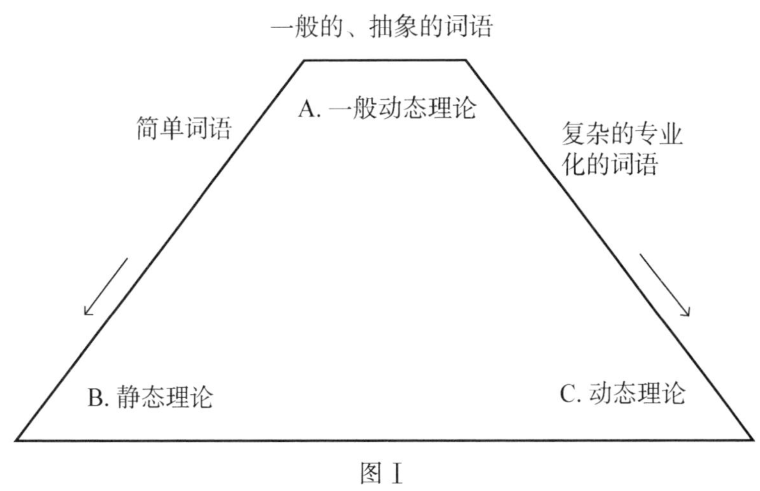

图 I

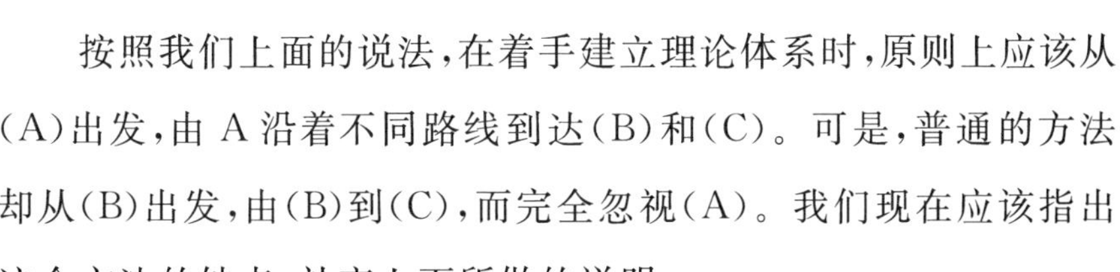

按照我们上面的说法，在着手建立理论体系时，原则上应该从(A)出发，由 A 沿着不同路线到达(B)和(C)。可是，普通的方法却从(B)出发，由(B)到(C)，而完全忽视(A)。我们现在应该指出这个方法的缺点，补充上面所做的说明。

首先，如果我们不从概括的叙述开始，我们便不能彻底了解简单静态的真正性质。在力学方面，我们只能以力的理论为基础来说明均衡概念；同样地，我们也只能以比较概括的经济发展理论为基础来说明一个反复发生的过程的意义。反复发生的过程，正如上面所说，乃是经济学中静态理论的主要概念。如果我们一开始就提出静态的假设，把它作为孤立的前提，作为“和时间因素没有关系的概念”，我们便很容易坠入迷途。把时间因素纳入瓦尔拉方程式的企图,往往徒劳无功,就是明证。[①] 其次,如果我们所做的假设是属于静态的性质,便更难正确地领会特殊动态问题。因此,创立一个“变动理论”来补充“均衡理论”的做法,表面上看来虽是很自然的做法,其实却是很危险的做法。这很容易使人产生这种见解,即认为变动是围绕着一个均衡而变动。现在大家公认,尽管这种见解在某些特殊情况下应用得着,一般地说是不对头的。再次,作为创立一般的动态理论的基础,静态理论似乎不很适合,因为创立这种理论需要新的和更广泛的基础。当这种基础准备好了以后,采用更特殊的假设便比较容易,无论这些假设是静态假设或是狭义上的动态假设。

但是,我们如果认为系统地说明经济理论,应该从一般的动态理论入手,以后再逐渐进入比较特殊的假设,则我们要问,静态前提对实际社会的特殊动态问题的讨论究竟有没有很重大关系呢?这些围绕着固定均衡概念的富丽堂皇的学说,究竟有什么用处呢?这是静态和动态关系上的一个实际问题。

首先,我们可常常使用静态理论所假设的现象,作为近似实际社会的现象。对于解决比较特殊问题,我们特别需要静态假设。即在实际社会,也不是一切因素都不断地变动着的,总有很大部分呈现静止状态。静止状态可能在某些方面维持相当长久的时间。此外,静态假设对于说明体现在商人和消费者的计划上的经济动机也是很有用的。其次,我们需要静态假设作为分析工具。如果

① 作者在本书第三篇中,在这些方面,花了很大的精力,所以他亲身体验到在做理论分析时从静态方法开始的困难情况。

我们能够说明,在哪种情况下我们所研究的变数将静止不动,我们对它们的变动过程就能有更透彻的领会。这样以实际情况和假定情况互相比较,往往有很大的启发作用。最后,如果认为静态假设只涉及某种简单的发展,那么它可以作为讨论比较复杂的动态问题的前提,而且具有很大的训迪价值。因此,我们可作出这样的结论:大部分传统静态理论,都可以归纳到动态理论体系中去。

5. 一般动态理论的结构

经济学所研究的事项,主要是人类活动或人类活动的结果。这里不谈人类是否能够发挥自由意志的问题。可以肯定的是,我们不能像断定客观事件的原因那样来断定人类行动的原因。我们不能证明人类的某些行动必定是某一时间的某种情况的结果。我们只能说,这些行动大概是那种情况的结果,如果情况不同,人们便将采取不同的行动。

由于上述,分析经济领域中的历史问题和实际问题的可能性,便有很大的限制。但这令人遗憾的知识的缺陷,只影响经济理论的应用,而不影响经济理论本身。在创立经济理论时(上面已经说过,经济理论的目标在于根据一定材料来断定将来的发展),关于实际社会中无从确定的现象,我们可作出明确的假设,来弥补上述知识的缺陷。例如,我们可假定,人们在某种情况下必定采取某种行动。通过这种假定,便可以确定某种情况会产生哪些结果。

关于人类的行为,经济学所使用的假设应该尽可能和我们对现实的知识相符。上面已经说过,作为分析实际问题的工具的理论,其价值的大小,在很大程度上决定于它接近现实的程度。经济学领域中议论纷纷的问题，就是这类问题。只要回忆一下边际效用学说所根据的心理假设，曾引起多么热烈的争辩就够了。在处理具体问题时，遇到疑难情况，我们不妨提出一个以上的不同假设。但在概述那些能够普遍应用的基本法则时，如果我们也这样做，工作就变得过分繁重。因此，我们必须设法只依靠少数可以普遍接受的假设来解决问题。

下面叙述一股动态问题时，只对有关的人的活动提出一个基本假设。这假设是：这些人在将来一个可长可短的时期内的活动，不过是为着完成某些计划，而这些计划是在该时期初订定，由某些原则决定的。可用各种不同方法来讲述这些原则。一般地说，这些原则应该说明：这些计划是为了达到某种目的（例如，就商行来说，目的是要赚得最大的净收入）而拟订的，它们是以人们对于将来的期望为根据，而这种期望又受到人们对于过去事件的看法的影响。

上述假设是否适当，完全要看它是否符合现实。在某些重要方面，计划是很明确的。政府和其他公共团体的预算，就是这种明确计划的例子。私人企业通常也订有类似的计划，规定它们的营业方针，虽然它们一般不把计划宣布出来。它们有长期的计划，又有关于最近将来的短期计划。前者比较笼统，后者比较详细。连个别消费者也常常对于他们或长或短的时期中所要做的经济活动订出计划。在某些其他方面，假定经济活动是计划的结果的这种假定，似乎不甚切合实际。例如，很难设想，每一个人都有成竹在胸，晓得在将来一个时期中要进行哪些经济活动。可是，绝大多数的经济活动，都有促成的因素，这些因素或为习惯，或为持久性的倾向，它们是明确的、可以推定的，正如上述的计划一样。因此，我们尽可把“计划”这一概念一般化，使它包括私人的经济活动。这样，计划就是人们经济动机显著的表现；从经济活动，我们可以看出经济动机。至于各种经济动机，可以作为关于计划内容的特别假设随时提出。所以，上述概括的动态假设，可以说是非常接近现实的。

对于更明确地阐明一般动态问题，上述假设是非常重要的。我们现在可以更明显地指出那些说明发展的一定情况。如果我们晓得有关的经济人的原始计划，如果我们晓得他们在不同的假定情况下将怎样修改已订的计划，如果我们对客观情况晓得很清楚，能够断定他们在未来必定怎样修改他们的计划以及由此而发生的结果是怎样，我们便能作出理论，说明原始情况最后将怎样发展。这样，我们的基本假设便使说明动态问题的材料具有明确的性质，并使整个理论体系也具有明确的性质。

经济人在某一定时候所订的计划，难免有彼此矛盾的地方，也难免和客观形势有矛盾的地方。[①] 因此这些计划必须时时修改。[②] 计划既时常改变，人们为完成计划而采取的措施，自亦跟着时常改变。在这种情况下，要断定后来的发展情况是很不容易的。断定

① 哈耶克教授在经济杂志发表的一篇叫做《经济学与知识》的论文，很详尽地说明了这个问题。他的意见和我这里所提出的意见十分一致。

② 如果在我们讨论中的社会，一切经济人对将来的情形都了如指掌，那么，创立经济理论的工作，便容易得多。这种假设意味着。原始所订的计划，全部都根据那些和现实相符的期望，而且以后没有改变。这样，实际的发展和预期的发展完全相同，而经济理论家的工作，仅仅需要叙述各个计划的内容。本书第三篇将指出可按照讨论静态均衡理论的方法来讨论上述问题。

发展所根据的因素就是上述那三个，解决这个问题的方法一般如下：

以原始计划和客观情况为出发点，首先推定在将来一个时期中，假定所有计划都没有改变，这些情况会引起什么发展。其次，研究第一时期中的发展情况——其中必有许多是经济人所意料不到的——在什么程度上会使经济人不得不修改将来的行动计划，至于修改计划所根据的情况，我们假定已经包括在上述情况内。在这个基础上，第二时期中的发展也是按照以前方法决定的，因此，第三时期中的计划是怎样，也必须加以推定，等等。

上述是处理比较长的时期的发展的普通方法，这个长的时期包括许多性质类似的短的时期。当然，可能发明其他简短的方法来决定这种发展。这种问题都和方法问题有关。

由此可见，要构想一个经济过程，必须从研究经济人计划的性质出发，这个研究又必须根据假设。这些假设有的是关于技术，有的是关于制度，有的是关于心理，但都必须尽可能接近现实。

因此，动态经济理论的系统说明，可以分为三部分：

(1) 关于经济学家在阐明计划的原则和为实现计划所作的努力的结果时所需明确假定的技术情形、社会制度、心理状态的说明。例如，对投入和产出的关系（所谓生产力法则）的研究，人们经济动机的研究，人们“估价态度”的研究等等，都属于这部门理论的范畴。

(2) **经济计划**的理论，论述一定时候所存在的计划的内容并说明修改计划所根据的原则。

(3) 如上所述，**经济发展**的理论，就是在某些假设的基础上说明动态过程。这些假设，是关于计划和客观情况的假设，并且是根据上述头两部分理论作出的。

没有必要在这里详细讨论本理论体系中人人皆知的第一部分的理论。因此，我们直接开始对第二、第三部分的理论进行讨论，同时并对处理物价问题的不同方法提些意见。

6. 关于计划的一般理论

(1) 在一定时候的计划

关于经济计划的工作，可分为两个阶段：第一，对订立计划者的目前和将来行动提出不同的假设，然后在这些假设下预测将来的发展。第二，权衡各种假设的优劣点，作出选择。选定的假设所假定的各人行动，在严格意义上说，就是“计划”。

在第一阶段中，计划者研究他的将来行动与他所期望的结果的因果关系。这种研究的第一个目的在于探讨各种可能采取的行动的后果，因为他不久就得在这些可能采取的行动中选择一个。但是，如果他没有对他在以后的一些时期的行动作出假设，他就不能充分地明了这些后果。因此，计划者在做选择时所可能采取的一切行动都应该纳入分析的研究范围。

必须注意，一个人在一定时候所做的事情，可能使他将来在某些方面不能随心所欲地自由行动。[①] 例如，一个生产者如果与人

① 关于这个问题，可参看一位年轻的瑞典经济学家即斯文尼尔逊博士的新著《经济计划》(1938 年在乌普萨拉出版)。该书非常彻底地研究了关于计划的理论问题和方法问题。他对计划的“两个时期的相互关系”有特别浓厚的兴趣，并就我们上面所说的“使他将来不能自由行动”这个问题进行了很详尽的讨论。

签订合同,约定在将来某一日期交给对方一定数量的某种货物,这个合同就无形中规定了他的眼前生产计划。在任何时候,我们都可以假定,由于从前的某些行动,计划者自己限制了将来某些方面的行动自由。但对于比较遥远的将来,他就有更大的自由来选择所要采取的行动。因此,考虑的时期愈长,就得研究愈多的可能采取的行动。

如果计划者的期望是根据"单一方面的评价",[①]就是说,如果他深信他能在不同假设下对将来形势的发展情况作出精确的估计,上面的说法仍然是对的。一般地说,必须假定期望是根据越来越多方面的评价,就是说,期望所牵涉的时间愈长,其所包括的可能性愈多。因此,关于计划在将来执行时所可能面临的形势,关于每项行动的可能结果,必须多方考虑,不厌其详。预测的整个工作必然是复杂的工作。概括地说,解决问题的有效方法是:首先,多方估计每一事件的种种可能性,其次,集中注意力研究最大的那一个可能性,但同时也考虑其他可能性。问题的难点在于如何计算概值,但简略地计算就行了。

在计划的第二阶段,比较各个可能性的利益,而且充分地考虑到每个可能性所包含的不确定因素。所谓一个人的"评价态度",也就是上述比较所根据的基础,通常可以使用若干随遇曲线来表示。这些曲线表示这个人对于不确定因素的反应,[②]同时也表示他对于各种现象的不同结合的反应。在这些不同结合中,他必须

① 参阅赫特:《期望、业务计划与商业循环》、《经济学季刊》第 51 卷第 2 期,1937 年 2 月。这篇论文对上述问题作了详尽的说明,在另一些方面和本书也有关系。

② 参阅上述斯文尼尔逊的著作第五章。

选择一个。我们不打算在这里讨论这个问题的复杂性。我们把这一点弄明白就够了:由于上述期望的互相调和和个人评价态度的互相调和,形成了支配计划者将来行动的计划大纲。

下面的图解用简单的图形说明这种计划的内容。计划被假定是在特定时间 t_0 订定的,它包括若干将来时期如 t_0t_1,t_1t_2,等等。把计划的发展划分为若干确定的时期,是很有理由的,这是因为人类的知识还不完全。人不能够不断地把所有在他周围发生的事体一一牢记心上,而只能够间断地对周围的事情加以考虑,观察某一时期中发生的事件的总结果,或把某一时刻发生的较重要事件牢记在心。由于牢记在心的各点被视为各时期的分界点,所以这些牢记在心的个别时期的长短,可能极不一致。

在图Ⅱ里,沿着时间轴移动的各直线,代表各时期所计划的行动。它们和时间轴距离的远近,表示个人对它所评估的“利益”的大小。(如果所考虑的是一家商行,便可假定,Y 时间轴代表它的主观资本价值)。由于将来情况会发生变化,因此,计划者要考虑到他在各时期中所采取的行动的种种可能结果(图Ⅱ只表示两个可能结果)。这些结果假定是在各个时期结束时觉察出来的,它们决定下一个时期的行动。因此,应考虑的问题越来越多。所说明的时期愈遥远,这种图就愈复杂。

由于各直线所代表的行动是计划者在一定情况下,可能选择的行动中最有利的一种,我们可把它叫做每类行动选择范围的上限(第一时期中的虚线)。至于其他可能选择的行动(下限),也可以画成类似的图来表示,它和这里的图主要不同之点,在于这些行动没像上述行动那么有利。按照下面的图,第一时期所选择的行

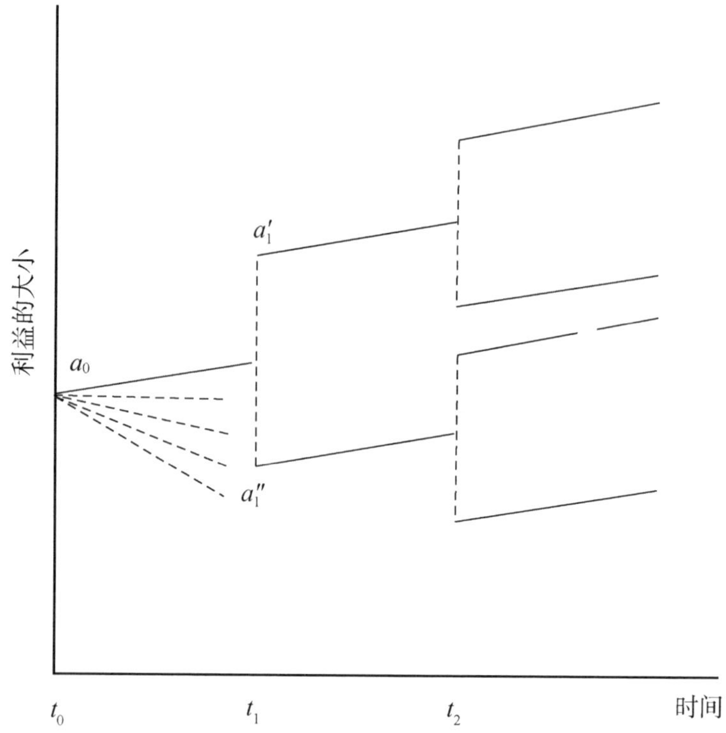

利益的大小

a_0　a_1'　a_1''

t_0　t_1　t_2　时间

图Ⅱ

动，**决定**以后各时期的行动计划。但要注意，以后各时期的行动，也反过来决定第一时期的行动。除非对整个过程从头到尾加以观察，便无从确定所选择的行动的利益的大小——在不同假设下每次行动所带来的利益。（第一时期代表行动的向上倾斜的直线，是由对于 a_1'，a_1''所代表的两个预期的可能有的结果的期望来决定，而 a_1'，a_1''本身则由以后的不同行动决定，等等）。所以，只有全盘考虑所有可能选择的行动以及它们个别的可能有的结果，计划者才能够完全认识他眼前所选择行动的结果。事实上，我们这里所提出的计划的主要目的，就是给计划者在选择眼前行动时提供一个合理的根据，使他知所取舍，因为未来时期的行动，可以由新的或修改的计划来决定。只有原来的期望证明是正确的，而个人的评价态度也没有改变，原来的计划在将来才没有变更。

由此可见，就整个计划来说，包括在计划范围以内的现时行动和将来行动之间，存在着相互的关系。因此，传统经济学说所习用的均衡分析，对我们的问题也可适用，但我们现在的问题是关于一个计划所牵涉的期望和计划行动在两个时期之间的关系。

还可以按照计划的确定程度作以下的区分：

(a) 如果计划行动的实现，不以订定计划和实现计划这两个时候的中间时间所发生的事件为先决条件，这种计划就是无条件的计划。相反的，如果计划行动的执行，要待某种情况的实现，这种计划就是有条件的计划，不论上述情况是即时实现的或是过了一些时候才实现的。一切可选择的计划都是和有条件的行动有关，因为其中每种计划的实现都以某些情况的实现为先决条件。

(b) 如果一个计划明白地规定计划者将来所要采取的具体行动，它就是单独地决定的计划。如果它留给计划者一个选择余地，它就是在一定范围内决定的计划。在前一种情形下，我们可以说计划的内容是行动的方向；在后一种情形下，我们可以说计划的内容是行动的范围。

(C) 如果计划者在某种程度上必须执行计划，这种计划可以叫做不可改变的计划。如果计划者可提出新的计划，或把计划修改,这种计划就是可以改变的计划。[①]

一般而论,我们可以这样说,一个行动的计划在所有这些方面,对于迫在眼前的未来要比对于遥远的将来更为明确。

我们已经看到,在图Ⅱ里,第一期计划只包含一种行动。因此这一时期的计划可以假定是无条件的、单独地决定的计划。按照这种计划的性质,计划者应该立即行动起来,因此他一定已决定了怎样来行动。但这说法还不完全切合实际,需要稍微修改。经济人并不一定清楚晓得,他在最近将来要做那些行动。有时他们只在觉察到某种情况后,才立即采取某种行动。[②] 因此,在叙述在不久的一个短时期中执行的计划的内容时,除无条件的、单独地决定的行动外,还应该加上有条件的但准备立即去执行的行动。

凡为后一些时期计划的行动,都是以某些事件的发生为条件。正如上图所表示的那样,这些事件乃是计划者以前行动的结果。这些行动是有这样的条件的,所以可以假定为立即可以执行的或过了一些时间就可以执行的。也可以假定,计划所牵涉的时期越遥远,上图中所绘示的行动方向,将在越来越大的程度上变为行动范围。我们在这里没有对计划的能改性作出什么假设。但远期的计划比近期计划更容易修改——上面已经说过,计划者在各个不同方面都必须执行眼前的计划——这是普通常识,这里不必细述。

---

① 这种区别与第一种区别当然有所不同,因为有条件的计划和无条件的计划既可以是不可改变的计划,又可以是可改变的计划。

② 例如一个零售商计划将来一个时期的营业时,他们计划的内容也许仅仅包括按一定的价格售卖一定数量的某种商品。由于他的销货要看消费者的需求来决定,他所计划的交易可以说是属于有条件的类型,尽管条件一经实现,计划的交易就马上进行。

(2) 随着时间的推移而发生的计划的修订

到这里为止,我们所讨论的是关于某一时候的设计过程以及订出的计划。随着时间的过去,原来订定的计划将有所改变。这样,计划虽然是整个将来的计划,它却仅仅和近在眼前的下一个时期有关。在后一些时期所采取的行动,将由新的或修改的计划来决定。因此,计划理论的第二部分要讨论**修订计划**所依据的原则,这部分也就是计划理论最困难的部分。

由于时间的推移而发生的计划的修订,可区别为以下四种:

(a) 如果上面关于计划的说明是正确的,而我们因此可以把计划看做是期望与估价的综合,我们便可把计划的修订分为两种:起因于期望的变更;起因于**评价态度的改变**。不消说,前一类型的修订是最普遍的类型,不论就现实来说或理论来说都是这样。后一类型的修订一般是比较不规则的修订,因此在理论上比较难于处理。

(b) 我们还可把计划的修订分为以下两种:起因于经济体系内部的**经济事件**;起因于不属经济体系内部的非经济性质的事件或起因于心理作用。这种区别在理论上有重要性,因为只有前一类型的修订可以用在以前各时期发生的经济发展来加以说明。

(c) 我们又可把计划的修订分为以下两种:影响到最近时期行动的修订;只影响较遥远时期行动的修订。由于计划在这些遥远时期到来以前可能修订好几次,因此这部分的设计只对帮助了解实际上拿来执行的计划有用处。从经济学家看来,最重要的当然是和最近将来有关系的计划。

(d) 最后,有些修改还**保存原计划的骨架**,有些修改却完全改换原计划的面目，而成为新的计划。关于前者，我们又可以分为以下两种：(1)由于一定情况的实现，有条件的行动变为无条件的行动；(2)行动的范围逐渐缩小，最后变为行动的方向。这些过程的结果，仅仅使将来时期的计划随着时间的推移而变得越来越明确。

在上述分类的基础上，我们可以下这个结论：经济学家所最关心的乃是关系最近将来的计划的修订(这种修订比仅仅使以前计划变得更明确的修订重要得多)。这种修订是由于计划者期望的改变，而期望的改变则由于前些时期事态的发展。

以下是整个事件过程的四个环节，也就是我们必须分析的环节：(1)与计划者有关的各种因素的实际发展情况；(2)计划者对于这些发展的观感；(3)计划者受上述观感的影响对于将来情况的期望的改变，这种改变对他的行动有巨大影响；(4)由于上述期望的改变而发生的近期计划的修改。

我们可假定第一环节是已知的事实。只在要创立全面发展理论时才有决定这些事实的必要。关于第二环节，要注意这一点：即使实际发展的过程是连续不断的，通常也不能认为，计划者也会不断地改变他对这些事实的见解的。上面已经说过，这可以说是一种普遍规律，计划者只间歇地把有关他的计划的客观事件记在心上。

因此，由于人们知识的不完全，我们必须考虑到这个事实：在一个人的一生中，有思想停滞不进的时候，无论对过去的感想或将来的期望都抱着旧的观点。介在一个人前后两次把所发生的客观事件牢记在心的中间时间，我们称为“把客观事件牢记在心的时期”。

第二环节和第三环节的关系，即牢记在心的过去事件对人们期望的影响，在不同的情况下大不相同，因此理论家必须提出几种不同的假设。我们认为假定以下三种简单情况是很适当的。这些情况也可以说是典型的情况。(a)变动(一种物价的上涨)的速率继续不变(下期的上涨速率和上期的上涨速率相同)；(b)新的情况预期会继续下去(这个价格将继续维持较高的水平)；(c)人们认为变动是暂时的，并预期第二时期一到来，原状就会恢复(第二时期到来时，价格将回跌到上升以前的情况)。①

最后，关于期望对行动计划所起的影响，我们不可忽视上面已经提到的情况：由于一些已经实行的措施，一个计划订定以后通常不能够立即加以修改。因此，可能发生这种情况：计划者所牢记在心的事件，稍过时日总会对计划发生影响。此外，由于我们有理由可以假定一个人不会常常修改和目前无关而只和比较遥远的将来有关系的计划，我们可以断言，介在两次修订计划时候之间的时期，即计划维持原状的时期，通常比上述"把客观事件牢记在心的时期"长得多。我们很快就可明白，对根据有关计划创立一种发展理论来说，这个结论是很重要的。

以上关于计划理论的研究，把着重点完全放在方法方面，没有说及一定的期望将产生什么计划。在一般的讨论里，不能够对这个问题作出比上面更详尽的论述。因此，必须区别经济人的种类

---

① 希克斯教授，在他所著的《价值与资本》第205页上提出了"期望的弹性"这个新名词。这个名词也许在这里很有用处。应该注意，按照希克斯教授的解释，这个名词所指的，不是预期的下期变动与上期实际变动的比率，而是价格预期的未来升涨(和基期价格比较)和"它的眼前升涨的比率"(和基期价格比较)。

以及他们的不同评价态度，并在这基础上进行讨论。这些比较特殊的理论，可按计划者的类型，分为以下三类，但这里不能加以讨论。

(1) 以劳动和资本所有者身份利用自己收入来谋利的**私人**的计划。

(2) 以资本所有者身份而(通常)以最高的净利润为目标的**商号**的计划。

(3) 牵涉到国家整个经济政策的**公共团体**的计划。[①] 即在建立在私人企业基础上的社会里，这种计划对该社会内部经济发展的整个过程也有重大关系。[②]

7. 发展的一般理论

正如第五节所说，这里的问题是以某些事实材料为根据来决定发展的性质。这些事实材料是：(1)经济人的原始计划；(2)他们将来大概会怎样改变他们的计划；(3)和将来改变计划有关的客观情况以及由于所采取的行动而产生的结果。我们现在单就这些材料的性质以及决定发展所牵涉的问题这两个方面作一些概括的评论。

如果我们想研究单单由于一个经济人的行动而产生的发

---

① 从某些观点看来，把第二、第三两类合并起来，称为“行号”，来和私人这一类相对照，也许较为适当。

② 为了解现代经济发展，对这一类计划的研究越来越显得重要。瑞典经济学家阿克曼在所著《综合社会经济问题》(1938 年在尤德出版)一书里很详尽地论述了这个问题。

展——就是说，如果我们所关怀的仅仅是**小的经济**发展——我们便不必对修订计划的理论补充什么重要东西，这个理论的要点，上节已经扼要地说过。但我们还需要两种函数，其一说明个人所计划的行动和这些行动的实际结果的关系，其二决定个别发展和影响到将来时期的计划的整个趋势的关系。很明显，分析一方面决定于各时期的有关计划、另一方面决定以后时期的计划的个别发展，必然要把发展过程分为若干短的时期，而把修订计划时期作为各时期的分界线。①

但是，经济学所研究的过程，一般是**大的经济**过程，就是说，由组成一个**团体**的若干经济人的行动以及这些行动的结果所构成的过程。所要决定的变数是由以下各项组成的：生产各种商品所消

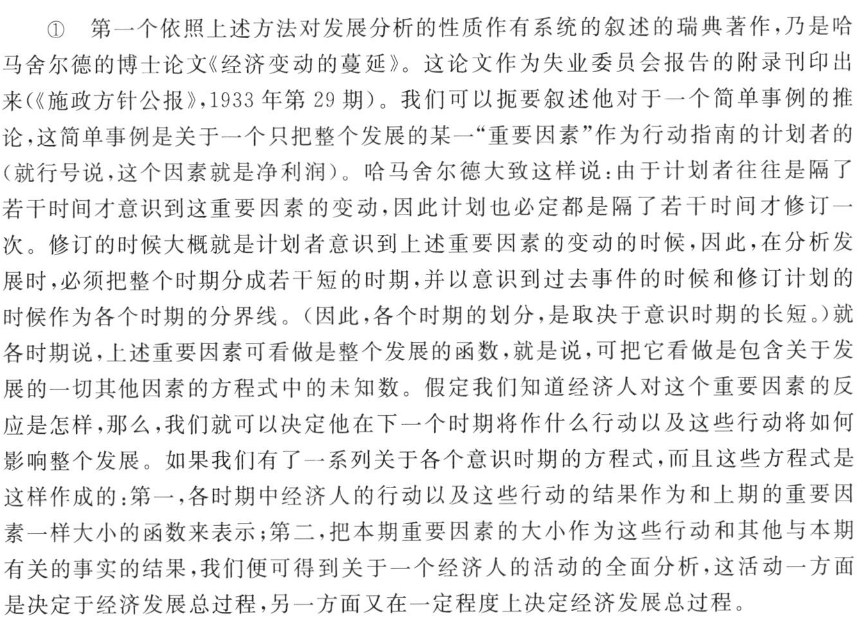

① 第一个依照上述方法对发展分析的性质作有系统的叙述的瑞典著作，乃是哈马舍尔德的博士论文《经济变动的蔓延》。这论文作为失业委员会报告的附录刊印出来（《施政方针公报》，1933 年第 29 期）。我们可以扼要叙述他对于一个简单事例的推论，这简单事例是关于一个只把整个发展的某一"重要因素"作为行动指南的计划者的（就行号说，这个因素就是净利润）。哈马舍尔德大致这样说：由于计划者往往是隔了若干时间才意识到这重要因素的变动，因此计划也必定都是隔了若干时间才修订一次。修订的时候大概就是计划者意识到上述重要因素的变动的时候，因此，在分析发展时，必须把整个时期分成若干短的时期，并以意识到过去事件的时候和修订计划的时候作为各个时期的分界线。（因此，各个时期的划分，是取决于意识时期的长短。）就各时期说，上述重要因素可看做是整个发展的函数，就是说，可把它看做是包含关于发展的一切其他因素的方程式中的未知数。假定我们知道经济人对这个重要因素的反应是怎样，那么，我们就可以决定他在下一个时期将作什么行动以及这些行动将如何影响整个发展。如果我们有了一系列关于各个意识时期的方程式，而且这些方程式是这样作成的：第一，各时期中经济人的行动以及这些行动的结果作为和上期的重要因素一样大小的函数来表示；第二，把本期重要因素的大小作为这些行动和其他与本期有关的事实的结果，我们便可得到关于一个经济人的活动的全面分析，这活动一方面是决定于经济发展总过程，另一方面又在一定程度上决定经济发展总过程。

耗的劳务的数量;货物和劳务的生产量与消费量;企业家和生产因素所有者所索取的价格;按照这些价格成立的各种交易数量等。寻求这些大的经济数值,或可把相应的小的经济数值加在一起求其总和,或在处理价格和其他关系时求出某种平均数。

可以把这些变数看做时间的函数,但不能看做连续的时间的函数。有些行动严格地说是没有时间性的,例如宣布价格、贩卖行为和其他交易等。因此,必须把这种行动和一定时刻联系起来,或和一定时期联系起来,计算出这些时刻或时期的总结果。至于其他变数例如投入生产的生产因素的数量,无疑地是有时间性的。但即使在这种情况下值得重视的并不是时时刻刻的变动,而是一定时期的总结果。因此,就大的经济现象来说,应该把经济发展划分为若干时期,而只计算各时期的总结果。[①] 如果要决定某变数在某时候的数值,最好把这时候作为两个时期的分界线。

这种时期,也就是在研究任何事件时所必须考虑的最短时期(因为有关系的只是这时期中的总结果,而不是总结果的分布情况),可以叫做经济学家所研究的变数的"意识时期"。在经济学家看来,把这些时期定得比较长些,当然是更合宜的,因为可得以分析的有关事件便更多一些。这个时期所以有个限度的理由,在于分析一个过程,总要等到人们意识到过去所发生的事件以后。所意识到的或者是上期获得的总结果,或者是过去某一时刻发生的事件(这时刻作为上下期的分界线)。这种意识是必要的,因为必

---

① 参阅上述斯文尼尔逊的著作,第 8 页。要选定某一时期,就得选择整个时期的收入总数和支出总数,作为这个时期全部变数中的基本变数。这些总数必须有某种一致的关系。所作的假设仅仅决定这些总数,但这个时期中的发展未能加以决定。

须假定它对经济人的计划和未来行动都有很大的影响。

在处理小的经济发展时,关于所选变数的“意识时期”可以定得这样的长,使得这时期和经济人有关的计划还没修改的时期相等。但这个意识时期,也不应该长于那些决定这时期行动的有关计划可假定没有发生变动的期间。如果团体的一切成员都在同一时候修订他们的计划,那么,每个成员的“意识时期”和计划时期便可相等。但实际上,各成员修订计划的时候,很不相同,因此,他们计划全部照旧不动的时间必然是很短的。在大多数的事例中,我们发现各种各样的计划,不仅仅有政府和个别消费者的计划,还有在或大或小的程度上独立自主的企业家的计划。他们互不相谋,不知道彼此的意图。我们不能期望这些计划会在很长时期中全部维持原状。在实施这些计划时,一定很快就会发现它们之间存在着或大或小的矛盾。事件的实际发展,不能完全符合人们对别人行动的预料。这样一来,有些计划就不得不修订了。

另一方面,不必把修订计划的过程看做是连续不断的过程。像上面所说的那样,由于我们可以断定经济人是在哪些时刻决定执行新的计划的,所以在任何情况下,在这些时刻之间总隔有一段时间(正如一定时间是由若干时刻组成的一样),在这个时间中计划没有变动。因此,只要这时间定得不太长,即使从严格的逻辑观点看来,我们的理论也是可以直接应用的。还应该注意,当我们的计划应用于实际问题时,可假定介在各次修订计划之间的时间,不是短得不可思议,而是长得有实际的价值,这固然是简单的假设,但是是可以辩解的。这假设只和实际情况有些微的距离,可帮助我们更清楚地认识经济过程的性质。

我们现在来说决定那些和大的经济发展有关的变数所需要的材料。这发展按照上述办法划分为若干短的时期。为着便利起见，我们现在把第一时期中的发展和以后各时期中的发展区别开来。

(1) 要决定第一时期中的发展，我们第一要知道有关计划的内容，第二要知道对发展有影响的客观情况。

关于计划方面，我们须要知道：

(a) 应在这时期中执行的无条件的、单独决定的计划的总数。因此，我们无需知道每一项计划，我们只需和总数(例如，某种商品在一定价格下的需求总量)或平均数(例如，某种商品的平均价格)打交道。总计或平均能够进行到什么程度，这当然要看所要决定的变数的分类情形而定。

(b) 应在这时期中执行的无条件的、就一定范围内决定的计划的总数。这些总数是按随机计算法求得的总数。尽管各人的行动在程度上多少各不相同，但总的说来，他们的行动结果可应用大数定律来推断。

(c) 要依靠一定情况才会实现的有条件的计划的总数，这些情况或是由于上面所说的这时期中所作的无条件的行动而发生的，或是由于那些和本问题材料有关的客观因素而发生的(参阅下面)。这些计划，可以假定是在上述情况出现后立即执行的，也可以假定是在过了一些时候才执行的，如果上述情况是在期初出现的话。但在后一种假定下，落后时间，不可以超过这个时期。[①] 很明显，必须

① 需求曲线可以作为有条件计划的例子。实际需求的多少要看所标定的价格如何而定。如果价格是在一个时期开始时定的，需求的出现时间必定要落后一些，但落后时间，必定不能比这个时期更长，否则需求便和这时期中的发展不发生关系。

把有条件的计划纳入材料中作为各事例有关情形的函数。

除这些关于计划的材料外，我们还要加上以下材料，这些材料是关于对发展有影响的客观情况的：

(d) 如果这个时期中所作的像上述那样决定的行动和问题所牵涉的变数没有同一性，而这些变数所指的却是行动的结果，我们就要知道这些行动同这些变数的关系。例如，如果在某种情况下，行动是购进一定数量的某些生产因素，而这些生产因素的出产量是包括在所考虑的变数内，我们当然需要知道购入的生产要素量和出产量的关系。

(e) 关于这时期中的其他事件("非经济性质"的事件)，必须掌握充分的知识，使得能够(根据上面 c 项所述的函数)推算出由此产生的有条件的行动。可能要接触到天文以及政治等问题。例如，如果我们要知道一群人在晴天怎样行动，在雨天怎样行动，那么，要决定他们将怎样行动，就要先决定那一天的天气是好还是坏。

如果这些材料都有了，我们便能决定那些构成第一时期经济发展的变数。

(2) 为要决定以后各时期的发展，下述知识是不可缺少的：

(a) 第一时期的变数(像上述那样决定的)。

(b) 那些影响第二时期的计划和行动的其他事件("非经济"事件)。

(c) 由于在(a)和(b)中所提到的因素，各个人对于改变他们的第二时期计划的意向。这样，(a)—(c)的材料，是供我们应用上述关于第一时期的方法来决定第二时期的计划。接着我们也可以决定第二时期的行动。

（d）第二时期的行动和这时期的有关变数的关系。

决定第三时期发展所需要的材料，和以上所述相同。

我们已经概括叙述明确决定经济发展所需要的资料，这些资料乃是数值随时变更的变数。当然，如果应用各种简单假设，可以使问题理论上的处理轻易一些。例如，如果不过问“非经济”事件，同时并假定行动和其结果的关系是固定的，一定时期的无条件行动和有条件行动的关系是固定的，一个时期的变数和下一个时期无条件计划的关系是固定的，那么，为决定将来一个无定限时期的发展，我们只需要以下的知识：(1)第一时期的无条件行动，(2)决定那些由于无条件行动而发生的有条件行动所需要的函数，(3)决定各个行动的结果所需要的函数，(4)表示各个时期中无条件行动是怎样根据前一个时期的变数来决定的函数。[①]

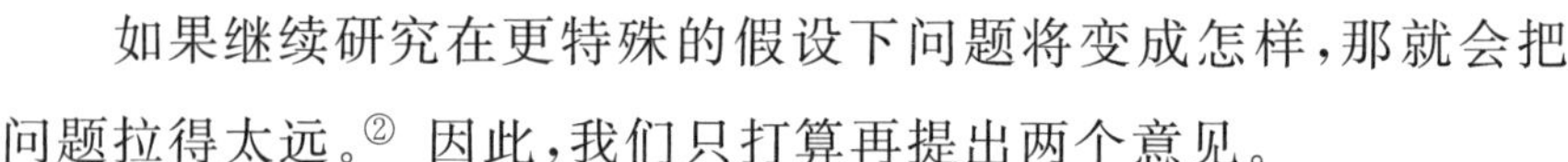

如果继续研究在更特殊的假设下问题将变成怎样，那就会把问题拉得太远。[②] 因此，我们只打算再提出两个意见。

上面已经说过，要科学地讨论大的经济发展，就得把整个发展

① 参阅上述斯文尼尔逊的著作，第11页。他在那里很清楚地指出：“某些不受本期事件影响而受前期事件影响的变数对本期中的发展起支配作用，同时其他变数出由这些起支配作用的变数来决定。被支配的变数的发展大概只间歇地影响到支配的变数，就是说，只在期末通过它们的综合发展影响到支配的变数”。斯文尼尔逊对于支配的变数和被支配的变数所作的区别，正与我们在无条件的计划及行动和有条件的计划及行动之间所作的区别相同。

② 伦德堡博士在《经济扩张理论的研究》一书里第一次用英文介绍了瑞典经济学家的动态理论。在这著作里，他对经济发展的理论也有重要的贡献，他把这种理论叫做“对循序发生的事件的分析”（Sequence Analysis）。特别使人感兴趣的是该书第九章所提出的典型的循序发生的事件。这个典型例子是用以说明经济扩张在各种简单假设下所经历的不同阶段。

过程划分为若干短的时期。当然,经济学家不能一期一期地把这个发展详述出来。但尽管如此,描述一个相当长的时期中事件的发展情况,这是完全可能的。如果挑选某些典型时期加以分析,能够从分析的结果断定这些时期活动的趋向,那么,中间各时期的性质便也不难推想而知。有时可能需要将所选择的时期的实际性质修改一下,使得它们能够恰当地代表所考虑的阶段中活动的趋向。

一般地说,经济学家不能在一篇说明里对一个复杂的发展过程作出完全的分析。他通常得满足于从某一特殊观点讨论全部发展。这就是说,经济学家必须从和发展有关的各个变数中挑出若干变数加以讨论,至于和这些被挑出的变数有关的其他变数,他必须假定这些变数是已定的,让经济学的其他部门去研究。这样,我们便可以分别地论述各特殊经济问题,不但使经济学和其他科学有分工的机会,而且使经济学的各分部也有分工的机会。

8. 物价变动理论中平衡法与不平衡法的比较

(1) 不平衡法

在讨论价格决定问题时,人们往往以自由竞争为前提,认为可以把某一时期的物价看做是这时期中供需情况作用的结果。这种假设很适用于分析一种物价或一个物价体系的平衡形势。但在从更实际的观点分析价格决定问题时,这种假设便不很适当了。在实际动态情况下,供需并不需要平衡。但相反的概念,认为物价在供需因素的作用下不断变动,也不正确。分析价格决定过程,需要更加仔细地研究它所包含的要素。

从动态和现实观点看来，必须区别两种动作，这两种动作也就是价格决定过程的基本动作。第一种，卖方或买方开价出价的动作（关于数量可以确定或无法确定的货物或服务性劳动的价格）；第二种，对方接受所开价格的动作（接受的价格往往比所开的价格高一些或低一些）。这两种动作都是在一定时刻进行的（但所开价格只在一定时期中继续有效或在未撤回前继续有效）。这样，价格决定过程并不是连续的过程。如果用图来表示，供需价格将以与时间轴平行的直线出现，但在价格发生变动的时候，这些直线便呈现断断续续的状态。至于按照这些价格成立的交易，在买卖双方对交易条件表示同意的时候，将以与时间轴成直角的直线出现。

现在我们必须设法说明这些物价现象怎样才能最恰当地配合我们的计划。

由于卖方或买方一般是在修改业务计划时更改价格，由于更改价格有时就是修订业务计划的表现，最自然的办法乃是假定价格变动发生在一个时期过渡到另一个时期的转折点（这里所说的时期就是上面说的时期）。按照这个假定，在这两个时期内价格没有变动。这样，关系到决定卖方或买方所开价格的价格决定问题，与各时期中所发生事件没有直接联系；和它有直接联系的，乃是在两时期的转折点所发生的事件。

例如，某些卖者宣布新的价格，那些由于这种理由或那种理由对这些新的价格发生直接兴趣的商号或个人（或作为上述卖者的顾客，或作为上述卖者的竞争者），一般都会受到这个影响而修改行动计划，因而也更改自己所开的价格。在应用我们的计划时，必须假定这种更改是紧跟着原始价格的变动而发生的，因此可以认为是在同一时候发生的，[①]或是在以后两时期的转折点发生的。对我们来说，前一假设是更适用的。

价格决定过程的第二个要素，即买者接受卖方所开的价格。其发生的时间可以假定是紧跟着卖方开价的时间的，也可以假定是在更后一些的时间。如果交易的数量不符合卖者的期望，在多数情况下，卖者就要修改那些根据原来期望而订定的计划。但似乎有理由假定，这种反应不会很快就发生。一般地说，卖者总要对一个时期中的交易做个全盘的总结，才决定修订卖价。因此，我们要是假定，上述类型的交易总是在一定时期中发生，而这些交易的反应总是在期末发生（或在更后一些的时候），这种假定当不至与实际情形有所距离。

总而言之，我们的方法如下：一个动态过程分为若干短的时期，即若干日。一切关于业务计划和消费计划的决定、价格的修订，都是在这些时期的转折点发生。

在这些时期中，买卖进行着：一方面卖方开价，一方面买方接受卖方所开的价格。此外，生产和消费过程，也或多或少地继续进行着。

为了说明我们的方法应用于建立在私人企业基础上的社会时的意义，我们举出下面的例子来结束我们的分析。

时间是某一天早晨。假定所有卖者都已经开出了他们的价

① 这种假设当然会把问题简单化，因为实际上卖者更改价格时间与买者因此决定多买或少买有关货物的时间，总有一段时间的间隔。但如果在这短时间内，没有交易发生（这是很合理的假设，因为买者可能要等待新价格出来后才决定要买多少），这在经济上就没有什么重要性。

格,所有企业家和消费者也已经参照这些价格以及其他情况与自己对于将来的看法决定了如何修改当日的营业方针。因此,每一个生产者都决定要生产什么东西,生产多少东西,购买多少原料、劳动和基本设备;每一个消费者都决定要如何花费他的收入。在这一天中,他们可能尽量设法把这些计划付诸实现。

到了晚上,每一个人都总结白天的经验,考虑来日的行动。生产者和商人盘点他们的存货,检查所收到的定货单。如果一个生产者所接到的定货单,超过了他所期望的数目,他就想提高价格。另一个生产者由于相反的情况却想降低价格。也许前者打算扩大生产量,而后者却打算缩小生产量。第二日早晨,新的价格发表了,计划修改了,前一天所经历的过程,又展现出来。

依照上述方法分析物价发展,近来由于采用事前估计与事后计算而变得轻易得多了。使用马查克博士的名词,这两种不同算法也可以分别称为计及未来的估计与追溯既往的估计。这种区别经证明很有用,对许多争辩纷纷的论点提供了简单的解决途径,特别是关于能否使用投资和储蓄的关系来说明物价变动这一问题的争论。缪尔达尔教授首倡这个方法,指出这个方法对分析物价变动的意义,我们对于他这个贡献应表示谢忱。[①] 以后这方法又经弗

① 关于这一点,下面从缪尔达尔教授《均衡概念作为分析货币理论的工具》(《对货币理论的贡献》,哈耶克编,1933 年在维也纳出版)中摘录的一段是很有趣的:“我在上面把资本数量和有形投资总量的差别作为魏克赛尔过程的显著特点,但这种看法,只在一个人所考虑的是某一特定时期的形势,而且那时各种有关数量(如收入、储蓄、消费、投资等)都是根据预期的未来时期的物价计算的场合下才属正确。(接下页)

里兹教授、奥林教授[①]以及其他英美经济学家加以发展。

下篇论文将详细讨论一些重要经济概念之间的关系。在那论文里，我用很长的篇幅讨论事前估计与事后计算的意义。我尽力使分析通俗化，也考虑到国际关系。我的目的在于扩大这些概念的用处，使它们能够适用于现实生活中所遇到的复杂情况。

(2) 两种平衡法

上述分析把价格决定过程看做一系列的不平衡，它是以把市价看做卖者所开的价格（或在某些特殊情况下把它看做买者所出的价格）这一现实的假设为根据的。诚然，这些价格是以卖者所作的在各种不同价格下能有多少需求的估计为根据的。可是这种估计却往往不大正确，而促使卖者改订价格的因素，最重要的就是实际卖出的数量与预期的数量有距离，以及因此而产生的定货数量

（接上页）如果一个人考虑到某一时期的实际发展，并且在这时期结束后把这时期中所积累的资本的价值和用以积累这项资本的投资拿来比较，他就将发现它们是相等的。这个均等显然是由于利得和损失而产生的……在魏克赛尔上升过程中，某些利得（所谓收入利得和费用利得）经常是大于损失。就这些利得未曾引起消费者需求的变动来说，它们必定是储蓄起来，包括在期末计算的储蓄数额内。因此，期末计算的储蓄额，和期前估计的储蓄额比起来有所增加。这增加额相当于期前估计的自由资本数量和所计算时期中的投入资本或有形投资的差额——在上升过程中，有形投资是多于自由资本。在下降过程中，损失较大，利得较少，期前估计的自由资本大于期后计算的有形投资。这两者的差额，在这个过程中由于损失而消失。结果又是期末计算的投入资本和整个时期中所作的有形投资相等"（阅上述书第 247 页）。

① 参阅奥林教授《关于斯德哥尔摩储蓄投资理论的一些注释》，《经济杂志》1937 年，第 2 期，第 57 页和以下各页。奥林教授自己在这个理论方面所作的贡献，见于他向失业委员会提出的《关于货币政策等问题的报告书》以及他所写的《论扩充学说》一文（《施政方针公报》1934 年第 12 期）。

与存货数量的变动。因此,我们的分析方法是现实的,它明白地指出了使物价发生变动的推动力。这推动力就是实际需求与卖者订定前期价格时所预期的需求之间有了距离,或是超过,或是不及。

但是,价格形成的过程这样地继续了若干时期之后,情况可能有这样的发展,使卖者没有理由再来修订价格。这种情况构成了在第一个意义上的暂时平衡——市场价格与当时的供需情况完全相适应。因此价格在某种意义上成为一个独立因素,可以由本期的供需情况来决定。如用图来表示,则这些供需情况通常是用供需曲线来表示的,这些曲线和它们所决定的价格没有关系。所以这些供需情况被认为不受本期价格的影响。

成本和收入要到下一个时期才会受到市场价格的影响。可能需要新的供需曲线,而这些曲线又渐渐导致由它们决定的新的价格,于是物价形成过程继续从一个暂时的平衡跨进下一个暂时的平衡。可以想象得到,在某些情况下形势可能变成这样,不但存在着由物价所导致的供需的平衡,而且存在着与当时物价完全相称的成本与收入的关系(供需曲线所根据的关系)。很明显,这里我们便有在第二个意义上的暂时平衡,其特征是在这时期中物价与供需函数互相依存。因此,这种平衡是瓦尔拉类型的平衡,尽管它不是永久的而仅仅是限于本时期的。这种情况的产生,可以设想是由于买者、卖者通过期初的谈判,得到了满足平衡的要求的价格。在谈判中他们充分考虑到物价对成本、收入情况的反应以及对供需情况的反应。

在讨论物价在一个市场上是怎样形成的时候,普通都是应用第一个平衡方法。但这个方法也适用于旨在说明一般物价水平的变动的分析，不论是从现金差额角度来处理这问题，或是从储蓄和投资角度来处理这问题。如果是从后一角度，我们就把消费品的价格水平看做是完全决定于用来购买消费品和消费性服务的购买力(＝收入－储蓄)与这些货物和服务供应量的关系。凯恩斯在他的《货币论》中所举的有名的基本方程式，就是建立在这个方法的基础上的。① 哈马舍尔德在上述著作中也使用类似的方法分析一个完全的动态过程。他把每一时期中从价格决定过程所获得的利

① 大家知道，凯恩斯方程式仅仅适用手非常简单的假设(其中一个是："投资的净增量"可以看做是由某些具体货物组成的。其实，投资净增量就是投资货物的总产量的价值与旧的投资货物的损耗量的价值之差)。但不难使用很普通的方程式来表示同样的思想。按照下面"代数式讨论"所使用的定义和符号，我们以 E 代表收入，S 代表储蓄，I 代表实际投资的价值，所有这些都是按照净数额事前计算的。此外，我们以 B 和 C 分别代表生产性用途和消费性用途的购买(计划的以及实现的)，A^b 和 A^c 分别代表生产者所期望的生产性用途和消费性用途的销货额，P_{01} 代表卖者所期望的消费资料的价格水平，P_{11} 代表本期中消费资料的实际价格水平，Q 代表卖者所希望售出而且实际上售出的消费资料的数量。(最后一个假设自然使这个推论不能适用于实际情况。)这样，我们可写成以下方程式：

$$P_{11}Q=C=E-S$$

$$P_{01}Q=A^c=E-(A^b-B+I)=E-(I+\Delta^b)$$

(在下篇论文中可以看到，按照我们的定义，$E=A^b+A^c-I$，$\Delta^b=A^b-B$)。

如果我们以第二方程除第一方程式，我们就得到

$$\frac{P_{11}}{P_{01}}=\frac{E-S}{E-[A^b-(B-I)]}=\frac{E-S}{E-(I+\Delta^b)}$$

从上面可以看到，事前预计的储蓄额与投资额的差异，怎样使实际价格水平与卖者所期望的价格水平发生差异。方括弧内的方程式表示生产者所期望售出的充作生产性用途的销货额减去实际销货额超过计划的净投资价值的数额(因此，买者不作为净投资看待的数额，例如资本损耗的补充，必须减去)。或者这样说也行，方括弧内的方程式表示计划的投资净额加上预期的生产性用途的销货额与实际的生产性用途的销货额之差。这相当于凯恩斯所说的"投资成本"。

益转到下一个时期的购买力。[①]

这个方法对决定将来较长时期中的物价一般趋向很有用处，因此，凯恩斯从他方程式中演绎出来的结论大体上是可以接受的（这些结论与本书第二篇所提出的意见在许多方面很相似）。但这方法却有一个缺点，这个缺点是由于它假定消费资料的销售额和消费资料的价格没有关系而发生的。实际上，消费资料的销售额至少部分地和它的价格是相适应的，价格低时买者就多买一些存起来，价格高时就少存一些。因此，在现实地分析当前的物价变动时，采用上面所概述的不平衡方法更为正确。

暂时平衡概念的第二种解释，似与马歇尔所说的“短期平衡”相似。[②] 按照这种方法，物价与生产要素的供需有互相依赖的关系。希克斯教授在他所著的《价值与资本》一书中，非常详尽地说明这个方法把动态过程看做是由一系列短期平衡组成的意义。在他这本书里，他广泛地使用了这个方法。由于这个方法也是本书第二篇物价变动理论研究的基础，似应在这里指出它与其他方法的关系。

这个方法的优点，在于所有静态理论都可用来分析动态过程。因此，这种方法可以说是一个桥梁，沟通静态与动态。事前、事后这些名词，可不必再使用了，因为我们可以假定人人在一个时期开

① 使用事前和事后这些字眼，这个假设可以解释如下：每一个时期的事前收入（每一个时期中实际需求都是根据这个收入的）被假定为等于前一个时期的事后收入，此项收入包括前一个时期中由于物价形成的过程而产生的利益。

② 参阅马歇尔：《经济学原理》第 2 卷，以及希克斯在《价值与资本》第 119 页中的评述。

始时都知道这时期中的一切交易情况和物价情况。另一方面，这个方法比上述方法有更大的局限性，它对实际情况的适用范围比上述方法更为狭窄。在实际的动态发展方面，这样的平衡并不常见，只偶然出现。尤其不切合实际的是，它假定动态发展表现为一个平衡局面突然地过渡到另一个平衡局面的过程。另一个缺点是，动态成分并不明显地呈现在各时期的方程式里面，除非这方程式写得十分复杂，也包括关于未来时期的期望。动态成分本身就在于这些期望的矛盾中。当卖买两方在一个时期开始互相立约，担承那些应在本期中履行的义务时，这种矛盾便十分显著。换句话说，各时期中都潜伏着不平衡的成分；正是因为这种情形，所以已达到的平衡都是不长久的。这样，动态过程的推动力完全在于期望，这就大大限制了这方法作为构想切实的、典型的发展过程的根据。

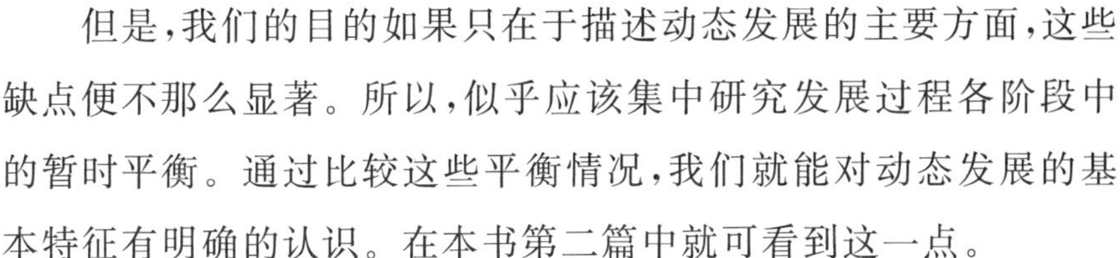

但是，我们的目的如果只在于描述动态发展的主要方面，这些缺点便不那么显著。所以，似乎应该集中研究发展过程各阶段中的暂时平衡。通过比较这些平衡情况，我们就能对动态发展的基本特征有明确的认识。在本书第二篇中就可看到这一点。

9. 关于计划权集中的社会中的价格决定问题的意见

在上面的分析中，我们没有对所讨论的社会的政治组织作出什么假设，在那里我们所想象的是自由企业的社会，因为这对我们的分析是最切当的。所以，在这里补充一些关于生产活动主要是由一个最高中央机构指挥的社会的价格决定问题的意见，似乎不是不适当的。这个问题具有许多有趣的特征，这些特征随着中央机构对社会各成员的创造性的限制的宽严程度不同而不同。因此，关于这个要点，需要作出不同的假设。

(1) 在一种社会里，生产组织和消费组织都是由中央机构决定的。这便是说社会成员的收入全为实物，或者就是说人民的消费是用其他方法管理的。如果收入是以金钱给付的，这种给付可能是和各种特许相结合着的，如特许按照一定价格购买各种规定的货物和服务。

从我们的观点看来，这种社会的经济生活的有趣特征是：在一定时期中，人民的经济生活可以说是努力想实现中央机构给这社会的这时期的活动所订定的一个计划的结果。要说明这种经济生活，就必须分析计划的内容以及实施计划时的周围环境。如果所考虑的时期较长，还须观察中央机构如何依据已往的经验不时修改原来订定的计划。因此，自然必须把这较长的时期划分为若干短的时期，在这些短的时期中计划没有变动。但这些短的时期可能是相当长的，可能是几年。这是由于所实施的只有一个计划，因此只在意料不到的客观事件，影响到生产和消费条件时，才会发生失望。我们所构想的处理经济发展问题的一般计划，可以非常简单地应用于这种社会。

(2) 第二种社会，是各成员获得货币收入且能为了消费的目的自由支配这项收入的社会。消费者的这种自由，必然使中央当局的计划工作变得比较复杂。在第一种社会里，中央机构可以完全依据它自己对于消费者需要所作出的估计，决定以一定数量的生产资源生产什么东西，生产多少东西。在第二种社会里，中央机构订定计划时却要估计消费者将如何权衡自己的需要，然后在这个估计的基础上结合价格决定问题解决生产问题。

如果我们假定人民的收入是以货币给付的，这种给付是由于中央机构所作的估计的结果，而这个估计和上例分配实物收入时所作的估计性质相同，那么，解决生产和价格决定问题便牵涉到以下两方面：一方面，各种货物和服务的价格，要订得不高不低，使货物、服务的供需恰恰相等；另一方面，按上述价格计算的全部产品的价值，达到了最大的程度，不能通过用某种其他方法使用生产要素的办法来把它提高。如果这两个条件没有达到，必定能够通过生产计划的修订使消费者得到更大的总的满足（按照决定消费者收入的中央机构的估计）。这样，计划所牵涉的平衡问题，其性质正和静态理论所讨论的平衡问题一样。但这里和静态理论不同之点在于平衡仅指计划的平衡。[①] 由于实际的需求不免与中央机构所预料的需求有距离，在执行计划时大概会在一些方面碰到不平衡（即使不过问可能发生的意外的客观事件）。

中央管理机构在发现需求大于或小于它所预计的数量时，如果它想尽可能满足消费者的需要，就必须修改原订的生产计划。因此，各计划的有效时间，必定是比较短的，必定比在前一假设下

① 这两者之间还有其他区别。在固定平衡下，生产品的价格与决定个人收入的生产要素的价格是互相影响的。但在这里，个人的收入和根据产品的价值而计算的个人的服务的价值却*不一定*有关系。因此，我们可以假定（像以上所做的那样）在生产问题、价格决定问题解决以前，分配收入的根据已先决定了。但也可以假定，个人的收入是按照由边际分析所计算出来的个人的服务的生产价值来决定的。（个人的收入不一定等于个人的服务的价值。如果我们假定，国家所拥有的资本的总收入首先是用以支付本来要依靠租税支付的开支，如果又假定所有必须积累的资本也是给予这项收入，国家的预算便可能时有盈余、时有赤字，使得对个人服务所给的报酬有时高些有时低些。）

的时间短得多。这是因为计划权力现在已不再集中在中央机构手里。消费者的种种计划都成为有关系的因素,在解决问题时都须加以考虑。当这些计划付于实施时,它们总不免在一定程度上有所矛盾,因此其结果绝不能在各方面都能令人满意。

在上面所研究的两个事例中,如果我们对第二个事例中的储蓄可能性不加过问,那么,纯粹货币问题,便不存在。原则上货币收入的总和将仍旧等于供给消费者购买的产品的总价值。成为问题的,只是如何划定各种相对价格,使得国家所付给消费者的货币能够作为卖给他们的货物和服务的代价全部流回国家手中。

(3) 如果我们现在研究第三种社会,即社会主义社会,并假定私人可从事储蓄,人民可用钱购买公债或把现金存入银行,而公债和银行存款都给付利息,则我们便又面临一个新的问题。当中央机构必须作出决定,在一定的将来时期中应如何在消费资料制造业和生产资料制造业之间分配生产资源的时候,它必须估计在这时期中消费者可能储蓄多少钱。预期的私人储蓄与国家本身的储蓄两者合在一起应该等于计划中的资本的增加。这意味着,提供消费者购买的消费品的总价值,应该和除去了储蓄部分之后的消费者收入相等。如果消费者支配收入的方法,与中央机构所预料的有出入,其结果消费品不是过多就是过少。这不一定会导致消费品的跌价或涨价,像在自由经营的社会里那样,因为价格是由国家规定的。但这仍然说明国家计划和现实的脱节,因此国家必须修改下一个时期的计划。

这样,在这种社会里,中央机构必须解决同自由企业社会的中央银行所必须解决的问题性质完全相似的问题。两者的任务都是精打细算地支配社会的资源，使所生产的货物能恰恰符合消费者现在和将来的需要。在两种社会里，问题的解决都必须以所预料的消费者的需要为根据。但在社会主义社会，问题大概比在资本主义社会容易解决，因为生产资源的分配是由国家执行的。在资本主义社会，中央银行必须通过货币措施指导企业家的活动，特别是通过利息率的变动。

通过以上的研究，看来我们所提出的分析动态过程的方法，对于研究社会主义经济也许特别适合。

应用代数方程式讨论某些经济概念的关系

1. 定义和符号

在下面的叙述中，我们把经济人分为两大类：(1)个人或私人家庭；(2)行号——从广义解释，凡拥有有形资本或在资本和收入方面具有商誉的单位都叫做行号。行号主要属私人所有，而私人又从“这种金融资本”或从对行号提供的服务取得收入。

以下使用的符号，根据这个原则：小字母表示小的经济项目，即关于一个家庭或一个行号的情况；大字母表示相应的大的经济项目，即关于按照特殊意义解释的个人团体或行号集团总的情况或平均来说的情况。除特别声明外，同一小的经济项目适用于私人，也适用于行号。

应该注意，多数项目都可能有负值。一切和一定时期有关的价值都假定是在期末计算出来的价值，因此它们包括这时期中所生的(或希望得到的)利息。

写在字母右边下端的符号是关于时间的符号 t_0,t_1,t_2 等时刻用 0,1,2 等来表示,而介在两时刻之间的时期如 t_0t_1,t_1t_2 等则用 1, 2 来表示。这些写在字母下端的符号或表示进行估计的时候("估计的时候"),或表示同估计的数值有关的时候或时期。(关于某些交易,还可把订立合同的时间和执行合同的时间区别开来。例如 a_{012},表示在 t_0 时候所估计的在 t_0 t_1 时期中定约而在 t_1t_2 时期中交货的买卖。货款交付和交货假定是同时进行的。如果规定有其他支付条件,那就意味着一方贷给另一方信用)。

写在字母右端的符号表示有关项目的分类。* 符号表示有关项目是一个团体和另一个团体所进行的交易,因此它有时是指进出口贸易,有时是指"国际间"或"区际间"的其他关系。o 符号表示有关项目是团体内所进行的交易。[①] 没有这些符号的项目表示这些项目是附有符号的项目的总数或平均数。[②] 所有写在字母右端的符号,一概依照上述原则。

写在字母右端下面的符号,使用得比较自由。例如,它们或指估计的对象,或指估计所牵涉的团体。写在字母左端上面的符号表示有关项目要按特殊意义解释,例如,k=资本价值,${}^{s}K$=资本主观价值,${}^{a}k$=资本会计价值。

① 这种符号表示法是弗里兹教授在油印的《货币概念与符号系统》讲稿内所采用的方法。这个讲稿将加以修改,在经济学杂志发表。

② 这个规则的唯一例外是关于写在字母上端的+和-两个符号。这些符号分别表示某项目的正项和负项,所以没有这些符号的项目就等于正项和负项之差。例如,$f=f^{+}-f^{-}$(货款净额与购入有价证券净额的总和等于贷出款额与购入有价证券数额的总额和借入款额与卖出有价证券数额的总额这两者之差额)。

本文中所使用的各个项目的意义,照 A B C 字母次序列示于下。下面所举的各个定义,以后将在各地方更详细地加以说明,但先把它们列成一览表,对读者当是合适的。

项目一览表

a:销售额,所售的或是个人的劳动($a^{l}=\pi y$),或是行号的产品($a^{h}=px$)。如果交易没有附带信用条件,那就是假定偿付价款和交货或提供服务是同时进行的。

b:目的在于生产的购买,或和提供服务性劳动(b^{l})有关,或和运用有形资本有关(b^{k}),或和进行金融交易有关(b^{h})。

c:目的在于消费的购买,包括目的在于提高赚钱能力的私人的“生产性消费”。

d:有形资产的损耗以及和有形资产有关的商誉的损耗,包括维修费在内。

e:私人或行号的净收入。

- e^{l}:由劳动而得的净收入,即薪水、工资减去由于工作而发生的费用($=a^{l}-b^{l}$)。
- e^{k}:由有形资本而得的净收入,即等于销售额减去目的在于生产的购买额加上有形投资净额($=a^{k}-b^{k}+i$)。
- e^{h}:由放款和拥有有价证券而得的净收入,即在一定时期中收到的股息、利息净额加上未到手的利益净额(后一项目等于金融投资净额超过购入有价证券净额和放款净额的数额)减去由于金融投资而发生的费用($=r+j-b-b^{h}$)。为避免计算重复,必须从行号自金融资本得到的收入减去行号所有者自行号得到的收入。

f:金融交易的最后结果,即放款(包括增多的银行存款,不论这种存款是往来存款或其他存款)超过借款 f' 的数额以及买入的有价证券超过卖出的有价证券(f'')的数额。

g:利益和损失,即不是直接由于销售、购买或得到的利息而发生的财产主观价值(由企业家或所有者估计的价值)的变动。

g':收入上的利益和损失,是重新核定前期收入的结果。

g''：资本上的利益和损失，代表结余的资本额。

h：金融资本的净值（以及和金融资本有关的商誉的净值）即贷出的资本超过债务的数额加上有价证券（h''）的数额。行号的资本，就行号本身来说是借方项目，而就行号所有人来说是贷方项目。

i：有形投资的净值，即由于净收入以及目的在于生产的购买额超过销售额而发生的有形资本价值的增加（$=e^k+b^k-a^k$）。

j：金融投资的净值，即由于金融交易的结果或由于收到的利息超过付出的利息和股息或超过和金融交易有关的费用而发生的金融资本价值的增长（$=f+e^h-r+b^h$）。

k：有形资本的价值（以及有关的商誉的价值）。

l：一个行号所雇用的工人的平均人数。

m：保有的现金，包括本国货币即本国中央银行或其他发行机构所发行的纸币、铸币（所发行的纸币、铸币在本国范围内作为负项）以及外国货币即外国纸币、铸币。

$\dot{m}$：现金保有的增加。

p：一个行号产品的平均价格。

π：工人所提供的服务的平均价格。

r：利息收入净额和付出的股息。就行号来说，它付给它的所有者的股息，必须列作负项。

ρ：所考虑的时期中的利息率。

s：储蓄，即净收入超过消费性购买和本期中从这项收入项下付出的捐税的数额（$=e-c-t$）。

t：由净收入项下付出而不列作消费的捐税。各种补助金和援款可以包括在这项目里面。公共团体所收入的租税收入和援款作为 t 项的负项目。

u：产品总值，不但包括制成品价值，而且包括行号内部一个部门对其他部门提供的货物和劳务的价值。

v：购入品的总值，不但包括从外面购入的货物和服务的价值，而且包括行号内部一个部门从其他部门收到的货物和服务的价值。

w：私人或行号财产净值（$=k+h+m$）。就私人说，k 是等于零，就行号说，h 一般是负项，因为属于所有人的金融资本列为负项。

x：行号卖出的货物和服务。

y：私人出卖的劳动。

γ：金融资本的收入(不扣除有关费用)，即 e^h+b^h 超过捐税和类似的开销的数额($=r+j-f-t$)。

∂：销售额超过购买额的数额即“出超额”($=a-b-c$)。这样($\partial+Y$)就是使金融投资有所增加的来源。

2．小的经济的价值

(1) 对事前估计的价值和事后计算的价值都可适用的关系

我们现在先阐述某些概念的关系，这些概念对小的经济的价值可以适用，而这些价值是在同一时候估计的价值。关于私人家庭的价值，我们假定是由户主估计的。关于行号的价值，我们假定是由主持行号大计的企业家估计的。在从事估计的人看来，上述价值究是关于将来时期的价值或是关于过去时期的价值，没有什么关系。因此，我们这里所说的关系，既适用于期末计算的价值，又适用于期初预估的价值。但在后一个场合下，必须假定这时期很短，以致能够作出很确定的估计。

收入支出方程式或现金方程式表示这个事实：一个私人或一家行号在一个时期的货币收入是等于这时期的支付加上所增加的现金：

$a+$	$r=$	$b+$	$c+$	$t+$	$f+$	$\dot{m}$
销货	从金融资本得来的净收入	目的在于生产的购买	目的在于消费的购买	不列作费用的捐税等	放款净额和购入有价证券净额	增多的现金

就私人说，上述方程式的意义十分明显。a 表示他在这时期

中所得的薪水或工资；r 表示来自资本的货币收入：b(一般不是很重要的项目)表示由于进行工作或进行金融交易而发生的费用；c 表示他的消费；t 表示由他直接缴纳的租税(其他租税包括在 c 或 b 内，因为无从单独计算)；f 表示有价证券净买入额加上放款超过借款的数额；$\dot{m}$ 表示所持有的纸币、铸币比从前增多的数额。就生产企业说，我们必须注意到这一点：代表来自金融资本的收入的 r，当这个项目包含分给股东的股息这个大负项的时候，便具有负价值。就银行说，最重要的项目是：表示来往账的利息的 r，包括营业费用在内的 b，和表示对外债权债务关系的变动的 f。至于国家和其他公共团体，t 现在表示收入的租税而不是付出的租税。① 它现在是个负值。② 由此可见，这个方程式可以普遍应用，虽然各项目的意义和重要性随着应用的对象而有不同。

上述方程式不包括收入概念、储蓄概念和投资概念，上述方程式只涉及纯粹的货币收入和货币支出。选择这个方程式的项目时，我们是从实际考虑出发，我们的用意在于把经济资料作这样的安排，使得某一个时期的经济活动的结果可以和将来时期的经济活动的结果相比较。不幸得很，关于各个项目的最适当定义，还没有一致的意见。作者将在本文的下半篇提出作者认为最适合于理论分析的定义。作者还将指出这些定义和会计实践中所给与这些

---

① 已经说过，这个项目只包括由净收入项下直接付出而不列作费用的租税。公共团体由其他租税所得的收入(例如，给公众提供的集体性服务)包括在 a 内，这样做当然不是完全适当的。

② 如果国家对私人或行号进行补助(例如失业救济金)，在国家方面，这些补助金是 t 内的一个正项(－t 便表示直接缴付的租税减去补助金的数目)，而在接受补助金者方面，这些补助金是 t 内的一个负项(t 表示直接缴付的租税减去补助金的余额)。

项目的定义的区别。但在本节中，关于收入、储蓄、投资这三个概念的定义，我们只需假定它们应该是相关联的，像下面所表示的那样，不必作其他假定。为使我们的说明能够广泛适用，我们把它弄得一般化，使它既适用于各项目理论上的分析，又适用于实践上的分析。

我们可从下列方程式着手，这个方程式表示来自生产因素（劳动和有形资本）的收入可怎样计算：

e^{1+k}	=	a	−	b^{1+k}	+	i
来自生产因素的收入		销货		目的在于生产的购买		有形投资

由此可见，来自生产因素的收入是等于销货和目的在于生产的购买的差额加上有形投资净额。也可以说，它是等于销货收入和目的在于生产的购买额之差（a－（b－i）），这个购买额不包括有形投资的净增加。如果我们把收入和投资的相互关系写成 e－i＝a－b，这个关系便可一目了然。这个方程式表示，一个时期中来自生产因素的净收入和有形投资的差额是等于这时期中销货和购买的差额。因此，收入和投资的每种定义都对其他概念的定义有影响，因为它们的差额应该是个固定数目。就理论说，当然可以给这两个项目下别的定义。但如果给它们下了别的定义，整个项目体系便变得比较复杂。经济理论家的第一任务，就是避免不必要的复杂，如果把项目体系弄得复杂，便和它的任务背道而驰。

现在把上述收入方程式弄得这样一般化，以致它可适用于个人得自劳动的收入，也可适用于行号得自有形资本的收入。但就劳动来说，它可有两种不同解释，看我们保留 i 还是放弃 i 而定（如

果放弃 i 项，就给 i 以零的价值）。

从理论观点看来，头一个方法，似乎可以说得通，而且是可采用的。这个方法意味着有形资本和劳动的收入可同样对待，不加区别。这样，按照上述方程式，劳动的收入便作为销货收入（a），即薪水或工资减去那些不是以提高劳动者生产能力为目的的“个人投资”的生产性开支（b－i）。所以，凡构成这种“个人资本”的教育、训练费用都包括在 i 和 b 内。这个方法有下列优点：对这种重要类型的资本的形成给以它应得的考虑，同样又能比其他方法更简单地说明某些关系。但当我们把研究推广到收入和资本的关系时——我们的研究在本书第 71 页将达到这个阶段——不区别有形资本和劳动这两个因素就会遇到这样一个困难，即人们通常只对有形资本计算货币价值。私人没有估计他们作为劳动者（按广义解释）的生产力的价值，除非理论家发明出这种价值，否则有形资本和劳动必须加以区别。[①]

可是，我们现在所要做的是尽可能符合现实地对各个项目下定义，即使说明变得复杂一些，亦所不惜。我们觉得把个人资本和个人资本的形成包括在资本和投资这些概念内是不妥当的，因为个人资本不能够加以测量，像有形资本那样。因此，劳动收入方程式不能包括 i 这一项，目的在于提高劳动者赚钱能力的一切费用应从生产性购买项目移到消费性购买项目（即由 b 项移到 c

① 读者可在本书别的地方看到这个方法应用的例子，因为我们认为可把这个方法用于两个不同的场合。

项)。[1] 这样,来自劳动的收入的方程式可写成如下:

e^l	$=$	a^l	$-$	b^l
来自劳动的收入		出卖劳动性服务所得的代价		劳动过程中所付的费用

关于**有形资本**的收入,其方程式却须按照上述公式写成如下:

e^k	$=$	a^k	$-$	b^k	$+$	i
来自有形资本的收入		销货		生产性购买		有形投资

我们已经指出,这个公式的范围非常广泛,能够包括一切有相互关系的收入和投资,无论这两个概念的定义是怎样。在收入和投资的任何定义下,a 和 b 的意义都没有变更,因为它们是明确的数目。但是 i 的内容却可能随着收入和投资的定义的不同而有所不同,其结果使 e 的内容也有所不同。在本节之(3),我们将讨论应该怎样从理论分析的观点来确定这些项目,这里只需要对上述方程式和会计实践的关系补充一些意见。

从会计的观点看来,如果我们依照损益计算书的科目,把 e 的内容分为几个部分,上述方程式的意义便更简明了。由于各行号所采用的会计方法大不相同,下面的说明只可看做例子。我们假定损益计算书中的项目是由各种不同账目转来,而在这些账目中它们又是依照以下各方程式来计算的。

$$e' = u' \overbrace{- v' + i'}^{-d} \quad \text{(来自固定资产和商誉的净收入)}$$

$$e'' = u'' - v'' + i'' \quad \text{(来自积存原料的净收入)}$$

$$c''' = u''' - v''' + i''' \quad \text{(来自生产部门的净收入)}$$

---

① 把 i 项除去并把 b 项的内容减少,这并不一定会使 e 项的大小变得和使用其他方法所得的结果有所不同,因为各项变动可能互相抵消。两个方法不同的地方,主要在于收入分配到消费和储蓄的数目有所不同。

$e^{IV} = u^{IV} - v^{IV} + i^{IV}$	（来自积存制成品的净收入）
$e^{V} = a - v^{V}$	（来自销售部门的净收入）
$e^{VI} = \quad - v^{VI}$	（不包括在其他项目内的经常开支）
$e^{VII} = v - u - b$	（账面开支和实际开支的差额）
$e^{k} = a^{k} - b^{k} + i$	（来自有形资本的净总收入）

这里的 u 项目表示记在各特别账目贷方的项目，v 项目表示记在各特别账目借方的项目，而 i 项目表示各特别账目中收支价值的差额。① 这样，**第一个**方程式表示，来自土地、建筑物、设备、机器、其他固定资产和商誉的净收入等于它们的租金价值（u'）减去它们的损耗（d）（包括维持费修理费）。损耗可按下列方程式计算，即 $d=v'-i'$，其中 v' 表示耗在资产上面的各种开支加上购入的新的同种资产的净值。如果 v' 大于 i'，其原因显然是资产的损耗。在**第二个**方程式中，我们使用完全类似的方法来处理积存的原料。u 表示从积存原料中提交行内各部门的原料的价值，v 表示保管费等加上购入的新的原料的价值，i'' 表示积存原料账面增加价值。如果 u''，v''，i'' 都按照同一价格计算，它们便将互相抵消，只包括在 v'' 内而且等于 e'' 中的负项的保养费是例外的。**第三个**方程式说明，生产部门的净收入等于积存的制成品的价值（u'''），加

① 如果用 i 代表收入的价值，i^{+} 代表付出的价值，就可以按照以下方法把所说的特别账目列举如下：

借方项目	贷方项目
i^{-}	u
v	i^{+}
e	
$i^{-}+v+e$	$u+i^{+}$

这样，　$e=u-v+i$

上制造中的货品的新增的价值和消耗的价值的差额(i'''),减去账面的生产费用(v''')。值得注意的是,计算 u'''和 i'''所使用的价格往往比实际售价低得多,因此利润的主要部分首先呈现在售货部门的账目上。生产费用包括由本行其他部门交来的东西以及从外面购入的劳动性服务的代价,但这些代价不一定按照实际所付的价格计算。第四个方程式的性质和第二个方程式相似。第五个方程式说明,售货部门的净收入等于实际销货收入(a)超过卖出的由存货中提出的货品的账面价值(u^{IV})以及某些贩卖费用的金额($v^{V}-u^{IV}$)。第六个方程式只包含一个负项目,即不在行内各部门分摊的一些费用(一般管理费、某些捐税、牌照费等等)。第七个方程式说明:列在其他方程式内的账面费用即 u 项,如果是行号各部门之间互相提供的货物和劳务,往往不按照产品的价值计算价格,并且这些价格可能与实际所付的价格有多少的出入,即和从外面购入的服务的价格有出入。因此,账面费用总数(v)可能不同于产品价值(u)和实际购买数额(b)的总和。由于账面费用通常是按照比实际价值低的标准价格计算的,因此这个项目一般也是负项。

上面所举的例子,是关于经营普通生产事业的企业。但我们的推论也可以应用于其他种类的企业。如果这种企业是贸易机构,只分配货物,不生产什么东西,那么,只要删除第三个方程式(有时还要删除头两个方程式),我们的方法就可以适用。

至于来自金融资本的收入,可以使用和有形资本收入与劳动收入公式相似的公式来表示:

e^h	=	r	+	j	−	f	−	b^h
来自金融资本的收入		股息利息净收入		金融投资		放款净额和有价证券购入净额		某些费用

这个公式范围相当广泛，既适用于把资本收入看做利息这个理论上的定义，又适用于把资本收入看做从资本得到的货币收入这个比较通俗的定义。在前一个定义下，不付现款而只加在资本上面的利息，既包括在收入内，又包括在金融投资内，于是金融投资的含义，变得和有形投资的含义完全相同。所以，从上述公式可以看到，金融投资的数额将超过放款净额和附有已到期但未付现的利息的有价证券净购入额的总和。未付现的利息这样就等于(j−f)。（如果在某一时期中，付给的股息、利息多于同期中赚得的利息，j−f 就变为负值）。在后一个定义下，计算收入时不计算未付现的利息，因此未付现的利息也不应该包括在金融投资内，于是金融投资只包括放款净额和有价证券购买净额。这样，j 等于 f，因此 e^h 等于 $r-b^h$。b^h 这负项表示由于金融交易而发生的某些开支（各种服务的代价）。

可以毫无困难地应用上述公式计算私人收入。所要注意的只是 r 一般有正值。这是因为 r 不但包括普通放款的利息（在债权者是正项，而在债务者是负项），而且包括行号付给它们股东的股息、利息等等。[①] 如果我们按照广义解释金融资本的含义，认为它包括未付现的利息(j−f)，那就可以假定这项目是根据所有者自己的估计来计算的。

① 如果行号付给股东股息具有分配资本的性质，在计算股东收入时，这些付款应该列为 f 内的一个负项。

计算行号金融资本的收入，可援用计算私人金融资本收入的方法，或可把列入股东收入内那一部分的行号收入删掉。前一个方法是普通使用的方法，但当计算大的经济组织的收入时，却必须使用后一个方法。在计算大的经济组织例如一个国家时，我们必须把一切属于个人和行号的个别收入加起来。由于计算全体收入时不应该重复地计算行号所有者从行号得到的收入，所以必须从行号的收入减去相应的数目。因此，我们对行号从金融资本得到的收入下这样的定义：行号得自金融资本的收入包括它的所有者的收入，这项收入作为负项。

因此，依照上述原则，把上述公式应用于行号的时候，r 通常是一负项，因为它包括一个大的负项，即行号付给所有人的收入。如果在计算行号所有者的收入时，把行号未分派的利润作为正项列入 j—f 内，那么在计算行号收入时就需要把这项利润作为负项列在 j—f 内。这里有一个困难。所有者对这项利润所作的估计，未必相同于行号经理所作的估计。因此，这两个估计的差额，将作为正项或负项出现于全团体的总收入中。在以后一节（三之（2））讨论大的经济关系时，我们将再讨论这一点。这里只要指出，按照上面所概述的方法计算行号收入时，这种收入原则上应该只包含没有列入行号所有者收入之内的项目。由此可见，在行号和私人之间分配一个团体的总收入，将随着计算收入时所根据的不同收入概念而有所不同。①

① 例如，就生产因素的收入全部归其所有者所有的普通行号来说，如果把金融资本的收入看做利息，那么，在一切时期，e 都将等于零，因为正项的 e^k 要给负项的 e^h 所抵消。如果假定f等于零，在没有分派股息的时期，e^h 这一负项就给另一（接下页）

如果我们把生产因素收入的公式和金融资本收入的公式合并起来，我们便得到一个关于经济人全部净收入的方程式如下：

$$\begin{array}{l} e^{1+k} = a - b^{1+k} + i \\ e^{h} = r + j - f - b^{h} \\ \hline e = a - b + i + r + j - f \end{array}$$

因此，这个方程式对私人和行号都可适用，虽然在这个方程式应用于私人或行号时，一些项目都可能等于零。正如上面所说，应用这个公式于大的经济团体时，为避免重复计算起见，要从行号本身从金融资本得到的收入项下减去股东从行号得到的收入。如果我们要依照普通方法，把行号的净收入作为包括行号所有人的一部分收入，我们只要按另一种方法解释上述方程式中的项目就行了。① 实际上最方便的方法乃是先计算行号的收入而不过问行号所有人的收入，然后在总结算时扣除所有人的收入。

除上面所提出的关于收入获得的方程式外，我们可增加二个方程式。关于收入的使用，我们对储蓄所下的定义给我们提供了

(接上页)个负项 j 所抵消，而在分派股息时期，又被 r 负项所抵消(最终和正项的 j 合并)。另一方面，如果把金融资本的收入解释为拥有这项资本而得到的货币收入，那么，e^h 便等于 r，在 e^b 是正项而 r 是等于零的时期，或在 e^k 大于(−r)的时期，该行号便有正项的 e。依照这个比较通俗的方法，公司未分派的利润不包括在股东收入内，但在计算国民收入时把它作为一个单独项目加在公司股东收入上面。

① 如果我们把总括在金融资本内的各个项目分解起来，对贷出或借入的资本项目使用′符号，对于有价证券的项目使用″符号，此外并采用写在上端的＋符号表示正项，写在上端的－符号表示负项，我们便可把行号收入方程式改写如下：

$$e = \underbrace{a - b + i}_{\text{有形资本的收入}} + \underbrace{r' + j' - f'}_{\text{贷出资本的收入}} + \underbrace{r'^{+} + j'^{+} - f''^{+}}_{\text{股票等等的收入}} - \underbrace{(r''^{-} + j''^{-} - f''^{-})}_{\text{属于所有人的这一部分的收入}}$$

如果我们删去关于所有人那一部分的项目，并且相应地修改对 r，j，f 所作的解释，我们就得到依照普通方法计算行号净收入的公式。

以下方程式。对于这个方程式，我们只需说，这里决定储蓄的方法和决定收入的方法是相似的。

e	$=$	c	$+$	t	$+$	s
收入		消费		租税等项		储蓄

最后，如果把获得收入方程式和使用收入方程式合并起来，我们就得到储蓄投资方程式如下：

s	$=$	i	$+$	j	$+$	$\dot{m}$
储蓄		有形投资		金融投资		增多的现金

这样，凡行号或私人家庭的储蓄，必然反映在有形投资的增加，或反映在金融投资的增加，或反映在现金的增加上。这三者的关系能够这样简单地表达出来，是由于我们把它们解释为有相互关系的东西。

上述方程式很明显地反映出一个经济单位储蓄和有形投资差额的意义。如果把这个方程式和现金方程式合并起来，重新加以安排，并把金融资本所产生的但未收到的收入(j－f)加入方程式的双方，上述意义便更为明了：

$$
\begin{aligned}
a-b-c+r-t&=f+\dot{m}\\
j-f&=j-f\\
\hline
\underbrace{a-b-c}_{\partial}+\underbrace{r+j-f-t}_{\gamma}&=j+\dot{m}
\end{aligned}
$$

这样，我们可以写成：

∂	$+$	γ	$=$	$j+\dot{m}$	$=$	$s-i$
"出超额"		金融资本收入(总收入)减去租税		有价证券和现金增多的数额		储蓄超过有形投资的数额

根据以上方程式，我们可下这样的结论：如果销货超过购买的数额(出超额)与金融资本收入(不减除金融交易的开支)的总和是个正数值，那么，储蓄便一定超过有形投资，而且超过的数目必定和上

述总和相等，体现在所保有的金融资本或现金的增加上。当我们以后说到大的经济的关系时，我们将对这个说法的意义作进一步的讲述。

到这里为止所举出的各个方程式，可归纳为下式：

$$\underbrace{\underbrace{\overbrace{e=a-b}^{e^{1+k}-b^{h}-i}+\overbrace{r-f}^{e^{h}+b^{h}-j}}_{c+t+\dot{m}}+\underbrace{i+j}_{s-\dot{m}}}_{c+t+s}$$

最后，我们还要增加一个方程式，表示一个经济人在某一定时候所拥有的财产的净额。

w	$=$	k	$+$	h	$+$	m
财产		有形资本的价值		金融资本的价值		保有的现金

这个方程式对私人和行号都适用，但各个项目的释义在两种情况下应该有所不同。已经在绪言里说过，应该假定一切有形资本（按广义解释）都属行号所有。所以，就私人来说，k 是等于零。（当然，在这个假设下，我们尽可设想私人作为衣着、家具、汽车等等生产资料的所有主。但我们这里不考虑这些东西。在这里，这些东西作为目的在于消费而购买的东西）。私人财产主要以 h 为限。反之，就行号来说，h 一般只有负值。如果像大多数公司那样，行号所掌握的资本属股东所有，行号本身便没有财产。因此，行号所掌握的有形资本和现金的正值，定会被等于这项正值的金融资本的负值所抵消。金融资本包括行号对于股东的“负债”这一个很大的负项。至于货币、私人和行号所保有的现金这一个正项，似乎应该以相当于国家或中央银行所发行的货币的数目的一个负

项来抵消。对持有现金的人们来说,“本国”货币当然是财产。但本国货币并不增多国家的财富,而且就外国人持有这种货币来说,它显然是个负项,因此必须以相应数目的发行机构的负债来抵消。①

本文所要说明的各基本概念间的关系的各个重要方面,现在都已经讲述过了。这些关系是很普通的关系,既适用于事前预计的价值,又适用于事后计算的价值,既适用于理论意义上的价值,又适用于实践意义上的价值。按逻辑来说,我们现在应该分别讲述事前预计的价值和事后计算的价值。事实上,讨论边际分析的这一部分重要经济理论就是属于这个领域的。但这些人人知道的华丽的学说,不需要我们在这里加以重述。我们可立即讨论事前估计的价值和事后计算的价值之间的关系。

(2) 事前预计的价值和事后计算的价值这两者的关系

上面所述的方程式是关于某些成为家庭预算和行号预算的一部分项目。这些方程式对一切在同一时候所作的估计都可适用,不管估计时候是在和所估计价值有关的时期中哪一时刻。所以,如果我们现在着手研究改变估计时候所可能产生的结果,例如从 t_0 改变为 t_1 所可能产生的结果,我们可从这样的方程式着手,即从后一个时候所估计的价值减去前一个时候所估计的价值。这些方程式说明两个估计的各差额之间的关系。

① 因此,金融资本(h)和货币资本(m)的差别,只是程度上的差别,而不是本质上的差别。所以,怎样划分它们的界线并不是个重要问题。例如,活期存款如果看做货币(从许多观点来说,这是很适宜的办法,但我们这里不打算采用这个办法),这丝毫不影响我们方程式的适用性。

我们在下面把几个这类型的方程式写出来，作为出发点。这些方程式有的是关于一个经济人在两个不同时候即 t_0 和 t_1（表示时间的符号现在是指估计时候）对于某一时期中他的收入和开支所作的估计，有的是关于他对这时期中如何赚得和花费他的收入的估计（这里略去了表示这个时期的符号）。这些方程式在形式上是那么一般，无论事件发生的时期和可计算出数量的估定时刻是怎样结合的，都可适用。

$$a_1 - a_0 + r_1 - r_0 = b_1 - b_0 + c_1 - c_0 + t_1 - t_0 + f_1 - f_0 + \dot{m}_1 - \dot{m}_0$$

$$e_1^l - e_0^l = a_1^l - a_0^l - (b_1^l - b_0^l)$$

$$e_1^k - e_0^k = a_1^k - a_0^k + i_1 - i_0 - (b_1^k - b_0^k)$$

$$e_1^h - e_0^h = r_1 - r_0 + (j_1 - f_1) - (j_0 - f_0) - (b_1^h - b_0^h)$$

$$e_1 - e_0 = c_1 - c_0 + t_1 - t_0 + s_1 - s_0$$

现在我们必须作出两个在本节中要始终予以保持的假设。

（一）首先，我们假定，估计的时刻，一个是在所研究时期之初，另一个是在所研究时期之末。我们这样假定，使得这两个估计成为有经济重要性的估计。在期初（t_0）对研究时期（$t_0 t_1$）所作的事前估计，是关于估计者打算在最近将来要进行什么活动，因此，在说明估计者实际行动时，应该把这个估计作为出发点。另一方面，可以想象得到，在期末（t_1）所作的事后计算，很可能影响估计者下一个时期的计划，所以，对于说明估计者在那个时期的活动，它是个直接的、重要的因素。但我们还要作出一个假设，使得事前预计的价值和事后计算的价值的差异具有充分的重要性。这个假设是关于所研究时期的长短的。

（二）我们假定所研究时期是这样的短，以致就售价（P 或 π 要看情形来决定）以及就目的在于生产和消费的购买来说，经济人

的实际措施和计划措施完全一致。关于后者的假设，我们可写成方程式如下：

$$b_0 = b_1$$
$$c_0 = c_1$$

以上关于某些事前估计的数值与事后计算的数值相等的假设，具有这样的重要意义；我们可从经济人在期初所订定的计划，直接推断在某些方面（和上述数值有关系的方面）他在本期中将从事哪些经济活动。另一方面，关于方程式中其他项目，事前预计的价值和事后计算的价值的差异，明显地表示，在经济人决定下期的行动以前，许多本期中发生的事件（多半是别人行动的结果）是怎样超出他的意料，使他的看法有所改变。这样，下期中的活动不但和上期事后计算的价值有直接连带关系，而且和上期事前估计和事后计算的价值的差异有直接连带关系。由此可见，阐明某一时期事前估计数值和事后计算数值的关系，就是说明这一时期发生的事件怎样影响下一个时期发生的事件所不可缺少的一个环节。

很明显，由于上述的假设，上面所列举各方程式的 b，c 等项都删除了。这表现了很大的简化。下面我们以新的形式提出这些方程式（因此这些方程式只**适用于较短的时期**，在这些时期中计划没有改变），并增加一个表示储蓄和投资关系的方程式。

$$a_1 - a_0 = f_1 - f_0 + \dot{m}_1 - \dot{m}_0 - (r_1 - r_0) + t_1 - t_0$$
$$e_1^l - e_0^l = a_1^l - a_0^l$$
$$e_1^k - e_0^k = a_1^k - a_0^k + i_1 - i_0$$
$$e_1^h - e_0^h = r_1 - r_0 + (j_1 - f_1) - (j_0 - f_0)$$
$$e_1 - e_0 = s_1 - s_0 + t_1 - t_0$$
$$s_1 - s_0 = i_1 - i_0 + \underbrace{j_1 - j_0 + \dot{m}_1 - \dot{m}_0}_{\delta_1 - \delta_0 + \gamma_1 - \gamma_0}$$

我们现在来解释这些方程式并说明它们的意义。

（一）第一个方程式说明：假定一家行号或一个私人在一个时期的销货超过了所预期的数量，这种意外的增加一定会导致放款净额（f_1-f_0）或现金（$\dot{m}_1-\dot{m}_0$）相应的意外增加，如果这种增加没给预期的 r 和 t 的变动抵消的话。在这种情况下，金融投资的增加，通常采取银行存款增加的形式，或采取客户信贷增加的形式。

（二）在一定时期中，按照一定价格售出的劳动的数量，要是超过了劳动者预期的数量（$a_1^l-a_0^l$），劳动者事后计算的收入必定相应地超过事前估计的收入（$e_1^l-e_0^l$）。如果这个超额全部表现为收入的增加，那就得假定在事后回顾时，劳动者的费用并没有随着卖出的劳动量的增加而增加（我们已经假定 $b_0=b_1$）。此外，还需要假定，劳动者的主观困难没有加以估计。

（三）就行号来说，如果销货意外地增加（$a_1^k-a_0^k$），而有形投资相应减少（表现为负值的 i_1-i_0），例如成品存货减少，但其他有形投资的总数没有增减，那么，收入将呈现增加（$e_1^k-e_0^k$）。这样说来，在收入增加的同时，有形投资可能呈现减少；只要这样减少的数目比销货增加的数目来得少，这是完全可以想象得到的。销货意外的增加也可能使事后计算的收入超过事前预期的收入，如果在一个时期中所作的有形投资超过计划者事先期望的数目（这意味着 i_1-i_0 是正值），而且这个超额不是起因于销售量的减少，而表现为制成品存货量的增多。很明显，在上述两个情况下，事后计算的收入，要超过事前计算的收入，必须以下列的一个条件为先决条件。其一。生产因素的具体生产力意外增加，使得一定数量的劳动和原料能生产比以前更多的产品，或不需要以前那么多的劳动和原料就能生产一定数量的产品。其二，产品售价有增加的希望，使产品的价值可根据这希望估得此以前高。

具体生产力的提高，有时是直接起因于销货的增加，例如，出卖服务而经常费开支很大的行号，就有这种情况（例如，铁路公司货运业务增加，生产力便跟着提高，而收入也随着增加）。当然，售价增加的希望，也可能是以销货增加为根据。所以，我们可以一般地说，产品需求如果增加，收入就会有或多或少的增加。但上面已经说过，销货即使没有意外增加，收入也可能增加。因为生产力可能增长，不管销货有否增加。此外，可能发生一些有利事件，使生产力或售价在将来可有增加的希望。

（四）如果在一定时期中，实际收到的股息、利息多于预期的数目（r_1-r_0），或者实际上未收到的利息，在期末计算的数额是大于期初预计的数额（j－f），那么，有价证券的持有便导致期末计算的收入超过期初预计的收入（$e_1^h-e_0^h$）。由于我们所讨论的是比较短的时期，而行号分派股息、利息一般都于事前先期通知，上述两种情况相比，前一情形较为少见。在计算利息所根据的金融资本价值意外增长的时候，实际上未收到的利息便有所增加。

（五）如果我们把意外事件如意料不到的捐税等置诸不问，事后计算的总收入和事前估计的总收入的差额（e_1-e_0），便等于事后计算的储蓄和事前预计的储蓄的差额（s_1-s_0）。由于经济人到期末才发觉这部分收入，所以，上述两种总收入的差额全部储蓄着，没有花掉。这里把这项储蓄叫做“意外的储蓄”，因为这项储蓄不在储蓄者计划内，而是代表一项意外的收入。严格地说，这也不是由于储蓄热忱（使用凯恩斯的名词）的增长。我们在下面将要看到，这种意外的储蓄最有趣的特征是：尽管储蓄热忱丝毫没有增长，它仍然使储蓄总额有增加的可能。但我们应该指出，就较长时期来说，收入的增长通常会增高将来时期储蓄的热忱，因为这会导致更不平衡的收入分配。

（六）由此可见，事后计算的收入和储蓄的意外增加，表现在有形投资的意外的增加（i_1-i_0），表现在金融投资的意外的增加（j_1-j_0），也表现在现金的意外的增加（$\dot{m}_1-\dot{m}_0$）上。我们从第一个方程式知道了销货的意外的增加可导致放款或现金等量的增加（如果不过问 r 和 t 的变动），因此我们可作出以下的结论：如果收入的增加（e_1-e_0）是大于销货的增加（a_1-a_0），这个情况便将表现在有形投资（i_1-i_0）方面或金融资本所产生的利息方面（j_1-f_1）－（j_0-f_0）；如果收入的增加和销货的增加相等，全部的增加便将表现在放款的增加（f_1-f_0）或现金的增加（$\dot{m}_1-\dot{m}_0$）上；如果收入的增加小于销货的增加（这种情况最为普通），两者的差额便将表现在放款和现金的增加上，但有形投资和金融资本所产生的利息将同时呈现相应的减少。

上述的资产分配上的意外变动，常常会促使经济人采取行动。调整他的资产。在现金和金融投资呈现增加的时候，有形投资一般倾向于增加。另一方面，在收入增加表现为有形投资增加的时候，同样倾向也可能产生，因为生产力增加，企业家便想扩大营业。

上面所述，都是以扩充为出发点；我们说销货增加，收入增加，资本价值增加，所说的都是增加的一面。但我们所作出的结论，也可以适用于相反的一面，即销售减少，损失发生。在这种情形下，有形投资便明显地有减少的倾向。

(3) 各主观价值间的关系①

在上面的说明中,我们谨慎地避免使用收入、投资、资本等名词的特别定义。特别定义在理论上虽然讲得通,但却不切合实际。我们所作的结论具有一般的性质,它们既切合于上述名词的理论上的解释,也切合于上述名词的实际上的解释,不过要以一个假设为前提,即这些名词应该有相互的关系。由于这样,我们的方程式只限于经济人的收入这一方面。至于关系到资本价值以及资本价值和收入价值关系的问题,我们很少谈及,因为在没有对资本和收入等名词下更确定的定义以前,讨论这些问题很难得到良好的结果。例如,适用于资本主观价值的结论,未必可适用于会计上的资本价值,适用于会计上的资本价值,未必可适用于资本主观价值。

本节对关系到资本的主观价值的问题增补一些意见,同时提出和资本主观价值相适应而且能给理论分析提供一个适当根据的收入、投资等等的特殊定义,使关于小的经济关系的说明趋于完全。我们不打算在这里从会计角度研究上述问题。但在本节末段对会计实践稍稍加以讨论,并对资本主观价值和会计价值作出对此。

(一) 在同一时刻估计的资本主观价值。我们对资本主观价值所下的定义,和经济学说上资本价值的一般意义大致相似。依照我们的定义,资本主观价值就是一个人站在卖者立场对一种资

① 这一节虽然很重要,但读者可略去不读,因为它和下面所述的大的经济的关系无关。

产所要索取的最低价格，或站在买者立场对一种资产所愿偿付的最高价格。由于资本主观价值（以货币计算）是根据个人对冒险等因素所怀抱的期望和所做的判断来估计的，因此资本主观价值不能客观地决定。资本主观价值可能和资本会计价值与市场价值都不相同。资本主观价值也可能随着估计者不同和估计时候的不同而有所不同。在下面我们假定估计者就是资产的所有人，但就行号来说估计者乃是主持营业大计的企业家。我们先假定各方程式都是在同一日期计算出来的（表示日期的符号因此可以略去）。这样，这些方程式就能适用于任何计算日期。如果估计的时间有所更动，各项目的价值也将跟着改变。至于这种更动的结果，将在本节的后一部分讨论。

可以假定，行号在某一时间所拥有的有形资本和商誉的价值，是等于某日在充分考虑到风险的条件下所估计的各种将来净收入的预计价值的总和（等于行号假定存在的 n 时期中的销货收入额与目的在于为生产而购买的购买额之差）：①

$$^{s}k_0=\frac{a_1^k-b_1^k}{1+\rho_1}+\frac{a_2^k-b_2^k}{(1+\rho_1)+(1+\rho_2)}+\cdots+\frac{a_n^k-b_n^k}{(1+\rho_1)(1+\rho_2)\cdots(1+\rho_n)}$$

在比 t_0 后一些的日期，例如 t_1，有形资本 $^{s}k_1$ 的价值将增加和这资本在两日期（$\rho_1{}^{s}k_0$）中所生利息相同的数目，而且减少和股东所得息金净额相等的数目（$a_1^k-b_1^k$）。$^{s}k_1$ 和 $^{s}k_0$ 是在同日根据同一

① 如果假定该行号永久存在，但在某一日期（t_v）以后，情况稳定下来（参阅本书第 255—256 页。）上述方程式便须更改如下（写在字母上端的 k 略去）：

$$^{s}k_0=\frac{a_1-b_1}{1+\rho_1}+\frac{a_2-b_2}{(1+\rho_1)+(1+\rho_2)}+\cdots+\frac{a_v-b_v}{(1+\rho_1)(1+\rho_2)\cdots(1+\rho_v)\rho_v}$$

基础计算的。[①]

于是我们得到以下方程式：

${}^{s}k_1 - {}^{s}k_0$	$=$	$\rho_1 {}^{s}k_0$	$-$	a_1^k	$+$	b_1^k
有形资本价值的增加		所生利息		由资本创造出来的产品的售额		和使用资本有关的目的在于生产的购买额
				（期　末		的　价　值）

关于私人和行号金融资本价值，也可以使用同样方法估计。我们只须以 ${}^{s}h$ 代替上列有形资本价值方程式中的 ${}^{s}k$，r 代替 a^k，$(f+b^k)$ 代替 b^k。[②]

$$ {}^{s}h_0 = \frac{r_1 - f_1 - b_1^h}{1+\rho_1} + \frac{r_2 - f_2 - b_2^h}{(1+\rho_1)(1+\rho_2)} + \cdots \frac{r_n - f_n - b_n^h}{(1+\rho_1)(1+\rho_2)\cdots(1+\rho_n)} $$

关于金融资本在 $t_0 t_1$ 时期中价值的增长，我们可以写成下列方程式：

${}^{s}h_1 - {}^{s}h_0$	$=$	$\rho_1 {}^{s}h_0$	$-$	r_1	$+$	f_1	$+$	b_1^h
金融资本价值的增加		所生利息		付出的股息等等		放款净额和购入有价证券净额（期　末）		开销费用

由于一个人财产在 t_0 t_1 时期中的增减，一定是和他在这时期中的有形资本、金融资本和货币资本增减数目的总计相等，因此我们得到以下方程式：

---

① 本书第 274 页使用同样的方程式。

② 例如，如果按照固定利息率（ρ）计算，年获 r 收入而经过 t 年后以 f^- 方式赎还（债票持有者卖去债票）的债票的价值可计算如下：

$$ {}^{s}h = \frac{r}{\rho}\left(1 - \frac{1}{(1+\rho)^t}\right) + \frac{f_t^-}{(1+\rho)^t} $$

如果我们把 f^- 项除去，这公式便表示继续 t 年数的一项年金的价值。如果我们假定 t 是无限的时期，括弧内的负项便等于零，而这公式将简化为 $\frac{r}{\rho}$。

$$w_1 - w_0 = k_1 - k_0 + h_1 - h_0 + \underbrace{m_1 - m_0}_{m_1}$$

如果我们把这个方程式跟上面代表$({}^sk_1 - {}^sk_0)$和$({}^sh_1 - {}^sh_0)$的方程式合并起来，我们便可写成下式：

$${}^sw_1 - {}^sw_0 = \rho_1({}^sk_0 + {}^sh_0) - \underbrace{(a_1^k - b_1^k)}_{(e_1^k - i_1)} - \underbrace{(r_1 - f_1 - b_1^h)}_{(e_1^h - j_1)} + \dot{m}_1$$

以 s 代$(i + j + \dot{m})$，就得下式：

${}^sw_1 - {}^sw_0$	$=$	s_1	$+$	$r_1({}^sk_1 + {}^sh_0)$	$-$	$e_1{}^{k+h}$
财产的增加		储蓄		资本所生的利息（有形资本和金融资本）		资本的收入

这个方程式告诉我们，如果一个人在某一时刻计算某一时期中他的资本主观价值的变动，这个变动的数目一定等于所估计的这一时期储蓄的数目加上所估计的资本价值在这时期中所生的利息（或预料得到的利息）和所估计的这个资本的收入的差额。这个说法对于一切收入和储蓄的定义都可适用，只要这些定义是有相互的关系的。

但是，依据上述，我们可立即下结论说：如果我们把资本的收入解释为资本在所研究时期中所生的（或希望能生的）利息，我们便能以更简单的方法说明资本价值和收入价值的关系。

（二）**作为资本主观价值所生的当期利息的资本收入**。从上述我们可引申出以下的定义：

$${}^se_1^k = \rho_1\,{}^sk_0$$

$${}^se_1^h = \rho_1\,{}^sh_0$$

按照这些定义，

$${}^si_1 = \rho_1\,{}^sk_0 - a_1^k + b_1^k$$

$$ {}^{s}j_1 = \rho_1 {}^{s}h_0 - r_1 + f_1 + b_1^h $$

如果我们把这些方程式和上面所列举的关于有形资本、金融资本和财产价值变动的方程式来相比较，我们可以看出

$$ {}^{s}i_1 = {}^{s}k_1 - {}^{s}k_0 $$
$$ {}^{s}j_1 = {}^{s}h_1 - {}^{s}h_0 $$
$$ {}^{s}s_1 = {}^{s}w_1 - {}^{s}w_0 $$

这些方程式并没有异常特殊的内容。[①] 有形资本增加的价值必定等于一定时期所进行的有形投资，金融资本增加的价值必定等于一定时期的金融投资，储蓄的数目必定等于财产增加的数目，这些都是关于这几个概念的常识范围，没有什么特殊。但未必人人都知道这些看来很简单、很明白的说法必须以下面的假设为前

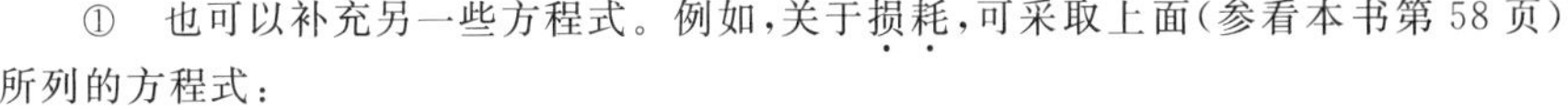

① 也可以补充另一些方程式。例如，关于损耗，可采取上面（参看本书第 58 页）所列的方程式：

$$ d = v' - i' $$

这个方程式把损耗看做是相当于花在资产上面的一切费用（包括购买新的货物的费用）超过实际投资在这些资产上的资本数目。（损耗在这里是按广义解释，包括维修费在内）。这样，d 的内容是看 i 的内容而定的。但是，如果它们的总数保持在和数目可以客观决定的 v 相等，我们就可对 d 和 v 这些项目下任何的定义。我们以前所以有意识地对损耗下了不完全的定义，其目的是使我们方程式的应用范围不受着过分的限制。现在对投资已经提出了一个特别的定义，我们可以把损耗的定义弄得更完全。把上面的投资公式应用于在损耗中的资产（k'），我们可以写成下式：

$$ {}^{s}i = \rho k' - u' + v' $$

如果我们把 i 的价值放在上面 d 的方程式内，并且把以上对有形资本价值的变动所作的方程式拿来比较，我们就得到下式：

$$ d = u' - \rho k' = v' - (k_1' - k_0') = k_0 - k_1' + v' $$

由此可见，无论什么时候，如果固定资产和其他永久性货物所提供的服务的价值，超过这时候由于利息而增加的价值，这些资产和货物就发生了损耗。此外，损耗的多少，等于这些货物减少的价值加上补充这些货物所付的价款以及其他费用。应该注意，以上说法假定资本价值是在同一时刻估定的。如果我们要知道在资本价值发生变动的情况下的损耗（$k_{00} - k_{11}$），我们就要计算到资本的利得和资本的损失。

提：如果我们是指资本主观价值而说的话，我们便必须把资本收入解释为这资本在研究时期中所生的利息，并且要对有形投资、金融资本、储蓄等概念下了和上述解释相称的定义。我们下这些定义的主要目的，在于尽可能简化这些经济概念的相互关系，而同时又不缩减它们在现实社会的应用范围。

（三）在不同时刻所估计的资本主观价值。到这里为止，我们所研究的只限于在同一时刻估计的资本价值（即限于：w_{00}，w_{01}，w_{02}系列或w_{10}，w_{11}，w_{12}系列等等）。这里写在字母下端的第一个数字表示进行估计的时刻，第二个数字表示那一个时刻的资本价值。像第(2)节那样，我们现在放弃同时估计的假设，而说到改变估计时刻的结果，例如从t_0时刻转到t_1时刻的结果，把前后两个时刻所估计的资本价值拿来比较。像以前一样，我们假定，在两个时刻之间，即t_0t_1时期中，估计者的期望和评价态度只变更一次，因此t_0t_1是比较短的时期。所以，我们可假定第(2)节中所叙述的方程式和推论，在这里也可适用。但以前推论总是使用比较一般的词语，现在要把它应用于资本的主观价值和收入的一般价值。

首先，我们得提出几个定义：

关于资本在进行估计时的价值（w_{00}，w_{11}，w_{22}等等），我们将使用资本实际价值这个名词。

关于资本在某时候的实际主观价值和估计者最近对这资本在上述时候所估计的价值的差额（${}^sw_{11}-{}^sw_{01}$，${}^sw_{22}-{}^sw_{12}$等等），我们将使用利得或损失这些名词。

关于最后一个收入时期的事后计算的收入和事前估计的收入有所不同而发生的那一部分的总利得或总损失（${}^se_{11}-{}^se_{01}$，

$^{s}e_{22}-{}^{s}e_{12}$等等）我们称为收入方面的利得或损失。

总利得或总损失的其余部分（$^{s}w_{11}-{}^{s}w_{01}$）－（$^{s}e_{11}-{}^{s}e_{01}$）等等，我们称为资本方面的利得和损失。

关于收入时期的期限，我们假定是很短的，介于两个估计时刻之间（t_0t_1，t_1t_2 等等）；或假定是一年，依照平常计算收入的习惯。因此，关于收入方面和资本方面的利得与损失的区别，可依据两种不同的标准，或依据本期的收入，或依据每年的收入。

我们首先可提出几个和本期收入与每年收入的区别没有关系的方程式。我们可把以上所示的方程分解如下，使用 g'，g''，g 分别代表收入方面的利得与损失，资本方面的利得与损失以及总利得与总损失（当只使用一个时间符号时，这符号代表进行估计的时刻）。

$g'^{l}=e_1^{l}-e_0^{l}=a_1^{l}-a_0^{l}$ （来自劳动收入的利得）

$g'^{k}=e_1^{k}-e_0^{k}=a_1^{k}-a_0^{k}+i_1-i_0$ （来自有形资本的收入利得）

$g'^{h}=e_1^{h}-e_0^{h}=r_1-r_0+j_1-j_0-(f_1-f_0)$ （来自金融资本的收入利得）

$$g'=e_1-e_0=i_1-i_0+j_1-j_0\underbrace{+a_1-a_0+r_1-r_0-(f_1-f_0)=s_1-s_0}_{\dot{m}_1-\dot{m}_0}$$

$g''^{k}=k_{11}-k_{01}-(i_1-i_0)$ （来自有形资本的资本利得）

$g''^{h}=h_{11}-h_{01}-(j_1-j_0)$ （来自金融资本的资本利得）

$O=m_{11}-m_{01}-(\dot{m}_1-\dot{m}_0)$

$g''=w_{11}-w_{01}-(s_1-s_0)$

$g^{l}=m_{11}-m_{01}-(a_1^{k}-a_0^{k})+f_1-f_0-(r_1-r_0)$ （来自劳动的总利得）

$g^{k}=k_{11}-k_{01}+(a_1^{k}-a_0^{k})$ （来自有形资本的总利得）

$g^{h}=h_{11}-h_{01}-(f_1-f_0)+r_1-r_0$ （来自金融资本的总利得）

$g=w_{11}-w_{01}$

以上关于收入利得方程式，和本书第 67—68 页所载的方程式大致相同，我们只把 t 项除去（假定 $t_{11}=t_{01}$，即假定预计的租税都已交付了），使说明简单一些。在资本利得方程式里，这些利得看做是等于有形资本和金融资本所增加的价值超过直接由于投资而增加的价值的数额，①所以这部分的增值带有意外的性质。总利得方程式是把收入利得方程式和资本利得方程式相加求得的。②（为简化这三个方程式合并起来所得的方程式，我们使用本书第67—68 页所载的现金方程式内所包含的价值代替 $a_1^1-a_0^1$）

这些方程式的目的，在于说明各种利得（和损失或负利得）是如何发生，以及如何反映在财产的增加上面。由于我们是从主观的角度使用收入和资本这些名词，因此收入利得和资本方面利得往往是同时发生的。但有的时候，收入利得是主要的，而资本利得却是次要的，例如，当金融资产获得意外的股息或利息时，收入利得就是主要的。在其他时候，例如，在资本价值由于对将来货币收入抱更大的希望而增加的时候，资本利得乃是主要的，收入利得只是反映资本利得，表现为事后增加的利息。应该注意，收入方面利得也可能表现在财产价值的增加上。因为这部分收入相当于上面所说的“意外储蓄”，要到期末才被经济人发觉。

① 实际上一个人保有现金，有时也会因此而得到利益或受到损失。如果本国货币购买力突然变更，本国货币持有者就受到无谓损失或得到意外利益，假如他们的财产价值是按价值稳定的货币来计算的。如果他们所持有的现金是外国货币，那么，外汇一有变动，损失或利益就跟着发生。但大体说来，这些情况比较不重要，为使我们的说明不至过于复杂，我们在这里不考虑这些情况。

② 在第 2 节，我们没有使用收入利得和收入损失这些名词，因为我们认为，当我们从主观角度说明收入概念时，使用这些名词更为适当。在第 2 节里，我们都是使用比较一般的词语，使得我们的说明也能够适用于收入的其他概念，特别是会计上的概念。

上面各个方程式没有考虑到其他地方对于意外收入和企业家利得所作的区别。[①] 一个人在计划业务时想出新的花样而得到的企业家利得，一般是属于资本利得的性质，至于意外收入，一般都是属于收入利得的性质。关于这一点，应该注意，我们所称为投资利得的这一种企业家利得不应该和事后计算的投资超过事前预计的投资的超过额（$i_{11}-i_{01}$）混为一谈。作为预期的项目来说，投资利得在计划这项投资时即已发生了。计划投资的时期可假定是在实施投资计划的时期以前，而利得具体表现在资本价值由于计划的结果变得比以前所估计的数目来得大。因此，当我们进入投资已经实行的时期，投资利得已经是过去的事体了。投资利得不包括在计划的投资（i_{01}）内，也不包括在由于投资而预期的资本增值（$k_{01}-k_{00}$）内。[②] 事后计算的投资的意外增加，如果看做利得，应该划归其他种类的利得，即意外利得。

（四）根据本期收入概念所作的收入利得与损失和资本利得与损失的区别。我们可对区别收入利得与资本利得的意义再补充一些意见。我们使用“收入利得”这个名词来表示一定时期事后计算的收入和事前估算的收入的差额。如果我们从主观角度解释资本的收入，把它解释为资本主观价值所生的利息（或预料能够产生的利息），那么，由于在一个时期中拥有资本而得到的收入利得，便

---

① 见一篇不久将在《经济杂志》刊登的论文。

② 如果投资是在 t_0 时刻计划而在 t_0t_1 时期完成，那么（$k_{00}-k_{-10}$）便等于投资利得（k_{-01}代表进行计划以前所预期的资本价值）；计划的投资以及所预期的由此而发生的价值的增加等于（$k_{01}-k_{00}$），最后，（$k_{11}-k_{01}$）代表由于完成的投资与预计的投资有所不同而发生的意外利得或损失。

等于这时期事后计算的利息与事前估算的利息的差额。我们现在可假定,介在两个估计时刻之间的时期等于收入时期,并且这时期是很短的时期。这个假设意味着收入是作为资本主观价值在上述每一个短时期开始时所生的利息来解释的。关于收入概念的这种释义,我们采用本期收入这个名词。

如果我们把这个收入定义应用于眼前的问题,那么在第 77 页所载的各个方程式里,我们便可使用

$\rho_0 k_{00} + b_0^k - a_0^k$ 来代替 i_0

$\rho_1 k_{10} + b_1^k - a_1^k$ 来代替 i_1

$\rho_0 h_{00} + f_0 + b_0^h - r_0$ 来代替 j_0

$\rho_1 h_{10} + f_1 + b_1^h - r_1$ 来代替 j_1

这样,关于收入利得我们得到了以下方程式(注意 $b_1 = b_0$):①

$$g'^{1} = a_1^1 - a_0^1$$

$$g'^{k} = \rho_1 k_{10} - \rho_0 k_{00}$$

$$g'^{h} = \rho_1 h_{10} - \rho_0 h_{00}$$

$$g' = a_1^1 - a_0^1 + \rho_1 (k_{10} + h_{10}) - \rho_0 (k_{00} + h_{00})$$

因此,关于劳动,期初估计的和期末计算的收入利得没有什么不同。但关于资本,收入利得体现在期初资本价值事后计算的利息与事前估算的利息的差额。

关于资本利得,我们以同样方法得到以下方程式,其中第三个方程式不过表示这个事实:在 t_0 时刻所保有的现金数目,并不因估计时刻改为 t_1 而有所变动:

① 为着说明简单起见,我们只谈“利得”,不谈“损失”,但这里的推论,自可适用于损失方面,因为可把损失作为负利得看待。

$$
\begin{array}{l}
g''^{k} = k_{10} - k_{00} \\
g''^{h} = h_{10} - h_{00} \\
o \quad = m_{10} - m_{00} \\
\hline
g'' \quad = w_{10} - w_{00}
\end{array}
$$

这样,资本利得具体表现在资产价值在期末根据更充分材料重新加以估计,比期初有所增加。

把由于拥有有形资本而发生的收入利得与资本利得联系起来,是很有意义的。假使期初和期末的利息率是一样的,我们便得到下面简单方程式:

$$\frac{g'^{k+h}}{g''^{k+h}} = \rho \text{ 或 } g'^{k+h} = \rho \cdot g''^{k+h}$$

所以,依据我们的定义,收入利得只是相应的资本利得所生的利息。这两个概念这样简单的关系,使理论家的工作变得轻易一些。理论家如果应用别种概念,工作便较繁难,因为别种概念将引起比较复杂的关系。事实上,如果收入价值和资本价值的关系固定不变,①理论家在解决动态问题时,可任意选择一个作为出发点。

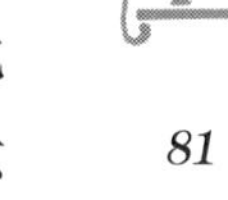

最后,我们可增加一表,表示期初资本价值与期终资本价值的

---

① 如果一个时期中的利息率,期初期末有所不同,那么,收入利得不但包括按照期初利息率计算的资本利得所生的利息,而且包括全部资本价值的一部分利息,即等于按照期初利息率计算与按照期末利息率计算的利息的差额。下面的方程式表示这个情况:

$$g'^{k+h} = \rho_0 g'' + (\rho_1 - \rho_0)(k_{10} + h_{10})$$

但是,如果时期是很短的时期,像我们上面所假定的那样,期初利息率与期末利息率不同的情况便可以看做是例外的情况。即使分析力求现实,也可不必考虑这种情况。

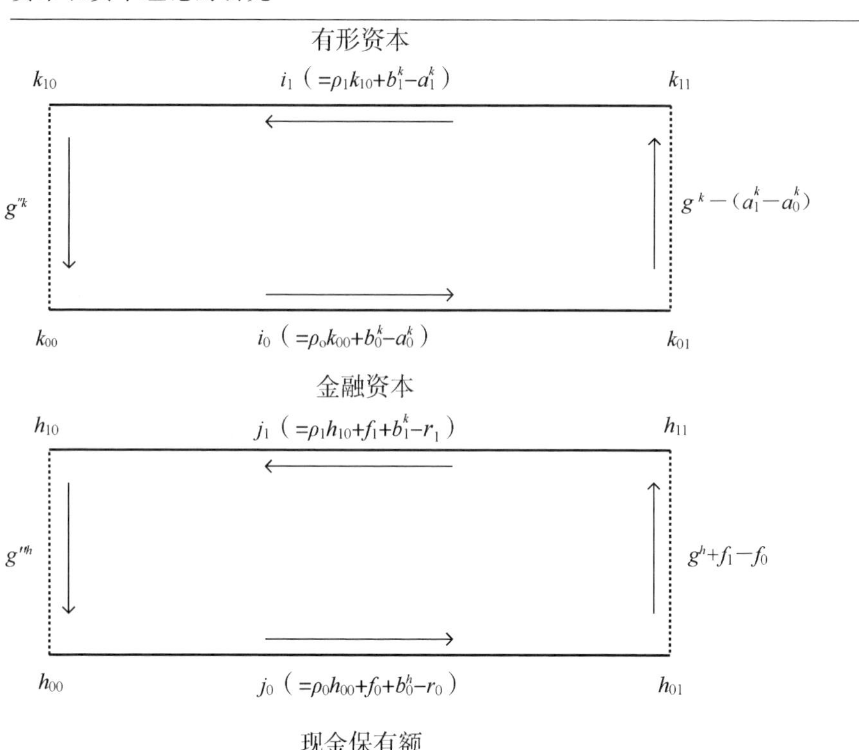
有形资本
k_{10}
i_1（$=\rho_1 k_{10}+b_1^k-a_1^k$）
k_{11}
g''^k
$g^k-(a_1^k-a_0^k)$
k_{00}
i_0（$=\rho_o k_{00}+b_0^k-a_0^k$）
k_{01}
金融资本
h_{10}
j_1（$=\rho_1 h_{10}+f_1+b_1^k-r_1$）
h_{11}
g''^h
$g^h+f_1-f_0$
h_{00}
j_0（$=\rho_0 h_{00}+f_0+b_0^h-r_0$）
h_{01}

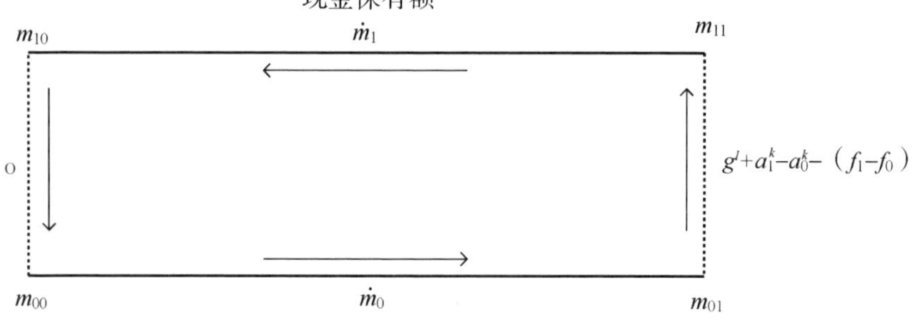
现金保有额
m_{10}
$\dot{m}_1$
m_{11}
o
$g^l+a_1^k-a_0^k-(f_1-f_0)$
m_{00}
$\dot{m}_0$
m_{01}

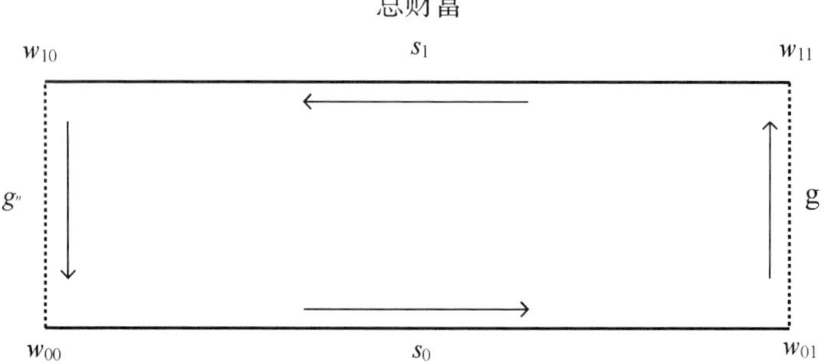
总财富
w_{10}
s_1
w_{11}
g''
g
w_{00}
s_0
w_{01}

关系。[①] 在研究这表时,应当以资本的期初实际价值(k_{00})为出发点。可以想象得到,计划者必定在这时候筹划下期中他要做的投资(i_0),并且估计这项投资可能使资本价值到期终增加多少(k_{01})。但到了期终,他发觉以前的估计不对,资本的实际价值并不是 k_{01},而是 k_{11}。如果在计虑到由于意外的销售而发生的资本数目的变动以后,k_{11} 比 k_{01} 大,这个差额可以说是一笔利得(总利得)。上述从 k_{00} 算到 k_{11} 的做法,是计划者实际所采用的办法。但到了 k_{11} 的时候,他可能回溯既往,重新计算这时期中所做的投资。如果所得的结果比预期的结果来得大,这就构成一笔收入利得。他于是重新估计资本在期初的价值,这个重新估计的价值和这资本的原来实际价值的差额,就是总利得的其他部分,我们把它叫做资本利得。

同样的推论可应用于金融资本的变动。为把一切变动都归纳进去,这里又加上现金保有额的变动。显然,总财富的变动,就是这三种财富变动的总和。

由于计算变动无论是由期初算到期末($w_{00} \rightarrow w_{01} \rightarrow w_{11}$),或由期末算到期初($w_{11} \rightarrow w_{10} \rightarrow w_{00}$),总数都是一样的,所以我们最后可写成以下各方程式:

$$
\begin{array}{ll}
k_{11} - k_{00} = i_0 + g^k - (a_1^k - a_0^k) & = i_1 + g''^k \\
h_{11} - h_{00} = j_0 + g^h + f_1 - f_0 - (r_1 - r_0) & = j_1 + g''^k \\
\underline{m_{11} - m_{00} = \dot{m}_0 + g^1 + a_1^k - a_0^k - (f_1 - f_0) + (r_1 - r_0)} & \underline{= \dot{m}_1} \\
W_{11} - w_{00} = s_0 + g & = s_1 + g''
\end{array}
$$

① 这里所使用的图解法,是从马查克博士所写的《论投资》这篇以油印发表的论文中学来的。

这样，一个人财产价值在两个时刻即 t_0，t_1 之间实际变动的数目，是等于事前估计的储蓄和总利得的总和，又等于事后计算的储蓄和资本利得的总和。事后计算的储蓄与事前估计的储蓄的差额表示总利得的其他部分，即收入利得。这种说法对较长的时期也可适用，只要计算出来的较长时期的变动意味着若干短时期的变动的总和。

（五）根据每年收入这一概念而作出的收入利得与损失和资本利得与损失的区别。如果我们假定所要计算的收入是比较长的时期的收入，例如一年，而介在两次计算时刻之间的时期却是很短的例如一日，收入利得与损失和资本利得与损失便有另一种的区别。在这个假设下，在什么程度上能够把以上所作的方程式应用于这个概念的解释呢？

我们假定介在两次估计时刻之间的时期像以前那样是 t_0t_1，但收入时期是 $t_{-1}t_1$。这样，有关数值便像下图所表示的那样：

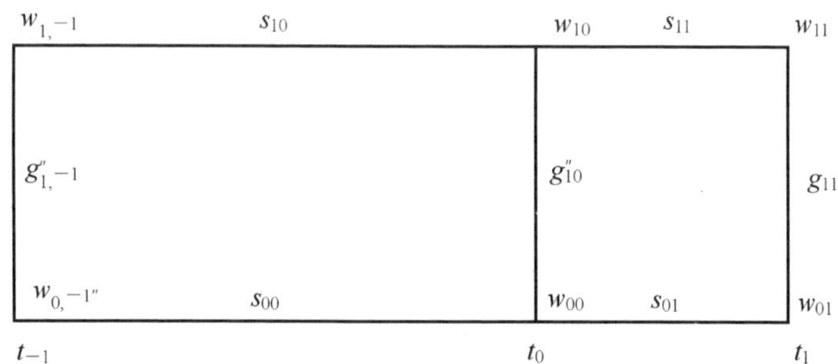

由于估计时刻从 t_0 转变为 t_1 而发生的总利得，跟从前是一样的多，但这总利得现在却按以下方式分为收入利得与资本利得：

$w_{11}-w_{01}$	$=$	$S_{11}-S_{01}$	$+$	$S_{10}-S_{00}$	$+$	$w_{1,-1}-w_{0,-1}$
总利得		$t_0 t_1$ 时期的收入利得		t_{-1} t_0 期的收入利得		资本利得
(g_{11})		(g'_{11})		(g'_{10})		$(g''_{1,-1})$
				根据本期收入计算的资本利得		

换句话说，收入利得，现在不但包括介在两次估计时刻之间的短时期中事后计算的储蓄和事前估计的储蓄的差额$(S_{11}-S_{01})$，而且包括在第一个估计时刻所计算的这一年早些时候所积的储蓄和在第二个估计时刻对这项储蓄所做的新估计的差额$(S_{10}-S_{00})$。

如果收入利得和资本利得是这样加以区别的，这就跟这些名词的通俗概念相去不远。① 但就理论方面来说，这种解释方法却不大适当。当我们作动态分析而必须计算短时期(例如几天)的收入、储蓄和投资的时候，我们不可能把由于重新估计前几天的收入而产生的某一天的收入利得恰如其分地包括在所估计的那一天收入、储蓄和投资内。我们只能把所算出的和那一天收入有关的收入利得包括在那一天的收入、储蓄和投资内。这样说来，我们又回到上段所说的根据本期收入概念的区别了。

(六) 和会计价值比较。最后，我们谈一谈会计制度上收入价值与资本价值的关系，来补充上面关于资本主观价值与收入主观

---

① 可以举一个例子来说明这种区别方法的实际意义。我们假定，某证券的年收入一向为五个货币单位，刚刚分派股息以后，它的资本价值为一百个货币单位，嗣后陆续涨至一百零五单位。假如在快要分派股息的时候，公司宣布股息以后由五单位提高到七单位，证券的价值便要从一百零五单位涨至一百四十七单位。这样，总利得计有四十二单位，其中只两单位具有“收入利得”的性质，体现前期股利的意外的增加。其余四十单位都是“资本利得”，体现将来收入预计价值的增加。

价值关系的分析。

行号资产的账面价值,只在法律规定一般不得超过市场价值时,才和主观价值和市场价值有直接关系。账面价值的作用,一般在于说明一年的结果,虽然在特别情况之下,也可用来评估行号的经济实力。因此,行号资产的账面价值和损益计算书中的项目有确定的关系。下面方程式表示这些关系($^{a}g''$表示在会计意义上的资本利得和损失):

$$
\begin{array}{l}
{}^{a}k_1 - a_0^{k} = {}^{a}i + {}^{a}g''^{k} \\
{}^{a}h_1 - {}^{a}h_0 = {}^{a}j_1 + {}^{a}g''^{h} \\
m_1 - m_0 = \dot{m}_1 \\
\hline
{}^{a}w_1 - {}^{a}w_0 = {}^{a}S_1 + {}^{a}g''
\end{array}
$$

这些方程式与本书第 84 页第 4 项所述的关于资本主观价值和本期收入关系的方程式大致相同。至于它们的应用,主要困难在于决定那些不应该计入本年收入内的资本利得和损失($^{a}g''$)。这些利得和损失有的时候是由于过分高估或低估(这更为普通)某些资产的账面价值的结果,有的时候是由于按比前期账面价值更高或更低的价格变卖某些固定资产的结果。应该怎样把这种资本利得(和损失)与平常的利润区别开来,这关系到习惯的问题。如果把某些利得看做利润,那么在计算本期的投资和储蓄时就应该把这些利得列入计算。由于实际上没有固定的规则,而各种估计资产价值(包括估计资产的增值和贬值)的原则大不相同,会计价值绝不是理论性讨论的可靠根据。

3. 大的经济的价值

如果我们在观察一个只包含行号,或只包含私人,或兼有私人和行号成员的经济人团体时，把上面方程式所包含的一切小的经济数值加在一起（或求得其平均数），我们就得到关于整个团体的数值。我们现在来研究这些团体价值的关系。

摆在我们面前的问题，可以说是动态经济理论的中心问题。下面的分析只打算对这个问题作最初步的研究。因此我们的讲述只是一般性质的讲述，所有会限制结论适应性的特殊假设，都避而不用。以上各节中所使用的收入、投资等等的特殊定义，这里都不使用。这里所使用的定义在性质上是那样普通，以致它们不但包括理论上的定义，而且也包括比较实际的定义。此外，关于资本价值的问题，这里也不多谈。

下面的说明将依照上面讲述小的经济数值的方法。我们因此是从那些在同一时刻估计的数值的关系出发。但关于总的数值，我们这里要把那些可一般地适用的关系和那些仅仅适用于事后估计的价值的关系区别开来。就后者来说，那些涉及国民收入计算的部分将在下节讨论。最后一节，我们将简单讨论一个很短时期事前估计的价值与事后计算的价值之间的关系，特别着重讨论储蓄与投资的关系。

(1) 同时适用于事前估计的价值和事后计算的价值的关系

适用于一个经济人的关系，必然也适用于有关一群经济人的总数和平均数，我们因此可重新叙述上面所讲的方程式，但改用大字母来表示这里的概念是关于团体的概念。这些概念具有这种或那种含义。其实，在本文上半部说明各概念的含义时，我们即已想到以后要做的总计（或平均），所以很谨慎地下定义，使定义也可适用于大的经济的分析。以此之故，我们假定，上面方程式就是对我们所研究的团体的方程式（虽然我们不在这里重新写过）。

关于这一点，我们只需要对以下一个问题补充几句话：所研究的团体和其他团体的关系，会不会影响各个方程式的解释？为使我们的理论可以应用于实际情况，我们没有作这样简单的假设，设想团体是和外界没有往来的团体，也没有在其他方面限制团体这个名词的范围。[①] 事实上，我们的推论对任何经济人团体都可适用，不管这个团体的定义是怎样。因此，这个团体可不必是一个国家或一个国家的一部分，它可以是由某生产部门的一切私人和行号组成的团体或其他相似的团体。但我们不久即可看到，如果我们把这团体看做国家，我们的推论便有更大的实际重要性。

44 首先，我们可把收支方程式分解为两个方程式：一个是关于团体内部自相往来的交易（包含带有°符号的项目），一个是关于和其他团体进行的交易（这些项目带有*的符号）。[②]

$$\begin{array}{l} A^{\circ}+R^{\circ}=B^{\circ}+C^{\circ}+T^{\circ}+F^{\circ}+\dot{M}^{\circ} \\ A^{*}+R^{*}=B^{*}+C^{*}+T^{*}+F^{*}+\dot{M}^{*} \\ \hline A+R=B+C+T+F+\dot{M} \end{array}$$

这些数值的计算意味着团体的每一成员的一切经济交易都要分为两类，一类是跟本团体其他成员的交易，一类是跟别的团体的成员的交易。当然，无论就哪一类交易来说，货币收入都跟货币支

① 我们已经在别的地方说过，由一般的事例转到简单的事例非常容易，但由简单的事例转到一般的事例都有困难。

② 在对这问题做更彻底的分析时，也许就像下面第（4）节所说那样，需要更详细地说明这些项目并且要采用分项。

出和增多的现金相等。① 如果我们把上面第二个方程式改写如下，读者就可看出它是传统的国际支付方程式。

$A^{*}-(B^{*}+C^{*})$	$+R^{*}$	$+$	$(-T^{*})$	$=$	F^{*}	$+$	M^{*}
出口　进口 出超	由于国外资本而来的收入		外国援助等等②		对外放款净额和有价证券输入净额		黄金和现金输入净额

内部和外部数值的区别，也可推广到收入和金融投资方面。这样，E°代表来自内部的资源的净收入，E^{*}代表来自外部的资源的净收入，J°代表团体内的金融投资，J^{*}代表在外地的金融投资。H°表示在某时候各成员之间的财政关系，H^{*}表示在某时候各成员与其他团体成员之间的财政关系。另一方面，这里只把有形投资(I)和有形资本(其价值以 K 代表)这两项目应用于内部的数值，因为一切国外的投资和资产都可以假定是属于金融资本的类型。相似的，关于储蓄(S)一项，也没有区别内部和外部的需要。

上面所提出的关于收入获得的方程式，可改写如下：

① 应该注意，$\dot{M}^{\circ}$代表团体各成员在我们所研究的时期中由于互相交易的结果而持有的现金增多，M^{*}代表各成员由于和别的团体进行交易而持有的现金增多。因此，M°代表各成员在某时候由于内部交易关系而持有的现金，M^{*}代表各成员在某时候由于对外交易关系而持有的现金。如果这团体有中央银行或其他发行机构，那么像上面所说那样，在计算中央银行所持有的现金时，应该把它所发行的货币作为负项看待。这个负项(M^{-})可分为两部分：$M^{\circ-}$代表中央银行对其他持有现金的成员的债务，M^{*-}代表中央银行对持有它所发行的货币的别的团体的成员的负债。因此，从事后的观点看来，$M^{\circ}(=M^{\circ+}-M^{\circ-})$必然等于零，而$M^{*}(=M^{*+}-M^{*-})$一定等于本团体成员所持有的外国货币减去其他团体成员所持有的本团体所发行的货币。如果本团体没有发行货币机构，那么，各成员所持有的货币，必定全是从对外交易而来的。在这种场合下，M°也必然等于零。由于各成员所持有的货币的总数，不可能由于内部交易而有所增减，因此，从事后的观点看来，M°也是等于零。

② T 代表租税、赠品、补助金等等开支，(−T)代表上述各项收入。就国际关系来说，(−T)主要是从国外收到的赠品。

$$
\begin{array}{l}
E^{\circ} = A - B^{l+k} + I + R^{\circ} + J^{\circ} - F^{\circ} - B^{h\circ} \\
E^{*} = \qquad\qquad\qquad\quad R^{*} + J^{*} - F^{*} - B^{h*} \\
\hline
E = \underbrace{A - B + I}_{E^{1+k} - B^{h}} + \underbrace{R + J - F}_{E^{h} + B^{h}}
\end{array}
$$

来自生产因素的收入（扣除办理金融交易的费用）　　来自金融资本的收入（不扣除费用）

应该注意，包括一切从内部资源（劳动、有形资本和暗指团体内部的债权和债务的金融资本）得来的收入的方程式，也包括一部分与对外交易有关的项目（A 和 B^{1+k}）。这里只把从外地投资得来的股息、利息列作外来收入（R^{*}）。也许还可以把扣除了费用的这种投资（B^{h*}）所生的但还未收到的利息（$J^{*}-J^{*}$）列作外来收入。

此外，我们可以把使用收入方程式改写如下：

$$E=C+T+S$$

并把储蓄投资的方程式改写如下：

$$S=I+J+\dot{M}$$

这两个方程式和从前一样，但 C，T，J，M 等项现在包括内部的（°）和外部的（*）这两种项目。

为了简化说明，我们现采用两个特别符号：一个符号（Δ）①表示超过购买量的销售量；一个符号（Γ）表示超过租税和其他类似的开支的金融资本收入。我们在讲述小的经济关系时也曾经使用过这两个特别符号。② 因此，我们提出以下方程式：

$$\Delta^{\circ}=A^{\circ}-B^{\circ}-C^{\circ} \qquad \Gamma^{\circ}=R^{\circ}+J^{\circ}-F^{\circ}-T^{\circ}$$

① 弗里兹教授在上述讲稿内也使用过这符号。

② 参阅上面第 63—64 页。

$$\frac{\Delta^* = A^* - B^* - C^*}{\Delta = A - B - C} \quad 和 \quad \frac{\Gamma^* = R^* - J^* - F^* - T^*}{\Gamma = R + J - F - T}$$

如果我们把收支方程式重新排列，像上面所列示的国际支付方程式那样，同时再把金融资本所生的未收到的收入(J－F)加在这两数内，那么，使用新的符号就得到以下方程式：[①]

$$\begin{array}{l} \Delta^\circ + \Gamma^\circ = J^\circ + \dot{M}^\circ \\ \underline{\Delta^* + \Gamma^* = J^* + \dot{M}^*} \\ \Delta + \Gamma = J + \dot{M} = S - I \end{array}$$

从这些方程式，我们可看得很清楚，储蓄和有形投资数额的不同是怎样发生，而它的意义究是怎样。这些方程式对事前估计的数值和事后计算的数值都可适用，但应用于事后计算的数值时，可把方程式简化一些，这在下节即可看到。我们现在不讨论这些方程式。我们打算在(4)节讨论事前估计的价值与事后计算的价值的关系时一并加以讨论。

最后，我们可把使用收入方程式和储蓄、投资方程式合并起来如下：

$$E = C + T + \underbrace{S}_{\substack{I + \underbrace{J + \dot{M}}_{\Delta + \Gamma}}} = C + I + J + \dot{M} + T = C + I + \Delta + \underbrace{\Gamma + T}_{R + J - F}$$

按照上面方程式，团体各成员的总收入等于他们的消费和有形投资的总数加上某些其他项目。这些项目是什么项目呢？可以说是金融投资净额和增多的现金加上租税以及其他类似开支，也可以说是超过购买额的销售额加上金融资本的净收入。像上面第

① 参阅上面第 63 页。

(3)节所说那样,一个计算国民收入的方法就是根据这些方程式的。

本节所述的方程式,对于事前估计的价值和事后计算的价值都可适用。在这些方程式只应用于事后计算的价值时,有些关于内部的项目将等于零,因此方程式就变得简单一些。这一点将在下节说明。

(2) 只适用于事后计算的价值的关系

从事后计算观点看来,一个团体在一个时期中的总销售量(A°)必定等于它的总购买量($B^\circ+C^\circ$)。因此,$A^\circ-B^\circ-C^\circ=\Delta^\circ=0$。我们还可以肯定地说,以下各项目中的正项和负项必然互相抵消:团体内股息、利息的收付(R°);捐税、赠品等等(T°);团体内的一切金融交易(F°)。最后,团体内发行的货币是作为发行机构的负项来看待,由于各成员互相交易而发生的现金存额的正变动和负变动必定互相抵消(因此$\dot{M}^\circ=0$)。

到现在为止,估计时刻从期初改为期末的影响,非常明显。但要精确地说明它如何影响债权者、债务者对金融资本所生的但还没收到的利息这一方面的估计却不容易。债权者、债务者对本团体成员间的关系所作的预料未必相同,其结果正项和负项的总数($J^\circ-F^\circ$)可能是正数值,也可能是负数值。相似的,债权者、债务者在期末所作的相应的估计,也未必都能相同。当然,这些估计难免受期中许多交易和其他事件的影响。但是,总的说来,债权者、债务者事后所作的估计的差异,可假定是小于事前所作的估计的差异,因此,事后计算的正项和负项的净总数,可假定是小于事前估计的正项和负项的净总数。

这里所提出的问题，对建立一个基本理论体系来说是很重要的问题。依照上面所说，计算利息时所根据的金融资本，不限于给付定息的普通贷款。它包括行号的股权，而行号被认为是一切有形资本的所有者。像以前所说那样，行号所有人是作为债权者看待，而行号本身则作为债务者看待。因此，应该把行号所有人所估计的行号在本期可能赚到的或已经赚到的利得数目列入$(J^{\circ}-F^{\circ})$内作为正项，而把行号经理所作的相应的估计列入$(J^{\circ}-F^{\circ})$内作为负项。除非行号所有人和经理有非常密切的接触，否则不可以假定这些正负项互相抵消。如果所有人比经理乐观，$(J^{\circ}-F^{\circ})$将是正值，否则将是负值。但我们刚刚指出，事后计算的$(J^{\circ}-F^{\circ})$的价值，大概比事前预计的价值来得小。

只在我们把收入这一概念解释为已付的货币收入和实际上未收到的利息时才会发生上述的困难。因此，避免这个困难的一个方法，是对收入概念作比较切合实际的解释，就是不去计算金融资本方面实际上未收到的收入。正像上面所说那样，[①]金融资本的收入将以R为限，而金融投资将等于金融交易(F)。但我们必须知道，在使用这个方法来分析比较短的时期例如若干天的时候，这个方法也会导致某些困难。按照这个方法，一个在某一天收到全年股息而把息钱在一年中陆续花费的股东，只在收到股息那一天从事储蓄，其余各天都是提用储款。相反的，一个公司除发息那一天外整年都在储蓄。但当我们把公司和股东的收入(包括储蓄)加起来的时候，这种现象便不存在。这些经济人的总收入，不论是否

① 参阅本书第58—59页。

逐日计算，就将和公司经理所计算的利润相同。（在分派股息（R）的那一天，R 在股东的收入内作为正项，而在公司的收入内作为负项；当这两种收入加在一起时，R 将消失）。储蓄总额就将等于上述收入总额对消费总额（如果公司没有消费，这种消费总额就是股东的消费总额）加上由收入项下支付的捐税的总和的超过额。这样说来，上述方法无疑地可适用于分析大的经济的现象。但由于这方法完全没有考虑到股东对于公司赚钱能力的期望，完全没有考虑到股东对于将来股息收入的期望，如果我们要研究这些期望的改变将如何影响消费总额，这方法便显得有点缺陷。

在下面的分析中，我们仍然使用比较普通的收入公式，把实际上收到的利息（J－F）包括在公式内。另一方面，我们假定，就团体内的交易来说，这一项从事后的观点看来是等于零。这样，我们的说明就不会比以收入的实际概念为根据的说明复杂。并且，要从前一方法转到后一方法，也没有困难，只要删除（J－F）这一项或让它的价值等于零，便可按照后一方法来解释这个方程式。如果我们又想应用收入的理论概念，我们的说明可作为很好的分析的出发点。有的时候不能假定（$J^{\circ}-F^{\circ}$）的事后计算的价值等于零，在这种场合下，只需把计算的结果稍稍修改一下。

以上所述可用以下方程式来表示，因此这些方程式只适用于事后计算的价值：

$$A^{\circ}=B^{\circ}+C \quad \therefore \quad \Delta^{\circ}=0$$

$$R^{\circ+}=R^{\circ-} \quad \therefore \quad R^{\circ}=0$$

$$T^{\circ+}=T^{\circ-} \quad \therefore \quad T^{\circ}=0$$

$$F^{\circ+}=F^{\circ-} \quad \therefore \quad F^{\circ}=0$$

$$\dot{M}^{\circ+}=\dot{M}^{\circ-} \quad \therefore \quad \dot{M}^{\circ}=0$$

$$J^{\circ+} - F^{\circ+} = J^{\circ-} - F^{\circ-} \qquad \therefore \qquad J^{\circ} = 0$$

$$\text{因此} \qquad \Gamma^{\circ} = 0$$

如果我们把这些价值纳入上节所述的各个方程式，其结果（只适用于事后计算的价值）如下：

收入的方程式：

$$E = A - B + I + R^{*} + J^{*} - F^{*}$$

使用收入的方程式：

$$E = C + T^{*} + S$$

储蓄、投资的方程式：

$$S = I + J^{*} + \dot{M}^{*}$$

最后两个方程式的综合：

$$E = C + I + J^{*} + \dot{M}^{*} + T^{*} = C + I + \Delta^{*} + \underbrace{\Gamma^{*}}_{R^{*} + J^{*} - F^{*}} + T^{*}$$

说明储蓄和投资数额不同的方程式：

$$\Delta^{*} + \Gamma^{*} = J^{*} + \dot{M}^{*} = S - I$$

如果我们把最后一个方程式应用于国家，我们便可作出这样的结论：出超额和国外资本净收入（扣除对其他国家的援助和类似支付）的总和是等于国外金融投资净额（加上现金输入），而这数目相当于储蓄总额对有形投资总额的超过额。

关于资本价值，我们可假定，团体各成员之间的债权、债务互相抵消，而投在自己的有价证券上的金融资本给代表着行号对股东的债务的一个相应负项所抵消。这些假设是基于和上面所说的理由相似的理由。此外，上面已经讲过，各成员所持有的本团体货币的总数，和相应数目的发行机构的债务对抵。因此，我们假定：

$$H^{\circ +}=H^{\circ -} \qquad H^{\circ}=0$$
$$M^{\circ +}=M^{\circ -} \qquad M^{\circ}=0$$

于是财富方程式可写成如下：

$$W=K+H^{*}+M^{*}$$

这个方程式意味着团体财富总额等于有形资本价值以及国外投资净值加上所拥有的外国货币减去外国人所拥有的本团体发行的货币。

最后，我们只需要补充说：如果在刚才所说的各方程式中，所有有*符号的项目都等于零，这样得到的比较简单的方程式便可适用于不与外界来往的社会。

$E=A-B+I$	（收入方程式）
$E=C+S$	（收入使用方程式）
$S=I$	（储蓄投资方程式）
$W=K$	（财富方程式）

(3) 关于计算国民收入的结果[①]

我们现在可说到方程式对估计一个国家收入的重要性。以收入方程式为出发点，但略去国外投资方面未收到的利息（在估计一个国家收入时，通常不过问这一项），即$(J^{*}-F^{*})$，我们可用下列方程式来表示国民收入：

$$E=A-B+I+R^{*}$$

实际上可使用各种不同方法来计算这个总收入。在下面的方程式（这些方程式都可以化成刚才所说的普通方程式）中我们提出

① 不阅读本节也可了解下节的内容。

四种最重要的方法。[①] 使用哪一方法最为恰当，这要看所得到的统计资料的性质是怎样。

(a) 以税收统计为根据的方法：

$$E = \underbrace{\sum(a - b + i + r - \varepsilon)}_{\substack{\text{应纳税的收入}\\\text{（对于重复计算已经做了纠正）}}} + \underbrace{\sum\varepsilon}_{\substack{\text{总收入与应课税收入}\\\text{之差}}}$$

从应课税的收入出发，先校正重复计算的收入（例如，关于同一来源的收入，对行号和股东同时课税），然后加上未包括在税收统计内的某些收入项目(ε)。有的时候，还要做其他修正，使得应课税的收入能和进行计算时所根据的国民收入的定义相符合。（这里假定所有应该做的修正都包括在ε内。）

(b) 以收入统计为根据的方法：

$$E = \underbrace{A^k - B^k + I + R^* - B^h}_{\text{利润和利息（净额）}} + \underbrace{A^l - B^l}_{\text{工资和薪俸（净额）}}$$

在使用这个方法时，我们可先估计一切行号（从广义说）有形资本收入总额。如果对这个总额加上扣除了金融交易方面一切开支(B^h)的国外投资利息净额(R^*)，我们就得到利息和利润的总数（或可采用另一计算方法：把各行号，各个人所收到的利息和利润净额加起来，然后对这总数加以校正，消除由于行号所分派的股息又作为股东收入而出现的重复计算）。此外，还要计算国内居民所得的工资和薪俸的总数，再由这总数减去他们工作上的开支。上

① 参阅林达尔、达格兰和科克：《瑞典国民收入，1861—1930》（斯德哥尔摩经济研究丛书之五(A)），1937年在伦敦出版，第5页。这里所述的方法，在那本书里有更详尽的说明。

述两总数相加，其总和就是国民收入。

(c)以生产统计为根据的方法

$$E = \underbrace{A^{k} + I'' + I^{\mathrm{IV}}}_{\text{产品的价值}} - \underbrace{(B' - I')}_{\text{有形固定资产的损耗}} - \underbrace{(B'' - I'')}_{\text{所消耗的原料的价值}} - \underbrace{(B''' - A^{1})}_{\text{从其他行号得到的服务的价值}} + \underbrace{R^{*}}_{\text{国外投资的收入(净额)}}$$

在这个方程式，I 项分为四个组成部分：(1)有形固定资产(I')；(2)原料(I'')；(3)半制成品(I''')；(4)制成品(I^{IV})。B 项也分为三个组成部分：(1)购入的有形固定资产(B')；(2)购入的原料(B'')；(3)使用的服务(B''')。行号所贩卖的东西和投在半制成品、制成品上的总金额等于行号产品的价值。行号所购买但不构成净投资的有形固定资产的数额(包括维修费)相当于有形固定资产的损耗。相似地，购进的原料的数额与投在原料上的净投资额之差相当于在生产过程中所消耗的原料。如果我们从所使用的一切服务中减除工人所提供的服务，我们就得到从别的行号得来的服务。就行号来说，上述这些正项与负项的差额，便构成行号使用的生产因素(有形资本和劳动)对国民收入所作的贡献。① 这些净数额的总和就等于国内所创造的这一部分的国民收入。一般地说，应该对各生产部门的正负项目分别编成统计，从而计算它们对国民收入所作的贡献。② 如果要知道国民收入总数，我们把从国外得到的利息，股息净额加在国内创造的收入上面，便得这个总数。

① 应该注意，各负项(B 项)不但是行号本身的负项，而且也是行号所雇用的人员的负项(工作方面的开支)等等。

② 在《瑞典国民收入》一书里，我们使用这个方法计算瑞典国民收入。最困难的计算工作乃是计算没有统计可考的负项。在估计瑞典国民收入时，我们先根据生产和消费用途把国内所有的一切货物和服务详细分类，然后根据这些分类计算这些负项。

(d)以消费和投资统计为根据的方法

$$E = C + I + F^{*} + M^{*} + T^{*}$$
$$= C + I + \Delta^{*} + R^{*}$$

国民的消费　国内有形投资净额　出超额(按广义说)　国外投资收入

和上节所述的方程式比较，这些方程式来得简单。这些方程式不包括金融资本所生的未收到的利息，因此可用 F 来代替 J。在第二个方程式，国内所创造的收入相当于国民消费总额加上国内有形投资净额和出超额的总和。我们也可从收入方程式直接求出这个方程式：

$$\begin{aligned} E^{\circ} &= I + A^{*} - B^{*} + A^{\circ} - B^{\circ} \\ 0 &= C \quad - C^{*} \quad - C^{\circ} \\ \hline E^{\circ} &= C + I \quad - \Delta^{*} \end{aligned}$$

应该注意，这里的 C 表示国民的总消费，包括他们在外国的消费(C^{*f})，但不包括外国人在国内的消费(^{f}C)。但^{f}C 却包括在 A^{*} 内，而 C^{*f}包括在 C^{*} 内。这样，后者成为 Δ^{*} 内的正项，而前者成为 Δ^{*} 内的负项。所以，我们如果对出超的计算加以调整，便可把国民消费改为国内消费。

$$E^{\circ} = \underbrace{C + {}^{f}C - C^{*f}}_{\text{国内消费}} + \underbrace{I}_{\text{投资}} + \underbrace{\Delta^{*} - ({}^{f}C - C^{*f})}_{\text{出超额不包括外国人在国内的消费和本国人在外国的消费}}$$

一般说来，这个方程式在应用上最为容易，因为消费统计通常没有对外国人与本国人的消费加以区别。

关于投资，应该做两个计算：(1)关于一年中国内所得到的一切新的生产资料的估计(生产－出口＋进口)；(2)关于一年中所消耗的这种资料即永久性货物的损耗、原料的消耗等等的估计。可

按照上述计算国民收入的第三个方法所根据的统计材料来估计这两项。三、四两方法不同的地方，在于按照第三个方法，我们把国民收入看做是相当于“各种生产过程的贡献的总和，每项贡献相当于某些贷方项目（所生产的货物和服务的价值）与某些借方项目（从其他生产过程获得的服务的价值以及生产资料的消耗和折旧）的差额”；按照第四个方法，这些正负项目“或加以分解或加以合并，使国民收入表现为所生产的各类货物和所提供的各类服务的价值超过生产过程中所消耗的价值的超过额的总和。”①

上面关于估计国民收入四种方法的叙述，都是依据收入方程式的各种变式，因此，在一定情况下，它们应该导致相同的结果，如果我们是依照同一原则计算各项目，而且在解释统计资料时能不犯错误的话，但事实上错误无法避免，因此所得结果必定有或大或小的出入。在比较不同国家的国民收入时，出入尤难避免，因为各国对收入基本概念的看法各不相同。但事实上，不管我们给收入下哪一种定义，我们都可按照它来说明这里所提出的方程式。特别在说明 I 项目和区别 B 项目与 C 项目时，我们必须在各种还不一致的定义中采用一个。我们不拟在这里讨论这些问题。我们的目的不在于对收入问题的讨论作出贡献，而在于说明按一定方式解释的国民收入的各种估计方法的关系。

(4) 事前估计与事后计算的价值的关系

（一）**各种假设及其所导致的结果**。在 2(2) 那一节里，我们讨论了关于很短的时期小的经济的关系。我们假定这时期是这样的

① 参阅《瑞典国民收入，1861—1930》，第一编，第 15—16 页。

短，以致事前预期的售价与购买数量，跟事后计算的不差毫厘。我们讨论大的经济的关系时仍将使用这个假设。

但是，在大的经济事例中，我们要稍稍修改上述假设的意义。由于一个团体的成员不会同时修订他们的计划，所以所有成员的计划都没有变动的时期，一定比一个成员的计划没有变动的时期来得短。但即使讨论的时期是非常的短，我们的推论也不至失去它的重要性。为使这时期不至短得和实际情况不相符合，我们不假定一切计划都完全不变，而假定在这时期中，个别价值的总数（或平均数）只呈现些微的变动。这样，我们的推论就可应用于很短的时期，即以日计算的时期。

因此，在以下的研究中，我们假定在讨论的时期内，平均物价没有变动，各成员所计划购买的总数与后来实际购买的总数完全一致。这就是说，如果我们使用写在字母下端的 0 表示事前估计的价值，写在字母下端的 1 表示事后计算的价值，那么，

$$\begin{array}{lll} B_0^\circ = B_1^\circ \text{ 和 } & C_0^\circ = C_1^\circ & \text{（向本团体成员购买）} \\ \underline{B_0^* = B_1^*} & \underline{C_0^* = C_1^*} & \text{（向其他团体购买）} \\ B_0 = B_1 & C_0 = C_1 & \end{array}$$

关于事后计算的价值，还可以说（像(2)节所说一样）：

$$A_1^\circ = B_1^\circ + C_1^\circ \text{ 或（由于 } \Delta = A - B - C\text{）} \Delta_1^\circ = 0$$

由此可推断：

$$\begin{array}{ll} A_0^\circ - \Delta_0^\circ = B_0^\circ + C_0^\circ = B_1^\circ + C_1^\circ = A_1^\circ & \therefore \quad -\Delta_0^\circ = A_1^\circ - A_0^\circ \\ \underline{A_0^* - \Delta_0^* = B_0^* + C_0^* = B_1^* + C_1^* = A_1^* - \Delta_1^*} & \therefore \underline{\Delta_1^* - \Delta_1^* = A_1^* - A_0^*} \\ A_0 - \Delta = B_0 + C_0 = B_1 + C_1 = A_1 - \Delta_1^* & \therefore \Delta_1^* - \Delta_0 = A_1 - A_0 \end{array}$$

我们可从这些方程式出发，分析实际销售量与卖者在期初所预期的销售量有所差异的因果关系。我们只要把它们和上述关于

储蓄与投资之间的差异的方程式($\Gamma = R + J - F - T$,即金融资本收入减去租税等等)合并如下:

$$\Delta_0 + \Gamma_0 = S_0 - I_0$$
$$\Delta_1^* + \Gamma_1^* = S_1 - I_1$$

(二)销售量发生意外变动的原因。我们必须先把这一点弄清楚:如果事前所估计的储蓄和投资的数额有所不同,结果将会怎样。如果我们把上面第一个方程式改写成以下的方程式,我们便得到这问题的答案:

$$I_0 - S_0 + \Gamma_0 + \Delta_0 = 0$$

然后分别加上

$$-\Delta_0^\circ = A_1^\circ - A_0^\circ$$
$$\Delta_1^* - \Delta_0 = A_1 - A_0$$

我们就得到以下两个方程式:

$$I_0 - (S_0 - \Gamma_0 - \Delta_0^*) = A_1^\circ - A_0^\circ$$
$$I_0 - (S_0 - \Gamma_0 - \Delta_0^*) = A_1 - A_0$$

从这些方程式,我们可得以下的结论:团体内部的实际销售量所以在一个时期中不同于卖者预期的数量,其原因在于这时期开始时所计划的有形投资净额和所计划的储蓄净额不一致。如果其他情况不变(如果 S_0,Γ_0,Δ_1^* 或 Δ_0^* 不变),而期初所计划的投资数额有所增加,那么实际销售额将比预期的数额来得大。另一方面,如果计划的储蓄数额增多,而计划的投资数额(或 Γ_0 和 Δ_0^* 或 Δ_1^*)没有相应地增多,那么实际销售额便达不到销货者预期的数额。

当然,这里所作的结论,是以我们对各项目所下的定义为转移,同时又以我们所作的假设为前提,就是说所研究的时期是很短的时期。如果我们现在单就和外界没有往来的社会来说,而把这

部分的推论加以简化，我们就有

依据定义①　$I_0 = E_0 + B_0 - A_0 - (R_0 + J_0 - F_0)$

依据定义　$-S_0 = -E_0 + C_0 + T_0$

依据假设　$0 = A_1 - B_0 - C_0$

$$\overline{I_0 - S_0 = A_1 - A_0 - \Gamma_0}$$

从以前所列举的方程式，可看出计划的有形投资超过计划的储蓄（Γ_0 项减少），这仅仅表示事前计划的购买量超出卖者所期望的数量（也表示 Δ° 是个负数值）。只有假定所有购买计划都一一实现，实际销售额超过预期销售额才是逻辑的必然性。由于这假设完全意味着拿来作研究对象的时期必须很短，它并不脱离现实。只要我们依照这里所解释的各个项目的意义，我们的推论便可应用于实际情形。

因此，我们也可作出这样的结论：如果在一定情形下，一个国家在某一短时期内的实际销售总量，多于卖者所期望的数量（如果国外的需求没有意外地增加），那么，这个国家在这时期内的计划投资总额，必定比计划储蓄总额来得大。另一方面，如果实际销售量少于卖者所期望的数量，那么这个国家这个时期的计划储蓄总额，必定比计划投资总额来得大。

上面所说，有些离题，现在言归正传，再来研究上面所列举的

① 这些定义是和上面所列举的项目一览表中的定义相一致的。所以，投资的定义是按照以下方法求得的：

$$I = E^k + B^k - A^k$$
$$0 = E^l + B^l - A^l$$
$$0 = E^h + B^h - (R + J - F)$$
$$\overline{I = E + B - A - (R + J - F)}$$

具有普通形式的方程式。从这些方程式可以推定：在比较事前估计的有形投资和储蓄时，如果采用这里所下的定义，就得从储蓄项下扣除某些数额。如果我们使用（$\Gamma_0^\circ+\Gamma_0^*$）来代替 Γ_0，我们便可对以下三个项目作出区分：

(a) Γ_0°　对于扣除了租税等等的国内金融资本收入中所包括的正负项，如果估计得有所偏差，或估计过高，或估计过低，以致 Γ_0° 不等于零，这些偏差往往会被计划储蓄方面所发生的方向相同的变动所抵消。例如，假使一个人错误地认为他能够从金融资本获得一大笔收入，但同时决定把这项额外收入蓄积起来，他的消费便将和从前一样，而他错误估计的结果，将被计划储蓄相应的增加所抵消。从事后观点看来，额外收入与额外储蓄都将消失。[①] 一般地说，在估计已产生的但未收到的利息时最常发生这种错误。如果依照收入的实际概念，把这种利息置诸不问，Γ_0° 的价值便将接近于零。

(b) Γ_0^*　Γ_0^* 这一项目主要代表事前所估计的国外资本的收入。如果这项收入被储蓄起来，或在国外投资或兑为现金提回国内，它便和国内有形投资不发生关系。因此，在这种场合下，应该从国内储蓄总额项下扣除这项收入。相似地，这项收入如果以输入货物或服务的方式提回国内，也应该把它略去，因为它将作为负项包括在出超（Δ^*）中。（Δ^*）作为单独项目出现于方程式。

(c) Δ_0^* 或 Δ_1^*　第一项表示“事前估计的出超额”，就是一团体成员希望能在某时期中卖给其他团体的东西的数目与他们打算

① 参阅上述伦德堡博士所著的《经济扩张理论的研究》第 146 页。

在同时期中向其他团体买进的东西的数目的差额。第二项表示“事后计算的出超额”，即输出实际超过输入的数额。如果所希望的出超额（就是 $A_0^* > B_0^* + C_0^*$），由于计划的储蓄相应地超过计划的有形投资（就是 $A_0 > B_0 + C_0$）而被抵消，那么，国内交易的均衡（就是 $A_0^\circ = B_0^\circ + C_0^\circ = A_1^\circ$）明显地不至受到干扰。但在这种情况下，事前估计的总售量与事后计算的总售量便难望平衡，因为国外的需求可能随时发生意外的变动（就是 $A_1^* \gtrless A_0^*$）。使事前估计的总售量与事后计算的总售量达到平衡的储蓄与投资的关系，必定导致国内项目间的不平衡（就是 $A_0^\circ \lesseqgtr B_0^\circ + C_0^\circ = A_1^\circ$）。

所以，我们认为，使事前估计的某时期售额与事后计算的售额相等的平衡，只能用下列(a)或(b)方式加以说明：

(a) 国内售额　　$S_0 - \Gamma_0 = I_0 + \Delta_0^*$

(b) 总售额　　$S_0 - \Gamma_0 = I_0 + \Delta_1^*$

在和外界没有往来的社会，自然没有这种困难，上述两个方程式可化成为 $S_0 - \Gamma_0 = I_0$。

（三）售额意外变动的结果。到这里为止，我们所讨论的只限于事前估计的售额与事后计算的售额所以不同的原因。现在我们讨论这种不同将有什么后果。我们首先可把关于事后计算的储蓄、投资关系的方程式①和关于事前估计及事后计算的总售额的方程式合并起来如下：

$$0 = S_1 - I_1 - \Gamma_1^* - \Delta_1^*$$

---

① 参阅本书第 101—102 页。

$$\frac{A_1 - A_0 = -S_0 + I_0 + \Gamma_0^* + \Delta_1^*}{A_1 - A_0 = S_1 - S_0 - (I_1 - I_0) - (\Gamma_1^* - \Gamma_0)}$$

如果以$(E_1 - E_0 - T_1 + T_0)$代替$(S_1 - S_0)$，并把Γ项分解为其组成部分$(R+J-F-T)$，上述最后一个方程式可写成如下：

$$A_1 - A_0 = E_1 - E_0 + I_0 - I_1 - (R_1^* + J_1^* - F_1^*) + (R_0 + J_0 - F_0)$$

我们也可以用$(J+\dot{M})$代替$(S-I)$而写成下式：

$$A_1 - A_0 = J_1^* + \dot{M}_1^* - (J_0 + \dot{M}_0) - (\Gamma_1^* - \Gamma_0)$$

上面第一、第三两方程式中最后一个括弧以及第二方程式中最后两个括弧的意义，不过表示储蓄总额、收入总额和投资总额可能受已扣除了租税的金融资本收入的意外变动的影响。但可把这种变动置诸不问，因为依照我们的假设，[①]这些变动并不是直接由于售额的增加而发生的。因此，只要下面的说明是以某些比较简单的方程式为根据，便没有什么重要东西被忽略了。这些比较简单的方程式是关于不和外界往来的社会的方程式，同时又是应用收入的实际概念的方程式(像以前所说，这使我们可以假定$\Gamma_0^\circ = 0$)：

106

$$\begin{aligned} -\Delta_0 = I_0 - S_0 = A_1 - A_0 &= S_1 - S_0 + I_0 - I_1 \\ &= E_1 - E_0 + I_0 - I_1 \\ &= \underbrace{J_1 + \dot{M}_1}_{0} - (J_0 + \dot{M}_0) \end{aligned}$$

上面第一行表示，事前估计的有形投资对储蓄的超过额，怎

① 像上面所说那样，在这些假设中，那意味着$\Gamma^\circ = 0$的假设并不很切合实际，因为经理事后所估计的与股东所估计的行号的收入，可能有出入，其结果使包括在Γ_1内的$(J_1 - F_1)$可能有正值也可能有负值。当然，在这种场合下，在有关时期的交易与Γ_1°的价值之间可能存在着因果关系。

样在事后计算的价值中消失了。如上所述，这个超过额可以看做销售额意外增加的原因。由于销售额意外的增加，储蓄必定增加，或有形投资必定减少，否则这两个项目事后计算价值的平衡便不能保持。我们曾经使用“意外”这字眼来形容事后计算的价值的这种变动。意外储蓄所以可能，就是由于收入的意外增加。这样，收入的增长数目就相当于售额意外增加的数目与有形投资意外减少的数目的差额。我们还可以进一步作出结论：这些变动和期初所计划的金融投资额与现金保有额的总数的增加也有关系。如果$(I_0 - S_0)$的价值是正值，那么，$(J_0 + \dot{M}_0)$一定是个负值，和$(I_0 - S_0)$相适应。在不和外界来往的社会里，J_1 和$\dot{M}_1$ 事后计算的价值等于零，因此，它们加在一起的价值和事前计算的价值相比，一定是增加，其增加的数目相当于事前估计的有形投资超过储蓄的数目，或相当于售额意外增多的数目。

关于这一点，有两个问题：(a)如果计划的有形投资的数目大于或小于同期的计划储蓄的数目，但有形投资和储蓄事后计算的价值却相等，那么，大体上说，究竟是投资发生变动来适应储蓄还是储蓄发生变动来适应投资呢？(b)计划的有形投资的数目与计划的储蓄的数目之不同，怎样影响到在银行以外的现金数目呢？如果我们把$\dot{M}$ 分解为$\dot{M}^p$(在人民手中和在银行以外的行号手中的现金的变动)和$\dot{M}^b$(在银行手中的现金的变动)，我们能不能对$\dot{M}^p$事后计算的价值作出说明呢？

上面所述各方程式不能给这些问题提供答案。事实上，只有另作一些假设，才能对这问题提出解答。我们在这里只能简单陈述概括的解答。

（四）主要现象是储蓄还是投资呢？关于第一个问题，我们首先可以从2(2)那一节里对于大的经济的价值所作的推论引申出几个结论。那里叙述销售量意外增加的结果，因此把那里的说明移用于计划的有形投资（整个社会的有形投资）超过计划的储蓄的事例是完全可以的。在这个事例中，收入和储蓄必将有意外的增加，如果以下两种情形发生：第一，由于需求的增加，生产因素更好地加以利用；第二，由于需求的增加，人人乐观，认为行号的赚钱能力将有所增长。[①] 例如，一家行号以减少存货的办法应付客户新的定货，同时打算扩大产量或提高售价。由此可见，收入和储蓄也可能由于售额意外增加、存货相应减少而发生意外的增加。所考虑时期中事后计算的收入由于这种影响增加多少，这时期中事后计算的储蓄总额（有意的储蓄和无意的储蓄的总和）也将增加多少来和计划的投资总额相适应。

另一方面，如果由于计划投资总额超过计划储蓄总额而发生的销售量的增加，虽然减少存货，但却没有引起收入很大的增加，其结果，在所考虑的时期中，没有意外的储蓄，反之投资将意外地减少。投资减少多少，事后计算的投资总额（包括这种意外的减少）也将减少多少来和计划的储蓄总额相适应。

在现实社会里，上述两个倾向可能同时发生，使得事前计划的投资额与储蓄额的差异，由于投资与储蓄的互相适应，到事后计算时归于消灭。情况的发展要看哪一个倾向有较大的力量，哪一个

① 在前面另一节(2(3))中，根据收入的理论概念，我们曾指出，总利益中由于重新估价资产而发生的那一部分，在这种情况下也属于在最后一个短时期中赚到的收入。这个短时期就是这里所考虑的时期。

因素受到较大的影响。这些倾向中的一个甚至可能占那么大的优势，以致投资与储蓄发生相同方向的意外变动，虽然其中一个的变动是较大的。例如，在一个时期中，实施的投资计划的数目，如果大于实施的储蓄计划的数目，由此而发生的销售量的增加，可能使事后计算的实际完成的投资的价值超出事前计划的价值。（如果事后计算是根据对将来更乐观的看法，这似乎是非常可能的结果）。在这种情况下，意外增加的储蓄不但要包括事前计划的投资与储蓄的差额，并且要包括事后计算的与事前计划的投资的差额，否则投资与储蓄事后计算的结果便不相等。

以上所述是关于一个短时期的发展情况。

但我们不妨补充一些比较概括的意见。如果我们考虑到一系列短时期的发展，在这些时期中计划的投资时常不断超过计划的储蓄，那么，有形投资总额时常适应储蓄总额的情况，只能在存货完全耗竭以前的时候发生。因此，如果所考虑的是较长的时期，储蓄必须适应投资的数目。从这个观点看来，投资可以说是主要现象。

关于这一点，应该注意，如果所考虑的是较长的时期，储蓄和投资的适应，并不是只由于储蓄意外的变动所引起，像刚才所说那样。除此之外，可能在更大程度上，在计划的“自愿”储蓄方面发生有计划的变动来适应投资。这种有计划的变动与**收入的重新分配**有关。当计划的投资数目与计划的储蓄数目在长时期内有所差异，以致一般物价水平发生变动的时候，收入就要发生重新分配。对分析累进的过程来说，这是很重要的一点。但由于在别的地方已详细讨论过这个问题,[①]这里只要提一提就够了。

但是,我们要是进一步讨论下去,我们必须承认把储蓄看做主要现象的看法是很有道理的。事实上,要在将来一个时期中投资多少,这要看利息率而定,而利息率的高低,则掌握在银行手中,银行可以随时加以调整,使计划的投资数目能和计划的储蓄数目相符。的确,实际施行的货币政策往往和这规则相违背,而整个商业循环现象可以说就是说明无意的储蓄与无意的负储蓄怎样发挥作用使投资与储蓄达到事后的均衡。但是利息率终究会和计划的储蓄数目相适应的倾向,大概是可以看得出的。

(五)人民手中所掌握的现金。如果我们现在说到第二个问题,即银行以外所保有的现金如何由于事前计划的投资额与储蓄额的不同而发生变动,我们必须以另一个关于金融投资的假设作为推论的根据。到现在为止,我们只假定,某一个时期的购买计划,无论是购买物资或使用服务,都在这时期中成功地完成。事实上,研究现金数额的变动,最好要使用一个和上述假设相类似的假设为出发点,这个假设是关于公众(包括行号)与银行之间的金融交易。我们可不过问其他不牵涉到银行的金融交易,而假定在放款数量和存款数量方面,银行都能适应公众的愿望,因此银行和公众间的金融交易,完全是依照公众在期初所定的计划,也就是说(如果我们把 J 分为 J^p 和 J^b 两部分,正像我们对 $\dot{M}$ 所做那样),$J_0^p = J_1^p$。

如果我们把公众和行号事前计划的投资数目与储蓄数目的差

① 参阅本书第 142 页和以下各页。

额写成 α，把计划中银行所持有的现金以外的现金的增加数目写成 β，就可从下列方程式很容易地看出上述假设所导致的结论。

	事前估计	事后计算
	$\underbrace{S_0 - I_0} = J_0 + \dot{M}$	$S_1 - I_1 = J_1 + \dot{M}_1$
公众和行号(p)	$\alpha \quad = (\alpha - \beta) + \beta$	$0 \quad = (\alpha - \beta) + (\beta - \alpha)$
银行(b)	$0 \quad = 0 \pm 0$	$0 \quad = (\beta - \alpha) + (\alpha - \beta)$
	$\alpha \quad = (\alpha - \beta) + \beta$	$0 \quad 0 \pm 0$

这样，$\dot{M}_1^p$ 的价值等于(β－α)，或等于($\dot{M}_0^p + I_0 - S_0$)。

所以，我们可这样说：在自足自给的经济中，如果公众(包括行号在内)在一个短时期开始时所作的和银行交易的计划都完全实现，而不过问其他金融交易，那么，银行所保有的现金以外的现金，必定增加得和计划中的现金增加数目与计划的有形投资超过储蓄的数目的总和相等。上述有形投资超过储蓄的数目，相当于现金的意外增加额。

但事实上，个人和行号可能和银行进行新的交易，因而在某程度上抵消了他们所保有现金的无意的增加。所以，实际的结果要看他们在这方面的动作而定。因此，理论家在更详尽地研究这问题时，必须再作出一些其他假设。但是，事前计划的有形投资对储蓄的超过额使公众所保有的现金发生增加的倾向这一结论，大体上是根据现实假设的，因为销售量如果在一定时期中意外地增加，公众大抵在以后时期中将有意识地增多他们手中所持有的现金。

(六) 结论。像讨论小的经济的价值那一节一样，本节的分析，主要以扩张过程为限，这个扩张过程起因于投资在开始时超过储蓄。但我们所列的方程式，对相反的情况即计划投资超过计划储蓄的情况也可适用。所以，我们的推论大体上对由此而发生的紧缩过程也可适用。

最后要提醒读者，在本节全节中，我们始终假定在所说的短时期中物价毫无变动。我们说销售额发生变动时，我们心里所想的是行号(X)及个人(Y)所销售的东西在数量上的增减，像下面(简单的)方程式所表示的那样：

$$I_0-S_0=A_1-A_0=P(X_1-X_0)+\Pi(Y_1-Y_0)$$

物价变动问题，属于和时代的推移有关的问题。这些问题不在本文讨论之列。本文的目的，只在于把一个时期事前估计的价值与事后计算的价值之间的关系弄明白、给更深入地研究在一系列短时期内这些价值之间所存在的关系打好基础。因此，上述那些有趣的、重要的经济问题，恰恰在本文结束的地方开始出现。

关于这些涉及在一较长时期内的发展的问题的讨论，必须根据那些关于一个短时期的事后估计的价值与下一个时期事前估计的价值之间的关系的假设，换句话说，必须根据那些关于实际事件如何影响经济人的期望与计划的假设。由于这些反应可能极不相同，因此假设必须作为可替换使用的假设提出来。这个方面的理论家的最大困难，在于选择切合实际的假设，使经济问题的研究能和实际紧密地结合起来。

第二篇　利息率和物价水平

第一章　绪论

1. 简单假设和本文的提要

本文大半是纯理论的研究，因此我们认为，采取那种从比较简单的情况入手的传统方法，是很适当的。此外，在整篇论文中，我们将使用一些关于货币制度的简单假设。

我们可从这样一个社会着手，在这个社会里，货币制度具有以下简单性质，使它能够和理论分析相适应：

(1) 货币制度在一个和外界没有来往的经济组织中施行着。因此，对于那些由国际贸易引起的复杂情况，我们可不必过问。

(2) 我们假定，一种自由货币制度已经在这个经济组织中建立起来。如果我们假定，货币管理机构能够采取一种完全独立的政策，无须保持通货和黄金或其他任何一种货物之间的平价，而且能够完全自由地执行它的信用政策，那么我们就能够很容易地把决定一般物价水平的因素显示出来。

(3) 一切银行信贷业务都集中控制在货币管理机构或中央银行手里；货币管理机构或中央银行还独揽着发行法币的权力。这一个假设(人们很容易设想，由于实施银行国有制度，这个假设的条件能够得到满足）使得我们能够容易研究货币政策的影响，因为只有这样我们才可不过问关于中央银行对其他银行的影响的许多问题。

（4）我们假定，信用制度已发达到无须保有现金的程度，所以我们假定，短期借贷在个人与个人之间大量进行着，而且其他还必须办理的直接支付，都是在银行存款账上划拨结算的。对于这种存款，银行照常给付利息。[①]

上述假设，对于我们的说明将有很大的帮助。即使我们使用一些比较更切合现实的假设来替代上述的假设，我们的说明大体上也不会有所改变，第五章第五节将对这一点加以简单的陈述。

本章其他部分简单说明那些决定物价水平变动的因素。我们将看到，我们需要做的论述，在一些方面和传统的数量学说有所不同。以下各章将专门讨论这些因素中的一个，即放款利息率。在第二章里，我们更详细地分析魏克赛尔认为在放款利息率变得不正常时就开始的累进过程。为作这个分析，我们假定一个在性质上比较简单的原始形态，就是一个静止的均衡状态。但这个假设并不会严重地削弱我们结论的一般正确性。接着，我们说到利息率差别问题，特别是短期放款和长期放款利息率差别问题。第四章和第五章研讨利息率作为货币政策的手段的作用。在这两章里，我们研究由于主要因素发生变动而引起的动态过程。我们假定，物价水平是按照一些可以替换使用的原则来调节的。关于这

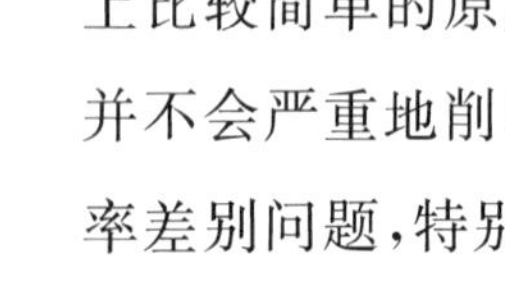

① 我们假定，所有中央银行活期存款，不管是否使用支票提款，利息都是相同的。我们也假定，这些存款中一部或全部使用支票提款这一事实，对于短期利息率水平并没有影响。因此，对于现金没有特立账户。

些原则的价值，在早期有关货币政策目标的论文里，我们曾经讨论过。[1] 在最后一章里，我们企图阐明魏克赛尔的"放款正常利息率"概念。

2. 消费资料价格的基本方程式

研究有关物价水平的规律，通常是从研究支付手段出发的。这就导致所谓数量学说的研究，把货币价值的变动和支付手段的数量联系起来。这两个因素的联系在若干方面是重要的，所以数量学说成为货币理论的一个重要部分。但这个学说不能令人满意地、正确地说明货币价值的变动。当我们感到这个学说在上面提到的简单假设下完全不能适用的时候，上述一点就非常明显地呈现出来。这些简单假设是我们对货币问题的论述的根据（参阅前一节）。它们意味着我们所说的社会不保有现金。一个自称能够一般适用的有关货币价值的理论，必须也能够说明这种社会中物价水平的变动。以此之故，物价水平变动这一问题必须从另一个出发点来研究。

这个出发点可从一般价格理论中寻找出来。的确，物价问题通常是在静态假设下加以论述，因此这个问题只涉及一定均衡状态中的各种相对价格。可是，物价学说如果推广到动态的情况，那么它不但要讨论每一个时期中的各种相对价格，而且也要讨论构成动态过程的各个时期之间的物价关系。假使对于这些"各个时

① 见《货币政策的目的》，1929 年在马默出版。参阅下面第 4 章第 1 节的注释。

期之间”[①]的物价关系计算出一个平均数，那么就能找出一个数式来代表各个时期物价水平的相对状态。按照这个方法，应该可得到一个关于货币价值变动的理论。这就是我们在下面的努力方向。

在说明那些决定物价水平变动的因素时，从以下一个事实着手是适当的。这一个事实是：在每一个时期，名义总收入中没储蓄起来的部分，是等于这一个时期所消费的货物和服务的总数量乘它们的价格。可用下列数式来表示上述事实：[②]E(1－S)＝PQ。在这数式里，E代表名义总收入，S代表这总收入中储蓄起来的部分，P代表消费品的价格水平，而Q代表一定时期中这种货物的数量。

这样，P是所消费的货物和服务的价格指数，各个价格用各种货物的总消费量来加权。(那些由生产者自己消费而因此没有参加交换的货物，也包括在上述的货物内，这种做法跟制定交换方程式时通常使用的方法是相反的。)P因此代表一个时期中全部消费品的平均价格水平。我们使用这个方程式作为出发点，其原因是这个方程式会帮助我们解释物价水平的含义。正像一个早期著作[③]所指出的那样，这样解释物价水平概念的方法似乎是一个最具有实际重要意义的方法。对货币政策订定两个标准(下面将讨

① 参阅哈耶克所写的《各个时期之间的物价平衡和货币价值变动》一文，见《世界经济文献》，1928年，第33页和以下各页。

② 这一方程式相当于本书第一篇第96页所提到的“收入使用”方程式，也相当于第三篇第274页所提到的方程式(7)。

③ 见《货币政策的目的》，第11页和以下各页。

论它们的应用），也是根据物价水平这一概念的。因此，在下面，当我们说到“物价水平”而不对它的含义加以限制时，所指的就是所消费的一切货物和服务的平均价格水平。的确，这个物价水平概念的含义并不是明白确定的。因为我们可以使用不同方法来对各种物价加权。不过这些不同之点，我们在这里可不必过问，因为，只要我们使用货物的消费量作为权数，我们的结论大体上还是正确的，不管指数是用什么方法编制的。

Q 表示所消费的货物和服务的总数量，用它们的价格加权。Q 要看 P 是怎样来确定，因为 PQ 必须等于在讨论中的时期所消费的总数量的货币价值。所以 Q 也包括那些没有参加交换但却具有交换价值的货物和服务的消费量。

方程式左边，即 E(1－S)，表示收入中没储蓄起来的部分，就是说，名义总收入中已经消费的部分。只要储蓄是指收入和消费的差额，无论我们对收入和储蓄下什么定义，都不会影响到这一部分数目的决定。可是，对收入这一概念给予哪一种确定的意义，这对于分析的成功与否是有一定的重要性的。在本文里，我们使用这样一种的收入定义，它虽然不是普通使用的定义，但从理论观点看来，似乎能够提供一定的便利。

3. 关于收入的一个新定义

正像在别的书里比较详尽地说明过的那样，[①]从理论观点看

① 参阅《为纪念古斯塔夫·卡塞尔而作的经济论文》第 399 页和以下各页，以及《瑞典国民收入 1861—1930》第 1 篇第 2 页和以下各页。

来，只有两个完全没有矛盾的关于收入的概念。第一个概念：收入是在一定时期内从各种经济资源陆续得到的服务。第二种概念：收入是从这些资源的资本价值陆续得到的利息，这些资源的资本价值是由时间因素的经济价值产生的。从前者来说，我们必须把那些投在生产资料上未经消费的服务，作为这些生产资料所提供的服务来看待。按照这种见解（费希尔教授坚持这一见解），净收入等于消费。从后者来说，净收入等于消费加上资本价值由于所生利息而发生的净增加。收入的通常概念，是上述两个概念的中间物，它的因素中有的是经济资源所陆续提供的服务，有的是这些资源在价值上的变动。在下面，我们不能使用第一个定义，因为我们要用“储蓄起来的收入”来代替“未经消费的收入”。所以，我们使用第二个定义，按照它的原有形式使用，不加变动。

在这样做的时候，我们面临着收入时期长短的问题。我们可以克服这个困难，如果我们对收入下这样的定义：收入是各个短时期中资本家估计的资本价值所生的利息。至于更长时期的收入，我们可把它作为上述那些短时期中陆续得到的利息的总和来看待。[①] 如果资本在这个时期内提供了服务，那么资本价值的增加只等于上述估计的收入和这种服务的价值的差额。因此，资本价值这样的增加便构成储蓄起来的收入。当资本所提供的服务的价值超过现今利息的价值时，负储蓄或资本损耗便产生了。

资本价值的其他变动，即由于意外事件而产生的资本估定价

---

① 〔必须注意，按照这个见解，收入是在它出现以前的时候计量的，因此，这个见解，把事前估计和事后计算的差异，以及由此而产生的困难，减低到最小的限度。〕

值的变更，都作为损益来解释。按照这里所使用的收入的含义，这些损益不包括在收入范围内。在计算以后各时期的收入时，只把这样变更的资本价值的利息列入计算。①

如果把一个人的收入看做他所有的资本价值在本期所生的利息，而资本价值包括他自己的活动的资本价值，那么，这一定义便可以比较容易地应用到有形资本，这种资本包括土地，但不包括劳动。这个资本价值，必须看做是所有者根据他所预计的资本价值的将来收入能力而估定的价值。由于有了各种不确定因素，在作这种估定时，他必须考虑到所预计的收入将来可能有的变化以及他自己对这些变化的估计。计算资本价值，必须按照当时适用于各个所有者的利息率计算各项预计收入的价值，然后把这些预计价值加在一起。因此，收入等于这样算得的资本价值的短期利息。②

但是，就个人的劳动所得到的收入来说，上述定义和传统的见解有所不同，因为，对这种劳动计算资本价值，这不是通常的做法。一个工厂工人所领到的工资，一般都作为收入来看待，虽然这种工资中一部分是相当于这个工人所代表的资本的摊提额。可是，把

---

① 〔我们把收入看做事前估计的利息，采用这个定义，就不必把那些总损益区分为“收入损益”和“资本损益”。如果问题是关于事后计算的收入及其和事前估计的收入的关系，那么上述区分便成为不可缺少的区分。参阅上面第72—73页。〕

② 我们使用 a_1, a_2, a_3 等来表示一种生产资料在各个将来时期中所可能产生的净总收入（正的或负的）。这种净总收入就是所有者根据所预计的各种可能有的变化而估定的净总收入。此外，我们使用 r_1, r_2, r_3 等来表示对期限超过一个时期以上的放款预期的利息率。所以，从上述生产资料得到的本期收入等于下式：

$$E = r_1\left(\frac{a_1}{1+r_1} + \frac{a_2}{(1+r_1)(1+r_2)} + \frac{a_3}{(1+r_1)(1+r_2)(1+r_3)} + \cdots\cdots\right)$$

相似的论法应用到从劳动得来的收入的分析，不但是可能的，而且从一些观点看来是适当的。[1] 就个别情况来说，使用这个方法所得到的结果，将和使用通常方法所得到的结果有所差异（或是正的差异，或是负的差异）；但就整个社会来说，这些差异倾向于互相抵消。

最后，我们要强调以下一点：我们的定义，对于分析那些决定物价水平变动的因素，并不是不可缺少的。显然，可以借助于其他有关基本概念的定义来分析这个问题。因此，我们结论的实际内容是否正确，并不以是否使用上面对收入所下的定义为转移。

4. 物价水平变动的主要原因

首先，从我们的基本方程式出发，我们可以说，P 的变更必定和 E(1－S)/Q 这一式的变更有关。换句话说，消费品（以及服务）价格水平的变动，是以下述的变动为必要条件的：充作消费用途的名义收入和消费品数量相比，发生了变动。其次，我们要探讨：(1)从稳定价格的观点看来，上述变动中，哪些应该看做主要变动；(2)什么是这些变动的原因。一个主要原因可能直接影响到上面提到的价格决定方程式中的一个因素或一个以上的因素。主要影响后来又产生次要影响。由于上述各个因素是互相接连着的，这些次要影响因此便蔓延到那些先前没有受到主要原因的影响的因素。

在某些情况下，主要原因可能直接引起物价水平的变动。物价水平一发生变动，方程式中的其他因素可能跟着变动，因为这些

① 参阅上面第 58 页。

因素要和新的物价水平相适应。所以，物价水平的变动，和其他因素的变动比起来，是主要的。

在另一些情况下，主要原因可能先影响到方程式中的其他因素，而这些因素的变动可能使物价水平后来发生变动。在这种情况下，我们可以说，物价水平的变动，在性质上是次要的，而且这个变动是由于消费品需求和供应关系的变更所引起的。

5. 完全的预见的假设

如果我们现在假定将来是可以完全预料得到的，那么物价水平的变动将属于上述的第一个范畴。因为，个人对物价将来发展的预测，在一定程度上是产生实际发展的原因；就这一点来说，物价水平的变动乃是主要的变动。方程式中的其他因素和这个对物价水平所预期的发展相适应。

我们现在必须提出这样一个问题：关于物价将来发展的意见，是否必须具有确定的性质，使得它们在一定条件下能成为正确的意见；在将来可以完全预料得到的假设下，能否对物价水平的变动订出一般规律。如果这里所作的简单假设符合事实，那么上述问题的回答必定是否定的。只要物价水平在各个时期的变动大体上可以预料得到，这些变动的形式是无关重要的。因为预期的物价水平的各种变动对经济没有关系，它们既不影响生产因素和消费品的相对价格，也不影响生产的范围和方向。如果各个人都在很早的时间预见到物价水平的变动，那么在订立所有有关将来的合同时可能都计虑到这个预见。如果这些合同是关于交易行为的，而且买卖双方的行为是在同一个将来时间发生的，那么价格就可以比照将来时间的物价水平来决定。(例如,工资合同可以比照一定生活费指数来订立。)如果提供一种服务的时间和偿还报酬的时间有所不同,可考虑当中时间所可能发生的物价水平变动,依照货币价值的变更来改变这个时期的利息。最简单的办法是,按照这时期物价水平升降的百分率,对利息率即在物价水平没有变动条件下的利息率,作相应的提高或减低。(例如,利息率在物价水平没有变动时是五厘,而物价水平在这一年增加百分之二,那么这一年的利息率是七厘。)这种措施不改变各个时期中消费品的供应量,明显地会这样促成各时期对这些消费品的总需求,使得所预期的物价水平变动(包括相对价格的调整)能够实现。[①]

刚才说过,如果人们都能预测物价而且都能完全预料到其他经济情况,那就能凭预测明白确定物价水平的变动。这个说法不能应用到其他经济问题,例如不能应用到一个时期中各个货物的相对价格。为使对一个将来时期中各个相对价格的预测能够应验,这个预测必须满足一定条件,使得它能和一般物价发展相符合。

由此可见,在刚提到的假设下,货币管理机构必须推行一种纯是消极的利息政策。因为,物价发展是主要因素,它是凭一般的预测明白地加以确定的,所以,要使物价体系不陷于紊乱,利息率就

① 参阅下面第301页和《货币政策的目的》第5页的注释。在那里作者曾说:要想把物价水平每年减低百分之二、三以上,来和在不变的物价水平下的利息率相适应,这是不可能做到的。在这里所假设的社会没有保有现金的情况下,上述有意识地减低物价水平的做法并不是不可能的。因为,这里没有什么东西可以阻止负利息率的普遍应用。

必须和这个预期的物价发展相适应。[①] 这样一来，货币管理机构不能通过它的利息政策来直接调节物价水平，但能通过对主要决定因素即一般预测施加影响，来间接调节物价水平。因为，货币管理机构如果着手对物价水平订出一定标准，作为要达到的目的，而社会成员，鉴于货币管理机构必定反对任何和这标准相违背的其他计划，都相信物价水平的实际发展要和这标准相符，那么，对于未来物价水平的预测便将产生一个和货币管理机构所希冀的完全相同的物价发展。在这种情况下，施行货币政策的唯一积极性措施乃是对货币价值订立标准。

6. 不完全的预见的假设

在实际情况下，即在将来不能完全预料得到的情况下，物价水平变动问题变得更为复杂。因为实际情况和上述假定的情况在以下三个方面有所不同：(1)实际的发展或多或少地不同于个人所预期的发展；(2)事物的不确定性影响到人们对于将来的看法，使得他们的预测具有盖然性判断的性质，这种判断即在同一情况下也因人而殊(乐观的看法或悲观的看法)；(3)各个人对同一可能发生的事情的反应是不相同的(由于各个人的品质不相同、经济情况不

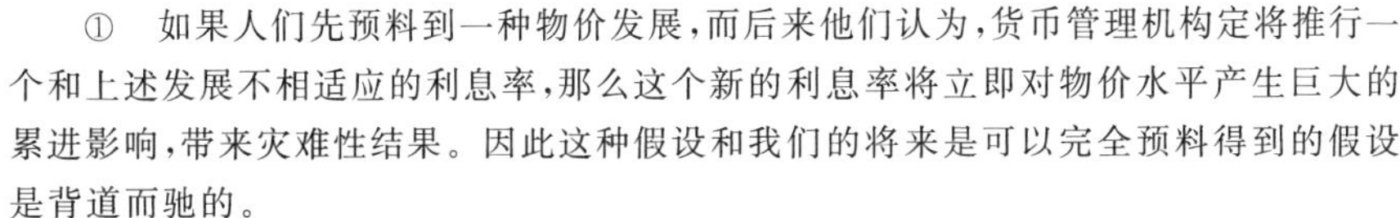

① 如果人们先预料到一种物价发展，而后来他们认为，货币管理机构定将推行一个和上述发展不相适应的利息率，那么这个新的利息率将立即对物价水平产生巨大的累进影响，带来灾难性结果。因此这种假设和我们的将来是可以完全预料得到的假设是背道而驰的。

相同，因此对于风险和机会所作的估计也不相同）。[①]

虽然，由于上述的复杂情况，我们不能够像从前那样，使用一系列联立方程式，把一个动态过程表示出来，但我们可用前一章提到的基本方程式作为出发点。因为，尽管有了那些现实性假设，下面的话还是确实的：物价水平一发生变动，消费品的总需求即E(I—S)和消费品的供应即Q这两者的关系，必定也跟着变动。

现在不可再认为，物价水平的实际发展，归根到底是由个人对这个发展的预测来决定，而方程式中的其他因素都能和预测相适应。正像上面说过的那样，关于将来的看法是具有基于不同的可能性而作的盖然性判断的性质，而且这种判断是因人而殊的。因此，物价的实际发展不像前一个事例那样，主要不是由个人在初期所作的预测来决定、来认识的。这样，我们必须对各种主要变动怎样影响到方程式中的因素这一问题作更深入的研究。

在这些主要原因中，执行货币政策的措施成为一种主要原因。按照我们的基本假设（见第一节），货币管理机构可随意执行完全独立的货币政策，因此它的行动，从决定价格的观点看来，可作为主要原因。现在，由于物价的实际发展不能由个人的预测明白加以确定，不是个人的预测所产生的直接结果，而是许多主要原因联合起作用的结果，所以货币管理机构便有对物价水平施加影响的各种机会。

在这里要加以考虑的其他主要原因，是决定消费品需求、生产

① 关于价格决定这一问题的论著，读者可参阅《资本在物价理论中的地位》那篇论文第338页和以下各页以及缪尔达尔的《价格决定问题和变动因素》。前者只说到上述复杂情况中的第一个情况，而后者说到第二、第三两个情况。

性服务的供应和生产性服务合作结果的函数。这些原因，一半是属于客观的性质，例如人口、天然资源或一般生产力的变更；一半是属于心理的性质，例如个人看法和估计的变更。

可以想象，上述主要原因的一个，可能先使P发生变动，其他因素然后跟着发生变动，以致名义收入中已经消耗去的部分和所消费的东西的交换价值能够保持相等。所以，在分析一个和外界没有来往的社会时，[①]可以想象有一种规定最高和最低价格的立法机关存在着，而由一个行政机构来确保这种法律的施行。或者，可以想象，所有消费品制造者对他们产品的一定价格都取得同意，不管供求关系将起什么变化。因此，首先应将P决定下来，其他因素则自行调整以和P相适应。

但上述情况是例外的情况。一般地说，主要事件在开始时只影响方程式中一个或一个以上的其他因素。如果结果是消费品供求关系发生变动，那么物价水平的变动就是由这些因素的变动所产生的。我们这样说，并不是说P通常是个完全被动的要素。但首先应该注意，由于决定物价这一过程具有惯性的缘故，P倾向于保持原有状态不动；在暂时性变动的假设下，P尤是这样。因此，P倾向于抵抗其他因素对它的影响。这样，主要事件对P影响的力量就被削弱了。其次，应该记住，P发生变动，其他因素往往也发生变动。后者的变动，在方向上有的时候和原来的变动是相同的，有的时候是相反的。这些次要影响使P发生新的变动，这种新的

---

① 我们现在的商讨是基于这个假设。在实际情况下，一个国家有各种国际关系，它的物价水平和外国的物价水平是千丝万缕地联系着的。那些一开始就对P产生影响的事件的例子，不胜枚举。

变动又对其他因素产生影响。如果上述的次要影响和原来的影响具有相同的方向，那么变动便是累进的变动。如果次要影响和原来影响具有相反的方向，那么变动倾向于逐渐衰弱，一直到均衡达到为止。但这些决定价格因素的相互关系，并不否定以下一个一般规律的正确性。这个一般规律是：P 的变动通常可看做是由其他因素的变动产生的结果。

7. 主要原因怎样影响收入、储蓄和消费品数量

基于上述，我们必须更深入地研究主要原因怎样影响到以下这些因素：名义收入、储蓄和消费品供应量。

(1) 在那些影响到名义总收入(E)的货币措施中，我们首先应该注意货币管理机构厘定银行信贷利息率这一措施。因为这种利息率，对个人计算个人收入所根据的利息率是极其重要的。长期利息率对计算资本价值是重要的，而短期利息率决定各时期中资本价值的收入。当各种利息率变动的方向是一致的时候，这种变动对收入的影响倾向于相互抵消。例如，如果利息率降低，资本价值便增高，但它对这时期收入的影响又给下列事实所抵消。这个事实是：较高的资本价值是按照较低的利息率来计算的。[1] 货币管理机构所厘定的利息率，可能包括各种不同的利息率。例如，货币管理机构可按照放款或存款期间的长短，或按照担保品的种类和借款的用途厘定不同的利息率。对信贷便利作出各种规定这一整个过程，就它作为个人计算收入时所要使用的利息率的一个决

---

① 在下一章(特别是第二节)，我们将再说到利息率变动对各种收入影响的问题。

定因素来说，是很重要的。最后，应当注意，在实际社会里，货币管理机构关于它的计划所作的宣告，影响个人对将来的看法，因而也影响他们对收入所作的计算。

一个社会在一定时期里的名义总收入要看上述货币措施、资产数量（我们这里所说的资产是指一切生产因素即天然资源、已经制造出来的生产资料和个别的人）以及那些影响到生产和个人预测、估计的条件而定。应该特别强调以下一点：收入的变更可能完全是由于个人对将来生产力和物价的看法有所改变而产生的。对于风险和变动的估计有所改变，就会影响资本价值，因而也影响名义收入。

（2）储蓄和收入的比例，即社会收入在一定时期中在消费和储蓄之间的分配，可能和货币措施也有直接关系，而且是看货币措施而定的。利息率的变更可能对各人收入中所储蓄的数目有不同的影响，但这种不同的影响并不一定互相抵消。在下面，我们将从这假设出发（这假设到现在还没满意地证明过）：利息率增高，净储蓄总额倾向于跟着增加；利息率降低，净储蓄总额倾向于跟着减低，但这个规律可能有例外。除上述主要影响外，利息率的变更，可能通过其他经济因素的变更，特别是收入分配的变更，也对储蓄产生次要的影响。应该注意，这些次要影响所起的作用可能和主要影响所起的作用相反，以致利息率改变所产生的最后结果和上述有所不同。此外，各种利息率的差异和储蓄额也有关系。应该特别注意，有关放款担保品的规定，可能使获得借款的可能性受到限制，以致在一定情况下，某些想把他们资本所生利息全部花掉的人，由于得不到借款，不能够这样做，而必须把一定部分的利息收入储蓄起来，让利息增加到资本中去①（这种储蓄可以叫做“强迫储蓄”②）。最后，应该补充说，货币管理机构（和政府合作），能够通过金融政策对社会的总储蓄额施加影响。

在那些影响到储蓄但不是货币性质的主要原因中，我们应该注意以下两个主要原因：国民收入在数额上和分配上的变更；个人对现在和将来相对情况看法的改变。后者部分地决定于个人对性质相类似的现在需要和将来需要所作的评价，部分地决定于个人对将来提供这些需要的可能性的看法。在这里，我们不需要更细密地研究不同情况下的不同储蓄。我们只要注意，按照我们对收入和储蓄所下的定义，在某些情况下我们应该把通常看做已经消费掉的收入，类别为负储蓄，即资本消耗。

(3) 最后，一定时期中出售的**消费品**数量即 Q（这种消费总量部分地决定于这个时期的生产量、部分地决定于这个时期存货量的变更），也可能直接受到货币政策的影响。利息率的变更直接影响到出售的消费品，因为它使这些货物的存量有所变更，而且最终使这些货物的生产有所调整，来保持现在产量和将来产量的平衡。短期利息率减低，存货量立即跟着增加，因为利息率减低，贮存货物所需要的利息费用也跟着减低。这样就使出售的消费品减少。相反的，利息率增加，存货量便减少，而出售的消费品便增多。生

---

① 例如，一个新林场，它的树木要在遥远的将来才砍伐，其所有者有权利认为他现在是从树木资本价值获得收入的人。这一种收入表现在树木的资本价值由于产生利息而增长着。可是，如果他不能够以他的树木财产作为担保品借到款项，因此没有可以花费的资金，那么他就不能消费上述收入，必须把它储蓄起来。

② 当然，这个名词在这里的意义，并不是它的通常的意义。

产的调整是由于生产资料价格和消费资料价格这两者关系的改变而引起，而这种关系的改变则因长期利息率的变更而产生。这种改变了的价格关系是改变了的利息率的直接结果，但改变了价格关系所引起的生产调整，由于阻力的缘故，只能逐渐产生效果。所以，长期利息率减低，资本价值便增高，而生产因素就移转到生产资料制造业，其结果，消费品的供应量便减少（一直到新的生产资料制造完成能够生产消费品，到这时候，消费品的供应量又再增加）。由此可见，利息率变动对出售的消费品的影响，都是在同一方向起着作用，不管是直接通过存货量对出售的货物施加影响或是通过调整生产逐渐地对出售的货物施加影响。

但是，由于其他原因，消费品的产量和存量，当然也会发生变化。特别值得注意的是由于生产情况而引起的生产量的变更。在这种情况下，个人的看法也是很重要的。因此，人们如果认为物价水平将发生一定变化，这就对消费资料存量以及资本主义生产方向产生影响，而且这种影响又是在同一方向起作用。如果人们普遍认为物价水平将要增高，这往往会引起消费资料存量的增加，和资本主义生产方法更广泛的采用，而且由于这两个原因，消费资料的数量便将减低。

如果每一个主要原因只影响到 E(I－S)Q 这一代数式里的一个因素，而其他因素却受不到影响，那么我们就能很简单地作出对物价水平变动的分析。但从上面所说，我们可以看出，货币政策以及其他主要事件都会立刻或在过了一些时间以后影响到上述因素中的几个因素，而且往往影响到所有上述因素。有的时候，E(I－S)这一式的变动和 Q 的变动在方向上是相同的。在这种情况下，对物价水平的各个影响，在一定程度上会互相抵消。在另一些情况下，各个变动的方向可能是相反的，而且它们对物价水平的影响可能是累进的影响。这样，因果的关系变得更复杂。为了弄明白各个因素对物价水平的最后影响，我们必须作更深入的分析。

8. 分析中所采用的方法

如果分析只限于一个时期，那就不能对那些影响到物价水平的因素作出令人满意的分析。因为，利息率变动的最重要效果，要经过相当长的时间以后才呈现出来。所以，要描述利息率变动的影响，我们只能从研究整个动态过程入手。说得更正确些，我们只能从比较在其他情况相同而利息率不相同的状态下发生的各种不同过程入手。

要把上述分析弄得简单，我们就必须进一步假定：在我们观察的时期中，其他变动没有发生。可把一个静止的均衡，即利息率使物价保持不变的状态，作为出发点，这样就能最简单地满足上述假设的条件。如果我们假定利息率在这种状态下发生变动，那么这种变动往往会引起一个动态过程。

为了分析这个动态过程，我们假定它可以区分为若干很短的时期，使我们可以认为那些直接影响到物价的因素，以及物价本身，在各个时期都是不变的。因此我们假定，所有上述变动都是在各个时期的转折点发生的。所以物价的发展可作为一系列物价形态来表示的。

我们进一步假定：在上述的每一个短时期中，人们对这时期的物价状态都有充分的认识；关于供求方面的一举一动，他们都是根据物价状态来决定的。这种物价状态和他们的举动因此是一致的。所以，就这时期供求保持平衡的意义来说，上述物价状态将是均衡状态。

这样一来，物价的形成可用对每一个时期都适用的一系列方程式来表示。[①] 各个时期中各种物价的变动和物价水平的变动，将看决定物价的因素是怎样变动的而定。我们假定，这种变动是在各个时期的转折点发生的。[②]

由于说明一定动态过程中的全部物价情况，需要有很大的篇幅，所以我们下面的讨论只限于几个典型情况。那些决定上述情况下的物价的条件，作为存在着选定的典型情况的中间时间所产生的过程的结果加以说明。我们一般都使用一些可以替换使用的基本假设来说明上述各种典型情况。变动的后果不能够明白地确定下来，因为变动的后果要看原始情况的性质以及个人对不同情况的反应而定。一方面为要使我们的说明不限于特殊性假设，另一方面为要使我们的说明不致由于使用笼统的假设而削弱它的作用，我们使用一些可以替换使用的假设，把我们的阐述弄得更明确些。

① 上面已经说过，在这里（和将来是完全可以预料得到的情况比较起来），要把对每一个时期都适用的各种方程式合并为一个有系统的整体，那是比较困难的。由于在某些情况下发生的变动，只能作为可能发生的变动来作预测，所以对每一个时期，我们必须作出一系列新的方程式。

② 在上面提到的一篇有关价格决定问题的论文里，我曾企图使用这个方法求论述在动态假设下的价格决定问题。读者可参阅下面第 263 页和以下各页以及第 281 页和以下各页。

第二章 由于降低或提高利息率而产生的累进过程

1. 关于降低利息率的一般假设

货币管理机构对物价水平施加影响所使用的最重要手段，乃是对银行放款和存款厘定利息率。利息率政策可能包括两个方面：调整一般利息率，把它提高或把它降低；对各种存款放款厘定有差别的利息率。在下面，我们将对每一个这种政策各别地作出分析。

利息率水平和物价的关系因此成为本章讨论的对象，至于对各种放款存款如何厘定有差别的利息率的问题，我们暂不讨论。我们不妨假定，同一的利息率适用于长期和短期放款，也适用于放款与存款——但对于风险大小不同的放款采用不同的利息率。为使短期放款利息率和长期放款利息率一致，我们必须假定，货币管理机构既贷放长短期信用，又借入长短期信用，例如，买卖债券。对存款和不具有风险因素的放款采用同一的利息率，其结果是：货币管理机构，从它作为信贷机构的业务方面得不到收入。管理费用因此必须用政府所拨的经费来开支。[①] 我们假定：信用的贷放完全自由，不受到什么限制；所有信贷的条件都相同，而且这些条件并不随着利息率的变更而改变。所以，利息率将是决定信用贷

① 读者会记得，按照第 1 章第 1 节所提到的一般假设，社会没保有现金，因此货币管理机构，从流通中的银行钞票，得不到具有利息性质的收入。

放范围的唯一因素。

让我们先研究这样一个静止均衡，它本来可以持久，但由于利息率突然降低而发生变动。跟着利息率降低而来的发展的过程，要看我们对社会的生产组织和企业家的预期作出怎样的假设而定。在第二节到第五节里，我们将假定，在开始的时候，一切资源都充分加以利用，而且所有的人都认为，消费品那时候的价格将继续不变。如果在一个时期中价格发生变动，这些新价格会继续到另一个时期。在第六节和以下各节里，我们不使用上述假设。

我们可把由于利息率降低而产生的发展的过程区分为三个阶段。通过使用不同的假设，我们便得到这些阶段可能有的形态。

2. 直接结果

降低利息率的直接结果，是所有资本价值的增加。当然，在时期比较长的投资方面资本价值的增加，在比例上是大于时期比较短的投资。由于在计算这种资本价值的净收入时使用较低的利息率，所以名义总收入（为了把论点弄得简单，我们在这里把名义总收入和广义的净收入看做相等）比较低一些。[①]

---

① 如果我们假定所有将来时期的利息率都相同，那么本书第 119 页注中所列举的方程式将变成以下的形式：

$$E=r\left(\frac{a_1}{1+r}+\frac{a_2}{(1+r)^2}+\cdots\cdots+\frac{a_n}{(1+r)^n}\right)$$

从这个方程式出发，在其他因素不变的条件下，我们可把利息率变更和总收入变更之间的关系叙述出来。

E 是各个项目的总和。r 一变更，这些项目就会循不同的方向起变化。$r\frac{a_t}{(1+r)^t}$ 是指任何一个将来时期的总项目，这个将来时期和现在的距离用 t 来表示。（接下页）

同时，收入的再分配也将发生，这种再分配有利于借款者，但不利于出借人(至于按长期贷款贷出的旧的借款，不包括在考虑的范围内)。虽然由于利息率降低的直接结果，储蓄可能会减少，但有利于负有债务的企业家的收入再分配，将生产相反的影响。因此我们很难说，净储蓄会不会增加。这样一来，如果降低利息率的影响仅仅限于我们在上面所提到的一些影响，那么对消费品价格水平的唯一影响将是使这个水平倾向于稍微降低。

但是，各种投资获得利润的可能性的改变，将产生以下一个趋向：存货量倾向于增加，而生产倾向于转向较长时期的投资方面。要进一步研究这个发展，就得作出一些可以替换使用的假设。

3. 进一步的发展：假设甲，即关于充分运用资源和固定投资期限的假设

我们可先假定，由于技术上的原因，生产资料的存量不能增加，同时生产资料的产量也不能增加。如果投资期限是那么固定，

(接上页)这是很明显的：如果 t 是小于 $\left(\frac{1}{r}+1\right)$，上述总项目和利息率将循相同的方向起变化；如果 t 是大于 $\left(\frac{1}{r}+1\right)$，这总项目和利息率将循相反的方向起变化。所以，E 和 r 是循相同的方向变化着，如果在 t 从小于 $\left(\frac{1}{r}+1\right)$ 的价值变成大于 $\left(\frac{1}{r}+1\right)$ 的价值的这一项目之前的正项目和在它之后的负项目，合在一起跟其他项目相比是相当大的项目。在相反的假设下，E 和 r 将循相反的方向起变化。

如果所有的 a 都相等，我们可概括地说：收入和利息率循相同的方向起变化，但它和利息率变更的比例，在 n 增大时是小于 1 而且接近于 0。如果 a 是永久性生产资料($n \longrightarrow \infty$)所得到的永久性利得，那么收入和利息率的变更将没有什么关系。

以致在生产过程中不能够把生产因素从消费资料制造业移转到生产资料制造业，而且没有未经使用的资源可借以增加生产性服务，那么，在这种情况下，上述假设后一部分的条件便具备了。

在这些假设下，上述两个类型产业的生产情况和从前是一样的，尽管由于利息率降低，生产资料的价格有所增加。生产资料制造业的企业家将努力增加他们的活动，但这种活动的结果只使这些产业所使用的生产因素的价格有所增加。这种增加将继续下去，一直到这些产业的企业家从较高的产品价值和较低的利息费用所得到的好处完全被抵消为止(读者会记得，我们假定，即在消费资料和生产资料的相对价格改变了以后，新的价格还会继续下去)。总之，收入的增加，从前主要影响到那些负有债务的企业家，现在在一定程度上也影响到生产资料制造业的工人和其他生产因素所有者。另一方面，在消费资料制造业里，从较低的利息费用所得到的好处，却给这些产业现在对生产资料必须给付较高的代价所抵消。它们因此无法增加生产因素的价格。在这种情况下，企业家和生产因素所有者将感到他们的情况大体上并没有改变。

但社会的名义总收入，正和第一时期一样，将稍稍降低，因为，生产资料产业中生产因素所有者收入的提高抵消不了出借者收入的降低。显然，这种情况，除以下一点外，和第一时期的情况很相似。这一点是，工人收入的增加是一种倾向于产生负储蓄的力量(因为按照我们的假设，在开始的时候没有净储蓄)。如果我们假定，负储蓄和减少了的名义总收入能相互抵消，那么消费品的总需求不会发生变化，而且由于消费品的供应和从前一样，我们可以假定，消费品的价格水平并没有变更。

我们构想了上述那样非常不自然的情况，其目的在于说明这一点：在这里所提到的假设下，利息率的降低，并不一定会引起物价的增高。除非消费品的供应量减少，或者消费品的需求增加，否则上述的物价增高不会发生。消费品需求的增加，是由总收入的增加所产生的，而总收入的增加是由一般对物价上涨的预期或储蓄的减少所产生的。在我们所考虑的情况下，储蓄可能从零降到负的数目，但这种减少可能由总收入同时的减少所抵消。

强调这一点也许是必要的，因为在魏克赛尔首先提出的关于放款利息率和物价水平之间的关系的分析里，这一点并没有加以充分的重视。当他着手说明他的过低或过高放款利息率产生一个累进过程的学说时，他使用了一个基于和本节相同的简单假设的数字实例。[①] 但上面的分析表明，在研究放款利息率和物价水平的

① 参阅《利息和物价》，第 136 页和以下各页。在所考虑的情况下，魏克赛尔假定：在开始时，形态是静止的；生产过程持续一年，这个过程，由于技术条件的限制，不能延长或缩短；所有生产因素都充分地加以利用；人们预料，在每一个时期中确定下来的物价，将继续到未来的时期，不会改变，等等。

〔一个会在这社会里发生的累进过程，可简单地叙述如下。在一个时期开始时所预期的这个时期末的生产量，由于某种原因，在一定程度上增加了。由于企业家计虑到稳定的价格，他们就会对生产因素付出更高的代价，而且他们相互竞争，在他们从银行得到的借款有所增加的时候，他们不得不相应地对生产因素付出更高的代价。这样，专供满足消费品需求的货币总收入，即在增加的产品还没到达市场以前就增大了。其结果，物价增高，企业家得到相应的利得。所有这一切都可以假定是在第一时期开始时发生的。在第二时期开始时，增加的消费品在市场出售。可是，生产因素的代价却同时增高了，因为企业家在对第二时期作计算时，都是根据第一时期所已经达到的价格来计算的。所以，第二时期货币总收入是等于按新价格计算的第一时期产品的价值。因此，在目前的价格下，需求和供应可能达到平衡。但静止形态还不可能达到，因为企业家将在第二个时期中把第一时期的利得花费掉。这样，按第一时期价格计算，以货币表示的消费品需求将超过所有出售的消费品价值，其结果，在第二时期开始时，物价水平将有新的增高，企业家将得到新的利得，上述过程因此可以无限期地继续下去。〕

关系时，上述简单的假设并不是一个很好的出发点。如果我们认为一个社会的投资期限是固定的，并且假定这个社会的储蓄额没有伸缩性，不能随着利息率的升降而增减，那么我们就必须下这样的结论：要把和放款利息率没有关系的自然利息率或真正利息率确定下来，那是不可能做到的。不论这个社会对放款订出怎样的利息率，工资和其他生产因素的价格都会和这利息率相适应，其结果，静止形态能够保持下来，如果我们不顾这一事实：意料不到的变动，在一定条件下，可能破坏这种均衡状态。因此，放款利息率的绝对高度，对决定产品在资本家和生产因素所有者之间的分配是极其重要的。但它对一般物价水平的变动未必有影响。

〔事实上，魏克赛尔在这方面所考虑到的情况，对说明和他所想到的恰恰相反的事实，倒是很重要的。这个事实是，和利息率比较没有关系的累进过程可能发生。这种过程将要发生，如果以下条件得到满足：第一，意料不到的变动使一些企业家得到利益（或蒙受损失）；第二，这个利益增加下一个时期的消费者需求，使这些企业家在下一个时期中获得新的利益。于是这种利益又转到再下一个时期去，等等。[①] 但在一般地分析降低放款利息率的影响时，

①〔哈马舍尔德博士曾对这种累进过程做了分析（读者可参阅《经济变动的蔓延》，登载在1933年第29期的《施政方针公报》，读者可特别参阅第19页和以下各页）。这位作家在论述动态过程时所采用的一般方法暗示以下一点：在消费品需求作为总购买力和总储蓄的差额来计算时，一个时期的损益便归并到下一个时期的收入来计算。当然，他所使用的“储蓄”一词的含义，和本书所用的含义有所不同（他所用的这一名词的意义和罗伯逊教授所用的意义更相符合。参阅伦德堡：《经济扩展理论的研究》，第77页和以下各页）。在这几页里，他对哈马舍尔德的理论研究做了简短的叙述。〕

可无须作出这两个假设，甚至不应该作出这样的假设。我们在这一方面所作的假设，和魏克赛尔所作的假设，在性质上是不相同的。这一点足以说明，我们的分析和魏克赛尔的分析不是一致的。①〕

当然，当人们适当地考虑到利息率对资本主义性质的生产过程的影响时，他们就会感到，上面对魏克赛尔分析的一部分所作的批评，并不减低他的学说在更切合现实的假设下的价值。魏克赛尔自己在他早期著作里就已经感到这个因素对他的物价累进变动学说的重要性，在他的后期著作里他更感到这种重要性。② 以下的

①〔虽然魏克赛尔分析的是在放款利息率不变的条件下生产力增加的情况，但我们却很容易对上面所讨论的情况作出类似的分析，这种情况就是放款利息率假定降低而生产力却没有改变。在这种情况下，如果生产因素的收入是预先付给的，而资本家的收入是在期末才付给的，那么，首先得到利益的乃是企业家。所以放款利息率在一个时期开始时降低的结果是：这个时期中对于消费品的总需求，相当于资本家从前一个时期所得的（不变的）收入以及生产因素在这个时期所得的（刚刚增加的）收入的总和。因此，这两种收入变更在时间上的不一致，就是总需求增加的一个条件。总需求的增加便产生利得。在我们的分析里，我们假定，这两种收入变更的时间是一致的。〕

②〔在他的《讲演集》第2卷第194页和以下各页中，魏克赛尔叙述了放款利息率降低到正常利息率以下的影响。他的分析简单扼要到令人羡慕的程度，没有人能够像他那样简明地作出分析。我们也许可以在这里引录几个重要段节如下："如果银行贷出款项的利息率，比上面提到的正常利息率低得多，首先，储蓄将受到阻抑，而且，由于这个原因，社会对现今消费的货物和服务的需求便将增加。其次，企业家将比从前有更多的获得利润的机会，而且生产资料产业对原料、劳动和土地的需求因此增加起来，所增加的数额等于前此因受高利率的影响而不能增加的数额。由于工人、地主、原料所有者等等的收入都有增加（至于企业家的额外利润，我们在这里无须加以考虑，因为这种利润，要到将来才会发生，而且在那时候大体上等于银行存款者所得到的利息比以前减少的数目），所以消费品的价格，也开始增高。因为，从前在消费资料制造方面可加以利用的生产因素，现在都转移到生产资料制造业方面，所以消费品的价格涨得更高。市场对货物和服务的需求的均衡因此被打乱了。需求在两方面增加，而（接下页）

阐述，因此和魏克赛尔的见解是完全吻合的。

4. 假设乙，即关于充分运用资源和不固定投资期限的假设

我们现在可放弃关于生产组织在技术上不能伸缩的假设，而保留关于充分运用资源的假设。在这种情况下，降低利息率，一方面将使存货量增加，另一方面将使生产朝向更大的资本主义性质的生产方面。这些干扰作用的结果有如下述：

首先，较低的利息率所引起的存货量的增加将使消费品的供应量暂时减少（即使人们认为目前的价格将继续下去）。假定生产组织暂时没有变更，那么这样减低了的供应量，将使消费品价格水平在存货量正在增加的时期中增高起来，而且消费品价格后来将停留在这个较高的水平。在存货量的变更业经完成以后，消费品的供应量又恢复到原始的水平，而货币收入（后来发展的货币收入）可假定能够逐渐地和较高的物价水平相适应。如果收入中储蓄起来的部分没有改变，那么，对于消费品的总需求，在较高的物价水平下可能和供应相等。在这种情况下，便不会发生不平衡。

（接上页）供应却保持原量，甚或减少，这必定会使工资、租金和价格增加……人们根据这些新的价格判断将来。企业家到目前为止所以能够对工人、原料所有者等等出更高的价，只是因为他们能够以较低的利息率借到款项。即使银行放款利息率增加到从前的正常水平，他们也能够出同样的高价，其原因是他们有理由可以预期他们货物的价格（或是租金或是运费）将同样增加。如果银行所采用的利息率仍然很低，它又将给企业家获得额外利润的机会。这种诱惑力所引起的企业家之间的竞争，直接促使劳动和原料价格进一步增高，间接促使消费品价格进一步增高，等等。”〕

如果降低利息率对消费品供应的影响仅限于存货量的增加，其结果只是物价水平非循环性的、非累进性的增高。

但更重要的是变更生产安排，就是延长投资期限。由于利息较低，延长投资期限是有利的。生产因素将从直接生产消费品的产业移转到生产资料制造业中去，因为生产资料价格，和消费资料价格比较起来是增加了。并且，在生产资料制造业里，新制造的设备将比旧的设备更为耐久，而生产过程所经历的时间也变得更长。这种改变将怎样影响最初阶段的货币总收入，那是很难说的。但是，一个无可争辩的结果是，消费品的供应量将陆续减低。如果消费品的总需求没有相应减低，消费品供应量的减低，必定很快就使消费品价格水平增高。由于我们没有理由假定消费品总需求将要减低（其实，更可能发生的似乎是消费品总需求的增高，因为现在有较多货币收入的工人把收入储蓄起来的数目是有限的），消费品价格的增加看来是无法避免的。

在消费品的现行价格可望继续到将来的假设下（我们以后将放弃这一假设），消费品价格上涨的直接结果，将是生产资料价格的上涨，因为资本价值部分地是根据预期的消费品价格来决定的。资本价值的增大（由于生产资料生产增多而引起的价格趋于下降的倾向，会稍稍延缓资本价值的增大，但不会使资本价值减低），将使这些行业中生产因素所有者的收入有相应的增加。名义总收入因此将增加，所增加的程度等于消费品价格增加的程度。但是，增加的收入不是在整个社会中平衡地分配着，而是借款的企业家得这项收入中最大的部分。这些企业家从资本家（资本出借者）的损失得到额外利润，因为资本家的收入跟从前一样没有增加。由于收入的这样的增加(我们不能假定储蓄的增加会抵消收入的增加)会使消费品的需求有所增加、而消费品的供应量不但没有比从前大而且还比从前小,消费品的价格因此必将进一步上升。这时候,收入将有新的增加,而收入的增加又将使消费品价格重新上涨,等等。所以在上述假设下,我们说,降低利息率会引起一个累进的物价上涨过程,我们这样说是正确的。[①]

如果正在增高的资本价值和消费资料价格的作用与反作用是在同时发生的,那么,消费资料方面初次出现的供求不平衡一经发动了上述过程,物价就扶摇直上。

在更切合实际的假设下,降低利息率只会导致物价逐渐增高,

① 参阅黑克歇尔:《异常低的利息率的影响》,《经济杂志》,1921年第12期第49页和以下各页。此文在某种简单假设下对这个过程所作的叙述大致如下:假定降低利息率的直接结果是,生产资料价格增加一倍,而消费资料价格却没有改变。生产力因此将从消费资料制造业移转到生产资料制造业中去。这样移转的结果,生产资料价格将比从前降低,而消费资料价格却将增高。"这种情况将继续下去,一直到生产组织做了这样的调整,使得生产资料价格和消费资料价格又保持平衡。当人们适当考虑到对生产资料的需求由于信贷额增多或利息率降低而变得比从前大,完成了对生产机构的调整时,上述平衡便将实现"(同书第52页)。按照这个见解,降低利息率会导致生产资料价格和消费资料价格的增加,但这种过程并不是累进的过程,而是这样的过程:生产资料价格,过了相当时间,甚至趋于下降(小的下降)(至于降低利息率可能减低人们对储蓄的热忱,我们在这里可置诸不问)。如果要这个分析做得正确,那就必须假定,生产资料价格的决定,不受到较高的消费资料价格的影响。这样,生产资料价格必须根据这一期望来决定:当生产资料在将来转变为消费资料的时候,其价格将停留在利息率还没降低以前的水平,或将降低到水平以下。黑克歇尔没有说,这一个也许只对特殊情况可适用的假设,是他的理论的根据。不用这个假设,那就必须像上面正文所说那样来叙述这个过程。即使认为,生产资料供应量的增加可能使生产资料的价格和它在利息率刚降低时所达到的高水平相比一时有所降低,物价的变动却很快又改变方向。物价一经根据消费品较高价格重新计算,上面正文所说的累进过程便充分开动起来。

至少在初期是这样。这是因为正在增高的资本价值和消费资料价格的作用与反作用不在同时发生,资本价值的增加因此不立即引起消费资料价格相应的增加。由于工资是比较固定的,工人对消费品需要的增加只是缓慢的增加。并且,可以假定,收入增加最多的企业家,将把大部分收入节约下来,投在那些现在变得有利的产业上。相反的,只要消费资料价格的增加不只是临时性增加,消费资料价格的增加将比较直接地引起资本价值的增加。以此之故,消费资料价格曲线将落后于生产资料价格曲线,而物价上升的总过程,将是一个比较和缓的过程,正像我们刚才说过的那样。

5. 假设乙(续),即关于储蓄适应于投资的假设

为使生产更具有资本主义的性质而作的储蓄,人们叫做“强迫储蓄”。从整个社会的观点看来,这个说法含有以下的真理:利息率降低所造成的生产因素重新分配的结果,必须对消费作相应的限制。但从个人的观点看来,储蓄大抵是出于自愿的。在货币经济制度下,每一个人对他的收入要花费多少就可花费多少;唯一的限制乃是他的信用地位。只在他由于得不到信贷而节制消费的条件下,从个人的观点看来,才可说到“强迫储蓄”。[①]

这是个还没有十分满意地讨论过的问题。一般认为会减少(出于自愿的)储蓄的放款利息率的降低,怎能反使总储蓄增加呢?

这个问题的解答似乎是:虽然在收入分配没有变更的条件下,降低利息率可能减弱储蓄的热忱,但降低利息率使收入来一个这

① 参阅上面第 1 章第 7 节。

样的重新分配，使得比较喜欢储蓄的人收入增加，而比较不喜欢储蓄的人收入减少。可以假定，资本出借者不大喜欢储蓄，因为他们保有永久性的收入。这些资本出借者实际收入降低，一半因为利息率降低，一半因为物价上升，他们收入的实际价值减低了。连工人从国民收入中所得到的部分也减少了，工人收入较少，因此不能储蓄很多。另一方面，企业家的收入增多了，他们有强烈的动机，把增加的收入用来扩大生产资料的投资。因此，企业家从社会其他阶层的损失得到的收入，在这种情况下将储蓄得比在其他情况下所储蓄的更多。所以，收入分配的改变，使总储蓄增加到这样的程度，以致它不仅仅抵消由于较低的放款利息率而产生的储蓄的减低。

如果我们对上面提到的资本家名义收入的减少不加考虑，那么收入分配的变更便不是降低利息率的主要结果。收入分配的变更大体上是次要结果，因为这种变更是较低的利息率所引起的物价上涨的直接结果。物价水平增高，所有根据合同得到报酬的人的实际收入便降低了(这里所说的合同仅指那些不是根据物价指数规定收入的合同)，这样就使其他收入所得者能从物价的增高得到好处。这种物价水平变动的程度足够使收入的分配发生这样的变化，以致社会的总储蓄等于有形投资的价值。至于有形投资的多少，这主要是由利息率来决定的。

如果货币政策是独立的，那么储蓄额直接决定有形投资额的通常说法，严格地说，并不是十分正确的。要说明因果关系，我们应该说，利息率决定生产资料和消费资料价格的关系，使得生产资料的生产在一定程度上是有利的。这样，所需要的储蓄便将发生

（大部分的储蓄是出于自愿的储蓄），而因果关系中的原因要素将是由于物价水平的变更而产生的收入分配的变更。[①]

〔如果我们放弃了在每一个时期中临时性均衡都会达到的假设（正像第一章第八节所指出的那样，这个假设是这里所使用的研究方法的基础），而把动态过程看做是由一系列不均衡组成的，那么上面的分析必须修改如下：由于利息率降低的结果，计划投资在一些时期将超过计划储蓄。这意味着（正像第一篇所指出的那样），货物和服务的实际需求将超过预期的需求，其结果，企业家的收入，按照事后计算，将超过他们预期的收入。这种额外收入乃是这样一个时期的“无意的”储蓄（对“无意的储蓄”使用“强迫储蓄”这一名词，似乎不甚确切）。由于需求增加而事后计算的收入和储蓄跟着增加的结果，我们可假定，物价将增高，而且企业家对下一个时期预期的收入将达到更高的水平。收入增加的期望因此将构成后一个时期（和前一个时期相比）计划储蓄增加的基础。如果这个时期的计划储蓄也不够满足投资者的要求，那么所缺少的资金和从前一样，也是从新的“无意的”储蓄中取得的。在以后的时期中，预期的收入和计划的储蓄又将增加。上述的过程因此将继续下去。所以，按照这个分析方法，收入的重新分配也将使出于自愿的储蓄有所增加。以此之故，上面的分析，和使用更切合实际的方法所得到的结果是完全吻合的。事实上，从第一个方法过渡到第二个方法，似乎不是很困难的，因而使用事前分析、事后分析的字

① 当然，上述物价从一个时期到另一个时期的转变是必要的，如果物价正像上面的假设那样，在每一个短时期内都保持均衡状态，以致消费品的需求和供应在个别情况下和在一切情况下完全相称。

眼来作解释，看来也不是很困难的〕。

6. 假设丙，即关于未经使用的资源可供利用的假设

我们现在放弃这个假设：在开始时没有未经使用的生产因素。如果我们把纯粹心理因素置诸不问，即使有未经使用的资源可供利用，要使物价普遍增高，还需要扩大生产资料的生产。但和假设甲的情况相反，这样扩大生产资料的生产，并不需要相应地限制消费资料的生产。

我们可用社会存在着未经使用的劳动这一情况来说明这一点。作为出发点，假定我们社会存在着未经雇用的工人，就是说，在当前的工资下，劳工的供应超过企业家的需求。

(a) 如果仅仅消费资料制造业有了上述工人未经雇用的现象，而且由于技术上的原因，生产因素不能够移转到较长时期的投资，那么，除非心理因素使物价上升，否则过程的发展和上面第三节所提示的是一样的。利息率降低的结果将是总收入的重新分配，而不是总收入的增加，因为生产资料制造业中的生产因素无法增加。对于消费资料的需求，就整个来说，也不会增大，如果储蓄的情况没有改变。消费资料的价格既没有增加，消费资料制造业的企业家增加工人的动机便不存在。这样，除生产资料和消费资料相对价格的变更引起若干干扰作用外，未经雇用的工人人数不会减少，而生产会像从前那样继续下去。

但是，如果生产资料制造业有了未经使用的生产因素，而生产资源可从消费资料制造业调到生产资料制造业，那就可能扩大生产资料的生产。在这两种情况下，一个和上面第四节多少有所不

同的过程就要发生。至于不同的程度，那要看我们所作的假设是怎样而定。

(b) 如果像上例那样我们首先假定，生产因素不能够在各生产部门之间调来调去，只生产资料制造业存在着未经雇用的劳动，那么，生产资料价格增高，未雇用的工人人数便减少。这样，社会的名义总收入便增加，消费资料的需求和价格也相应增加，因为，按我们的假设，消费资料的供应量没有改变。[①]

物价是比第四节所说的涨得更快或是涨得更慢，这要看我们假设是怎样。按照这里的假设，消费资料数量没有减少，这种情况向我们提示，物价的上涨将比在前一个假设下来得慢。但是，必须记住，收入的增加将比在前一个假设下来得快，因为使用未经雇用的工人来增加生产资料的生产，是比从消费资料制造业调动工人增加生产资料的生产来得容易。

这个过程将继续下去，一直到生产资料制造业中所有未经使用的资源都充分加以利用为止。在资源充分加以利用以后，上面所说的均衡便可产生。

(c) 如果我们保留生产因素不能在生产资料制造业和消费资料制造业之间调来调去这一假设，但同时假定这两种制造业都有未经使用的资源可供利用，那么，其结果将是收入的增加和跟着而来的消费资料需求的增加，以及消费资料生产的增加。在一定假

① 上面所述，对于失业工人救济金在失业工人找到职业以后便将减少的情况也可适用。即使过去用来救济失业工人的款项，现在都全部投在证券上面，消费资料的总需求也会增加。因为，在工资是高于救济金的前提下，我们可假定，已经找到工作的工人，所消费的比从前多。

设下，在一个时间内消费资料供应的增加能和扩大的需求相适应，而消费资料的平均价格水平不会增高。无论如何，这个水平可能有的增高将比(b)节所说的增高缓慢得多。

当一种产业中此前未经使用的资源现在都已经用尽的时候，发展的性质将有所改变。如果这种情况先在生产资料制造业中发生，那么情况的发展就和(a)节所说的相同。因此，均衡可以达到。另一方面，如果消费资料制造业先受到资源的限制，不能扩大生产，我们便有(b)节所说的情况，既生产资料制造业继续扩展，物价水平增高，一直到生产资料制造业也全部利用了它们的资源为止。

(d) 最后，我们可引进另一个假设，就是，生产因素可从消费资料制造业移转到生产资料制造业，但由于阻力的缘故，这种移转在一个时期内只能有限度地进行。情况将这样发展，使得物价必定继续不断增高。纵使消费品的产量像上面说过的那样增加起来，生产力从消费资料制造业到生产资料制造业的移转，将使消费者的购买力有更大的增长。即使不立即增长，过了一个时间，必定增长。

如果我们先假定，只有生产资料制造业里有未被雇用的工人，那么，在利息率降低以后，可以先通过使用未被雇用的工人，然后通过调动消费资料制造业的生产力，来扩大生产。只要未被雇用的劳动力的吸收继续进行，物价将继续增高，正如生产因素没有在各生产部门之间调来调去时的情况一样(阅上面 b 节)。在未被雇用的劳动力全部都被吸收以后，情况的发展就和第四节所说相同。

此外，如果在消费资料制造业里也有未被雇用的工人，那么，消费资料制造业将只在一个时期内扩大生产,像上面说过的那样。物价上升的速度因此会稍稍减低。

7. 这个过程的最后阶段是否为一个新的均衡?

到目前为止,我们的分析得到以下结论:(除特殊情况外)较低的利息率产生一个动态过程,这个过程具有生产因素从较短时期的投资转移到较长时期的投资以及物价普遍增高的特征;当然它也具有各种相对价格发生变动的特征。这里发生了这样的问题:这个过程会继续多久?当主要资源增加得这样的多以致在目前的利息率下不能再吸收资本的时候,一个新的静止均衡会不会逐渐达到?

有的时候这个问题是用这样方式提出的:利息率的变更对物价水平有没有累进的影响?在我们看来,这种提法是很不适当的。我们已经指出,只要投资市场情况还没适应于较低的利息率,降低利息率对物价水平就有累进的影响。但问题是,这个最后结果是否为一个新的均衡,这个累进的过程是否无限期地继续下去。

我们可把以下两种情况分开讨论:(a)人们在每一个时期都预期,当前的价格会继续到将来;(b)人们看到物价在一定时期内继续增高,就认为物价很可能继续增高。

(a) 在第一个假设下(到目前为止我们一直保留这个假设),生产因素向较长时期投资的转移,逐渐趋于消灭。较长时期的投资一增加,这种投资获得利润的可能性便将减少。这样,每一个时期中,在生产方面所作的调整,进行到所得利润等于从其他方面可能得到的利润的时候,便不进行下去。应该注意,物价的增高,正像我们在上面指出的那样,是由生产因素的转移而产生的,它本身并不使长期投资所能获得的利润和短期投资比较起来有所增加。物价增高的结果，反使短期投资获得的利润有所增加。这部分地是因为各种消费品价格增加得很不一致，那些需要更多资金来生产的货物，其价格增加得比较少。此外，由于物价增高和工资增高时间的不一致而发生的实际工资的降低，会产生增加短期投资获利可能性的作用。可以假定，企业家在估计利润时能够部分地预料到上述两点（企业家不能部分地预料到物价的普遍增高）。大体说来，物价增高的时间拉得越长，这两点越显得重要。即使生产因素的转移，由于阻力的关系，需要有很长时间，这种转移终久总会完成。企业家在移动完成以后所作的投资大抵将限于补充资本损耗的再投资。所以，消费资料的产量，在过了一定时间以后，又会开始增加，而且由于新的投资逐渐完成，消费资料的总产量，在过了一定时间以后，将大于在原始静止均衡状态下的总产量。这对物价的增高必定起着限制的作用，而且会使物价的增高逐渐趋于消灭。如果其他条件使静态能够产生，就是说，如果没有净储蓄（正的或负的），如果人口、技术和消费者爱好都没有变更，那么经济又将变成静态经济，具有较大数额的资本、较低的利息率和较高的物价水平。

在这些假设下，上面提到的问题可解答如下：由于利息率下降而产生的物价上升，并不一定无限期地继续下去，但当资本的供应增加到和新利息率相适应时，物价便停止上升。同时，我们得承认，即使利息率的降低和由此而产生的新的基本设备的投资数目并不很大，物价的上升也会继续到相当长的时期。因为，在消费资料的供应能够适应于市面的需求以前，必须经过一段相当长的时间，使新的投资转变为消费资料（除非储蓄同时增加，否则必须经过一段相当长的时间）。

（b）另一方面，如果我们假定，人们特别是企业家们预期物价会继续增高，那么，要在将来物价涨得更高的时候完成的时间较长的投资，在企业家有上述期望时，将比他们只考虑到利息率的变动时显得更为有利（即使时间较长的投资所冒的风险较大）。这将加速生产因素从消费资料制造业到生产资料制造业的转移，其结果，消费资料的价格将以日益增加的速度上升。由于上述生产因素的转移将继续下去，所以收入和消费资料的不相称将继续存在，而且消费资料价格水平将逐渐增高，一直到危机发生，这过程才停止下来。①

如果认为增加资金是有益的，那就可以问：银行降低利息率，是不是增加资金的一个适当方法呢？按照上面的分析，我们可以说，这个方法在理论上是行得通的，但在实际社会里，这个方法将引起很大的困难。一个新的均衡会不会达到，总是一个疑问。而且，无论如何，要达到这种状态需要有很长的时间，在这很长的时间内，物价将不断上涨。因此，在和校低的利息率相适应的资金额还没累积好以前，也许需要采取措施阻止物价变动。这就意味着，一部分新投的资金所得的利润是不充分的（因为它是根据较低的利息计算的），而且这一部分资金必须认为投得不适当，给企业家

① 卡塞尔（见《社会经济理论》第 497 页）曾对魏克赛尔的意见提出异议。他说，在利息率降低以后，一个具有较高物价水平的新的均衡，终久必定会达到。他这句话，正像上面指出的那样，只在很特殊的条件下可以适用，但在更切合实际情况的假设下是不适用的。

带来损失。此外，必须记住，这种投资所以成为可能，是由于收入的重新分配，这种重新分配有利于企业家，但不利于固定收入所得者和工人。从某种观点看来，上述干扰作用所带来的坏处不仅仅抵消了资金增加所带来的好处。

8. 提高利息率的同样不利的结果

概括地说，在静态经济里提高利息率的结果，和我们在上面所提示的恰恰相反。因此，我们对提高利息率这一问题只要作出比较简短的分析就行了。

(1) 提高利息率的直接结果是所有资本价值的降低，这对较长时期的投资有最大的影响。(在静态的假设下和在人们相信价格不变的条件下)总收入将稍稍增加，但它的分配将有所改变，这种分配有利于出借人，不利于借用人。如果这些变动并不产生净储蓄，那么对于物价水平的直接影响是使物价趋于轻微的上升。

(2) 假定生产组织没有伸缩余地，不能够从当时利润较少的长期投资中调动生产因素，那么，要保持生产因素的充分利用，就必须降低生产资料制造业中劳动和其他服务的代价。这样，企业家对于借款所付出的较高利息率，将从较低费用得到补偿。到这里为止，提高利息率的结果，主要是国民收入的重新分配，有利于资金出借者，不利于其他生产因素所有者和工人。储蓄额可能增加，而物价水平因此趋于下降。

(3) 我们现在可假定，工资像从前那样可任意加以增减，而生产因素可以转移。这样，生产将转向时间较短的投资。这意味着，消费资料的存量会减低，因而消费资料的产量将暂时增加，而其价格将相应减低。但是，把生产因素从长期投资调到短期投资，比从短期投资调到长期投资困难得多，因为，把资金从长期投资抽调出来和短期投资中的其他生产因素合作，这需要有较长的时间。如果在市场上出售的消费资料数量不多，那么，消费资料的价格，在开始时不会降得很多。在一个消费超过收入的社会里，情况尤其是这样。但消费资料价格的降落，将使资本价值降低，这就给企业家带来新的损失。他们不得不更进一步地降低劳动和其他服务的费用。由此而产生的消费者收入的减低，将使消费资料的价格降得更低，这对资本价值又产生影响，等等。即在这种情况下，生产资料的价格将比消费资料的价格降得更快。由于各个时期消费资料的产量都大于前一个时期的产量，所以社会的资金将逐渐减少。这又是收入重新分配的结果。固定收入所得者和工人（他们的工资并没有降得像生活费用降低那样的快）都感到他们的经济地位有所改善。另一方面，企业家将蒙受损失，他们要支付借款利息和保持原有的生活标准，就得用尽他们的资金。所以，就整个社会来说，各个时期的消费将超过总收入，有形资金因此逐渐减少，而物价将继续降落。

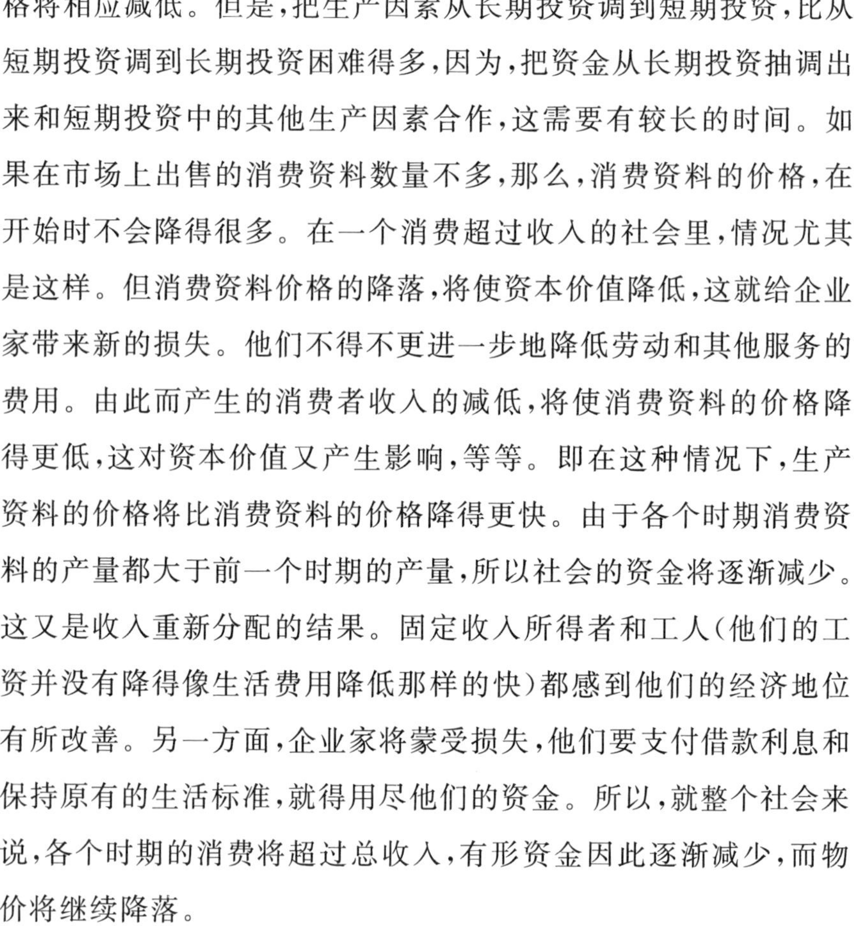

(4) 但是，如果我们假定，工资不能任意加以增减，那么，物价的降落便成为失业的原因。在生产资料制造业里，失业人数最多。因此，消费资料总需求和总供应的不平衡会加剧，而物价降落的速度也会增加。[①]

① 我们在这里假定，工资总支付额的降低，在比例上将大于消费资料产量可能有的降低。

此外，物价的降落，也会使消费资料制造业发生失业现象。所以消费资料的供应量可能降低，甚至可能降低到原有产量以下。但供应量降低的结果，虽可延缓物价的下降，却不会阻止物价的下降。①

(5) 如果我们保留这个假设，即企业家在各个时期都预期当前的物价会继续下去，那么生产资料生产的降低将不会无限期地继续下去。甚至在这个条件下，也有两种情况影响到长期投资的获利可能性，这种影响在方向上和改变了的利息率的直接影响是相反的。那两种情况是：需要较长时间来生产的产品的价格增加得比较多；实际工资日益增高。因此，社会的名义收入可能逐渐适应于消费资料的供应量。这样，物价便停止下降，而社会变成静态社会，如果没有发生其他的情况，使这种转变成为不可能。整个社会的资金供应量因此将降低，一直到资金供应量能和较高的利息率相适应为止。

(6) 如果企业家过了一个时期认为物价将要下降(他们很可能这样想)，他们的这种看法将加速物价的下降。预期的物价下降，将成为短期投资的另一个刺激，其结果，生产将更加脱节，而失业人数也将增加。这样，经济将不会回到均衡状态，而且情况会变得越来越令人难受，一直到政府采取行政措施或其他措施，这种局

① 在特殊情况下，这是可能发生的：如果生产因素不能够从生产资料制造业调到消费资料制造业，而且在前者的产业里，工资可任意加以增减，但在后者的产业里，工资不能任意加以增减，那么，物价的降落将由于消费资料供应量的降低而完全停止，物价水平转入不变状态。其结果，在消费资料制造业里，将有很多的失业工人和相应减低的产量，所减低的程度可能等于各种收入所得者对消费品需求的减低。

势才会缓和下来。

由此可见，我们可使用相似的论法来分析降低和提高利息率的结果。降低和提高利息率都会对生产起不良的干扰作用。但是，在有未经使用的资源可加利用的条件下，降低利息率可使生产增加，而提高利息率却会产生相反的结果，并且这种状态可能无限期地继续下去。因此，物价下降所带来的灾难，往往大于物价上升所带来的灾难。连那些实际收入较大的阶级，他们的一般经济状况也可能变得不如从前。工资劳动者特别是这样，因为，个别有业工人的实际工资尽管提高，但这种工资的增加，绝不能对失业的增加起抵消作用。

第三章　利息率差别的意义

1. 长短期放款利息率之间的差别

到目前为止，我们还没有考虑到各种利息率之间的差别。我们现在必须注意这些差别以及这些差别所产生的复杂情况。我们将要说到的主要差别是：(1)短期放款和长期放款的差别；(2)存款利息率和放款利息率的差别；(3)按照不同借款用途对借款者所索取的利息率的差别。

长短期放款的区别，在于形式，而不在于实质。为期几个月的放款，尽管一再延长，还是短期放款。债券是长期放款。即使一些债券发行不久就被收回，这些债券也算是长期放款。

中央银行，在上述情况下，能够对短期放款利息率加以调整，这是无须说明的。另一方面，有人也许会怀疑，中央银行是否能够对长期放款(统一公债类型的债券是长期放款的一个最显著的例子)施加影响。因为,大多数长期借款,可以说是在中央银行没有直接参与之下借出的。在这种情况下,中央银行怎能调整这种借款的利息率呢?

首先,应该注意,长期放款利息率在原则上是参照所预期的将来时期的短期放款利息率来厘定①——如果我们不过问那些根据长期放款的风险因素和其他因素②厘定的例外利息率。显然,货币管理机构可宣布它对短期放款利息率的将来政策,即对贴现率的政策,通过这种做法来影响公众对未来利息率水平以及债券利息率的看法。贴现率的提高如果被认为是暂时的,它对长期放款利息率的影响,便不像它被认为是永久的增高时那么大。

其次,应该注意,中央银行能够在债券市场中充当买主或售卖人,而且能够通过买卖来对债券行市施加有力的影响。从理论上说,银行在政府支持下,能够完全控制债券行市。

中央银行可以通过在公开市场购买债券,提高债券价格,来降低长期放款利息率。在我们的假设下,关于这种购买,银行要增加到什么程度就能增加到什么程度,因为债券所有者售卖债券得到的款项,将用来偿还借款,或存在银行生息。企业家发行债券的能

① 在上述假设下,一个放款是按照一个固定利息率(即 R_t)计息,其期限包括若干时期即 t(假定利息是在每一个时期结束时给付),或是在每一个时期结束时转入下期,并按照所预期的各个时期不同的短期放款利息率(即 $r_1, r_2 \cdots\cdots r_t$)计息,这两种做法对借款人和出借人来说,利害并无差别。我们可把方程式写成如下:

$$(1+R_t)^t=(1+r_1)(1+r_2)\cdots\cdots(1+r_t)$$

② 科克,在其《利息率的研究》一书里(1929 年在伦敦出版),曾详细讨论了这些因素对决定长短期利息率的重要性。

力，是有一定的限度的。当然，可以想象得到，那些不同意银行利息率将要降低的看法而投机狂热的企业家，可能继续发行债券，把售卖债券所得用作短期投资。如果短期放款利息率是高于债券利息率（目前假定放款和存款利息率相同），上述企业家的做法显然是有利的。但短期放款利息率后来如果下降，这些企业家显然要冒相应损失的危险。中央银行应该没有困难从税收来弥补暂时的损失。这特别是因为，它可预期后来会得到相当的利得，如果它一贯地推行上述政策。

相反的，如果中央银行要想提高长期放款利息率，它所要做的将是按相当价格尽量售卖债券。如果短期放款利息率比长期放款利息率低，尤其可以设想，人们将从银行借到短期借款来购买债券。在这种情况下，银行也有损失。这种损失，在短时间内，要用税收来弥补，但当短期放款利息率以后增高时，上述损失将被相应的利得所抵消——假定银行对于形势做了正确的判断。诚然，有的时候，银行售卖它所掌握的全部债券还不足以把债券市价压低到它所希望的程度。在这种情况下，银行就得在政府担保下自己发行债券。

我们因此假定，中央银行通过上述的宣布或买卖，能够使长短期放款在同一时期内有不同的利息率。这样一来，以下一个问题便产生了：这样有差别的利息率，对于物价将发生什么影响。

2. 上述利息率差别在一个典型事例中所产生的影响

我们的问题在于说明，中央银行有意识地改变长短期放款利息率之间的关系，究将对物价有什么影响。最容易的方法，是从简单情况入手。

让我们从各个时期利息率都相同的静态出发，假定中央银行在一定日期即 t_0 宣布，从这个日期一直到一定将来日期即 t_1，贴现率比原始贴现率高，但后来比原始贴现率低（看下图 A 曲线）。如果公众对于中央银行有完全的信心，期限比较短的放款的利息率将上升，而期限比较长的放款的利息率将下降——假定降低利息率的日期不是很遥远的将来日期。关于在上述日期即 t_1 以前偿还的借款，它的利息率将提得和贴现率一样的多。关于在那个日期以后到期的借款，它的利息率从高的水平逐渐下降，而且在一定日期（即 t_2），它的利息率和原始利息率相同（看 B 曲线）。我们可以把在这个临界点（即 t_2）或在它以前到期的借款叫做短期借款，而把在它以后到期的借款叫做长期借款。在这个基础上，我们要把以下一点弄明白：长短期利息率差别的结果究是怎样。

利息率关系改变的直接结果是：短期投资的价值下降，因为它是按照比从前更高的贴现率估算的；长期投资的价值上升，因为它是按照比从前更低的贴现率估算的（看 C 曲线）。就短期投资来说，那些在靠近 t_1 即贴现率降低的日期到期的借款，价值降得最多，那些在这个日期之前或之后到期的借款，其到期的时候距离这个时候越远，价值下降得越多。就期限比较长的投资来说，投资期限越长，价值增加得越多。

如果生产因素在短期投资和长期投资之间的调动是和短期投

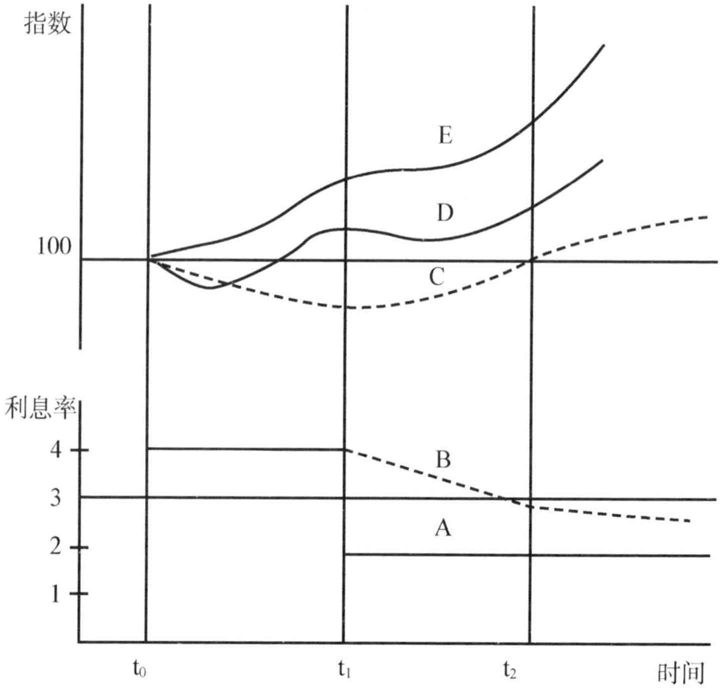

指数
100
E
D
C
利息率
4
3
2
1
B
A
t_0 t_1 t_2 时间

图Ⅲ

A. 在 t_0 所预期的将来时期的贴现率。

B. 期限长短不同的放款在 t_0 的利息率。

C. 从 t_0 计算的在不同的未来日期满期的各投资的价值变动的比较。

D. 消费资料价格在生产因素不容易从短期投资调到长期投资这一条件下的发展。

E. 消费资料价格在生产因素很容易从短期投资调到长期投资这一条件下的发展。

资内部的调动同样容易，那么，各种短期投资的数额都将下降（但下降的程度有所不同），使现在变得比较有利的长期投资有所增加。其结果，物价将有累进的增高，和利息率全面降低时物价增高的状态大略相同。所不同的主要是，不是极短的而是比较短的（稍微短些的)投资——就是那些在利息率降低的时候(t_1)到期的投资——现在会成为最无利的投资,因此减得最多。所以,当这最低点达到的时候,消费资料特别缺少。物价水平的上升曲线因此便有相应的突然上升(看 E 曲线)。

但在实际社会里,生产因素在短期投资和长期投资之间的调动,是比投在短期投资上的各个生产因素的调动困难得多。改变存货量来调整非常短的投资到期的日期,尤其容易。另一方面,把劳工和其他生产因素从消费资料制造业调到生产资料制造业,比较困难,而且需要有较长的时间。所以,把现在变得最无利的短期投资(就是在利息率降低的日期到期的投资)加以缩减,并把获利可能性减得比较小的短期投资(就是在距离利息率降低日期(t_1)较远的前后日期到期的其他短期投资)加以扩充,这是最上算的。特别是在起点(t_0)以后的时期(在这个时期内存货量会减少),消费资料的供应量将大于从前的供应量。供应量增大,物价就会下降,但在临界点(t_1)达到的时候,物价将上升。在临界点达到以后,物价又倾向于暂时的下降(看 D 曲线)。因此,物价水平曲线,在物价不断上升以前,是一个 S 状的曲线(先是向下凹进然后向上凸出)。物价上升的最重要原因是:(1)把生产因素投在时间较长的投资;(2)在早些时期,在短期放款利息率降低以后,把存货量扩充。①

---

① 这个 S 状曲线的形式,将看利息率从高到低的改变日期(t_1)是在遥远的将来还是在不那么遥远的将来而有所差异。如果这个日期是在很遥远的将来,那么曲线将有很大的弯度,而且和第二章第八节所说的形式多少相同。但是,如果利息率只在短时间内是较高的,则由于存货暂时减少而引起的物价下降,不但是短暂的,而且是有限的。

上面的说明使我们能够对长短期放款利息率的差异所产生的影响得到一个明确的认识。

短期放款利息率对物价发生影响较快,但这种影响是比较短暂的。即使可以假定,长短期放款利息率的差别能够保持到相当长的时期(因为短期放款利息率的减低无论在哪个时刻都会发生),它对物价的影响并不是累进的。在这种情况下,短期放款利息率的提高,只在商人减少存货量的时候,对物价有影响,过了那个时候,它的影响就归于消灭。如果短期放款利息率后来回到原有的水平,那么,在商人又增加存货的时候,物价将暂时上涨。

长期放款利息率对物价发生影响较慢,但一般地说,这种影响到了最后却比较猛烈。纵使短期放款利息率在相当长的时间内保持高的水平,而长期放款利息率很低(因为每一个人都认为短期放款利息率不久就要下降),长期放款利息率也会逐渐成为支配物价水平的力量。

对于其他可能有的情况,只要有高低不同的长短期利息率,上述理论也可适用,因此,不必另作其他假设来分析。如果短期放款利息率下降,而长期放款利息率还是高的,那么情况的发展将和上面所说恰恰相反,就是说,物价先上升然后下降。另一方面,如果长期和短期放款利息率都在正常静止水平之上,而短期利息率比长期利息率高一些,那么物价当然会下降,下降程度在初期特别猛烈;接着,稍稍和缓;然后由于长期放款利息率的影响又加剧起来。如果长期和短期利息率同时下降,而短期降得尤多,那么情况的发展将和上述恰恰相反。此外,还有这种情况,长期和短期利息率朝着同一方向变动,但短期利息率的变动落在长期利息率变动的后面。在这种情况下，物价曲线不是S状曲线，因为短期利息率总是追随长期利息率，朝着同一方向变动。这种物价曲线因此是比较匀整的曲线。

3. 存款利息率和放款利息率的差别

我们现在必须注意存款、放款利息率差异的重大意义。这些利息率的差异往往很大，以致银行能从它们的信用交易得到一定的收入（如果差异的程度只和风险的程度相称，那么银行就不会得到收入）。这种差异的大小随着银行所能行使的垄断程度的大小而有所不同；但是，没有理由可以设想，由此而产生的收入重新分配，将对物价产生重大影响，因为，那些得到额外收入的人使用收入的方法，和那些给银行通过放款利息取去一部分收入的人使用收入的方法大体相同。①

如果放款利息率和存款利息率之间有很大的差异，这必定会促使人们直接磋商借贷，不通过银行作为媒介。尽管风险较大，但资本所能获得的净收入较多。但是，这个问题不在我们研究范围之内，它似乎和物价水平高度这一问题没有直接的关系（参阅下面）。就这里来说，一个重要之点是，银行存款利息率在一定情况

---

① 如果我们放弃了由于信用便利的发展人们往往不保有现金这一假设，我们也必须同时注意，低的存款利息率可能会使留在人民手中的现金增加。当存款利息率是低的时候，人们便不想存款，因为，由于保有现金而损失的利息，是比较小的。这对收入的分配有一定的影响。钞票需求的增加，使中央银行的收入有所增加，而现金保有额的增加，使银行的从前存户的收入有所减少。这种对货币管理机构或国库有利的准课税，当然会影响整个生产组织；但是，似乎没有理由可以设想，它将使物价在一方面的变动在程度上大于另一方面的变动。

下决定企业家用来作为计算根据的利息率。一般地说,那些使用借入的资金的企业家对存款利息率不怎么关心,因为他们所计虑的只是他们对借款所必须给付的利息率。即使他们是向私人借入资金,所给付的利息率通常是接近于银行放款利息率,而不接近于存款利息率。但尽管这样,那些拥有大额资金,而由于计虑到风险因素,不愿把过多资金直接借给私人的企业家,仍然将把他们得自有形投资的利润(扣除用以补偿风险那一部分的利润)和他们可能从银行存款得到的利息加以比较。因为可以假定,他们总是这样分配他们的资金,使他们能得到最大的纯利润的,所以存款利息率的高度决定着他们要留在自己企业里的资金数额。应当注意,在这种情况下,银行存款利息率,实际上是决定这种资金投资期间长短的决定性因素。

如果我们从静态出发,假定存款利息率下降但其他利息率仍旧不变,那些拥有大额资金的企业家,将对自己的企业增加投资而减少存款余额,一直到从自己企业可得到的收入和降低的存款利息率相等为止。而且,由于这种降低的利息率是估计利润可能性的一个要素,所以他们可能选择在时间上比从前更长的投资。其结果将是一个动态过程,和上述在各种利息率一同降低的情况下所发生的动态过程相同。

在估计存款利息率对物价的全面影响时,我们也必须考虑到存款利息率对储蓄的影响。如果我们可假定,在其他情况不变的条件下,储蓄和利息率朝着同一方向移动,而且我们可假定,由于风险因素的关系,大部分储蓄存在银行生息,那么低的存款利息率倾向于减低社会的总储蓄额。

所以，存款利息率的变更对物价确有影响，但不像放款利息率的变更有那么大的影响。由于大多数企业家借用资金，而且私人资本家所索取的利息率和银行的放款利息率大抵相似，所以放款利息率是企业家考虑各种投资可能性的更重要因素。即使我们假定，储蓄率更多地取决于存款利息率、较少地取决于放款利息率（放款利息率要看投资市场的组织而定），上面的理论仍可适用，因为企业家对资金的需求比储蓄对资金的供应有更大的适应性。

4. 按投资类型来区别的利息率

实际上，各个借款人所能利用的信贷便利，在一定程度上可能是不相同的，因此我们应当把它看做影响物价水平的一个因素。关于这个问题，我们得满意于几个一般的意见。

那些使物价保持一定水平的有差别的利息率的平均，当然和那些产生同一结果的没有差别的利息率有所不同。如果对具有高度伸缩性的资金需求保持比较高的利息率，而对具有低度伸缩性的资金需求保持比较低的利息率，那么，在这种情况下，借款的总需求（在一定限度内）可按一个很低的平均利息率得到供应，如果一切借款都使用同一利息率，则全部借款的平均利息率便高得多。如果对伸缩性大小不同的资金需求采用和上述相反的利息率，平均利息率便必较高。

由此可见，我们可以使用有差别的利息率政策来加强较高利息率或较低利息率的影响。这种政策的一个重要例子是，对新旧投资订定有差别的利息率。未偿清的贷款，或多或少地具有冻结的性质。就是说，只在生产资料能提供服务时，资本才解放出来。显然，提高利息率有助于缩短生产资料的完成时间，而降低利息率有助于延长生产资料的完成时间。但由于时间落后的关系，这个趋势只产生有限度的影响。至于那些具有再投资性质的新投资或新资本的新投资，自当别论。就这一方面来说，企业家投资与否可以自行决定。他们对借款的需求，比较容易地受到利息率变更的影响。所以，这种利息率的差别，对借款的总需求有重大的影响，因而对物价水平的高低也有重大的影响。

最后，我们可谈谈这一点：有的时候，按照新投资在成熟前所要经过的平均时间对新投资索取有差别的利息，可能得到良好的结果。如果中央银行在大景气开始时就想阻止生产因素向较长期投资转移，那么它可以对特别长的投资，例如建设工厂所需要的借款，订出特别高的利息率。如果存在着不景气趋势，中央银行可采用和上述相反的政策。采用这种政策，物价可在很小的平均利息率变动下稳定下来。如果各项用途的借款都使用同一利息率，借款平均利息率的变动便大得多。①

① 如果依照投资时期的长短采用有差别的利息率政策，是按和上述相反的方式施行，那么从平均利息率变动的意义看来，对物价水平高低的影响以及由于利息率变动而对生产所起的干扰作用都将减轻。如果利息率的降低特别影响到那些用在短期投资方面的借款——这种利息率的降低和短期放款利息率的降低不同——那么这些方面的新投资就要增加，而且生产因素会从其他方面的投资调到这里来。物价在这种情况下可能有的上升将受到阻抑，因为，新制出来的生产资料在短时期内就能生产消费资料，而消费资料的供应因此会增加起来。

第四章　利息率作为保持稳定的物价水平的工具

1. 绪言

我们下一步的工作就是叙述一些一般规律。通过这些规律，就能够使用以上两章所说的对物价施加影响的方法,[①]来贯彻各种典型的货币政策。[②] 在做这种叙述时,我们将保留第一章第一节所提到的简单假设。

首先,应该记住,如能爽爽快快地把货币纲领的目标说明白，而且对于在各种情况下所推行的货币政策,都在情况许可的范围内作出说明,那么货币纲领的功效便可大大增加。如果人们都能完全预料未来情况,那么中央银行所宣布的关于管理物价的纲领，

① 本篇以下两章的论点,和罗伯逊的论点相似。在《银行政策和物价水平》这一部卓越著作里,他讨论了若干同样的问题。

② 在上面已经提到的早期著作里,我是从以下观点来讨论货币政策的目标的:尽量减少由于不能预料得到的事件而发生的经济活动上的风险和纷扰。那里所得到的结论是,要得到上述结果,调整消费品价格使它和生产力成反比例,比保持消费品的稳定价格水平更为有效。后一政策,从总的看来,可能含有使企业家只冒最小的“物价下降危险”的意思。但是,如果推行前一政策,企业家所冒的总的危险将是比较小的,尽管他们实际上所冒的价格下降的危险是比较大的。因为,对所有企业家来说,这种物价下降危险是和改善条件与机会的可能性联系着,或者改善条件与机会的可能性是和物价下降的危险联系着,以致所预期的产品的货币价值的变动将减少到最小限度。

在本篇里,我们不仅要讨论我们认为最适当的典型货币政策,我们还要研究贯彻两个可以替换使用的典型政策的方法和可能性。这两个政策是:保持消费品的稳定价格水平;调整消费品价格,使它和生产力成反比例。因为,根据早期著作关于这两个典型政策优缺点的讨论,还不能够对这两个典型政策作出最后的评价。此外,也需要研究运用这两个政策的相对可能性,以及货币政策本身所可能产生的干扰作用。

将由于公众的期望自动地发生效力。所以要使用合理的方法来管理物价，第一个原则是由中央银行宣布它的政策来影响公众的期望，使舆论能按照银行所想望的方向来影响物价水平。

但总的问题是，(在不同情况下)应当怎样运用货币政策的其他措施，使得货币政策能对物价起我们所希望的支配作用。为要答复这个问题，我们将讨论几个“单纯”事例。我们假定，在这些事例中，一些影响到物价的主要变动是孤立地发生的。对于每一个这种典型事例，我们将研究运用一个积极的货币政策的结果是什么。至于政策的目标，我们可作出一些可以替换使用的假设。我们因此应该研究：(1)要怎样才能保持一个消费品的稳定价格水平；(2)要怎样才能使物价水平的变动和生产力成反比例。只要我们能够实行上述两个典型政策中的一个来管理物价水平，我们就得把所采用的政策的其他影响加以比较。因为，我们的目的是决定哪些方法会带来最小的危险和最小的干扰作用。

中央银行在控制物价时所可采用的最重要手段，当然是厘定短期放款利息率，即厘定贴现率。但是，正像下面的说明所表示的那样，在一些情况下，单单使用这个方法，不能够得到调整物价的效果；在另一些情况下，使用这个方法，会带来严重的缺点。所以，其他可以利用的手段，在合理的货币政策中也有它的地位。在这些手段中，通过公开买卖债券来控制债券价格，乃是最重要的手段，但也是最难使用的手段。因此，在讨论各种典型事例时，我们必须特别注意到我们所要保持的长短期放款利息率之间的关系，使物价管理所遇到的阻碍最终能减到最小的程度。

2. 消费者需求的变更

如果我们从静态出发(在静态下当然不发生货币政策问题),一个一个地引进动态因素,那么,作为我们分析的第一步,我们可假定,消费者对各种货物的需求,在各个时期中有所不同,但其他影响到物价的主要因素却没有变更。这意味着,生产因素供应的改变完全是由于需求的改变,①而那些用生产力函数来表示的影响生产的一般情况却没有改变。我们因此也假定:人口仍旧不变;正储蓄或负储蓄不存在,技术知识和企业家对生产过程的看法没有改变。

由于需求的变动,其本身不会引起一般生产力的变动,因此作为我们出发点的货币纲领便要求一个不变的消费品平均价格水平。我们的下一个问题是,怎样实行这个纲领。

如果所有生产者都能完全预料需求的变动,生产机构明显地将在需求发生变动以前预先作好安排来适应这种变动。过渡时期所需要的储蓄额也不会发生剧烈的变动。如果由于生产方面所需要的资金比从前多一些或少一些,而需要一个和从前不相同的利息率,那么,这个利息率,将在生产进行调整的过程中产生。

在实际情况下,生产者只能或多或少地预料到未来的需求,生产机构因此不能完全适应变动发生以后的新形势。其结果主要是:比较迫切需要的货物,价格比较高;比较不迫切需要的货物,价格比

① 我们假定,上述变动只是我们对各种个别情况所作的假设的必然结果。我们这样做,就可避免不必要的纷乱。

较低。因此,对生产所起的干扰作用,在程度上可能有所不同。

如果生产因素能很容易地转移,那么只需要按照资金需求所发生的变动来调整利息率,无须采用其他货币措施,就可在不久的时间内,在稳定的物价水平下达到新的均衡。① 如果这种转移,由于阻力的关系,多少是有困难的,那么,消费者需求的变更便影响到一般物价水平,特别是因为那些正在扩充的产业需要新的投资。生产资料制造业在过渡时期接受订货的数额比以前增大,因而生产资料制造业将把其他方面的生产力吸收过来。如果货币政策是消极的,社会的名义总收入便增加,而消费品的供应也暂时减少。所以,在生产正进行调整的时期,物价趋于上升。

如果中央银行预料到这种趋向,它就会在早一些的时期预先调整利息率,使生产资料在过渡时期中转变为消费资料的数量比在中央银行没有进行这种调整的情况下来得多。这样,在过渡时期,无须大大改变利息率,就能保持消费资料供求的平衡。如果中央银行没有上述的预见性,要保持稳定的物价,就得大大改变利息率。

首先,在过渡时期,必须提高短期放款利息率。这样,存货量便减少,而消费品的供应量因此暂时有所增加,至少不会减低到生产减低的程度。此外,短期放款利息率的提高也会减低生产者对贷款的需求,因而可能刺激储蓄的增加。

至于长期放款利息率,一般地说,要使它低于短期放款利息率。当新投资的需求已达到饱和的时候,便有生产力可用以增加

① 如果消费者需求的性质有所改变,那就很难对“不变的消费品价格水平”这一概念作出明确的定义。我在《货币政策的目标》第 15 页和以下各页,曾说到这个问题,但在这里可置诸不问。

消费品的生产。过渡时期过去以后，又须降低短期放款利息率，而长期放款利息率也需要调整，使和新的情况相适应。和新的均衡相适应的利息率，是高于或低于原来的利息率，主要是看正在扩充的产业是比正在衰落的产业需要更多或更少的资金。另一个需要考虑的要点是，已经投在衰退产业上的资金，现在不像从前那么有效地使用着。这意味着，就整个社会来说，资金的供应，不像从前那么充分，这必定会使利息率增高。在一切实际情况下，最后的结果在很大程度上受到利息率发展的影响。

总之，我们可以说，消费者需求的变更通常要求投资的增加，因而使物价在生产正在进行调整的时期内趋于上升。在过渡时期，必须提高短期放款利息率来抵抗这种趋向。长期放款利息率应该和短期放款利息率的未来正常水平相适应，但也要考虑到过渡时期中由于较高的短期利息率而产生的特殊水平。所以，在这个时期，长期放款利息率必须经常低于短期放款利息率。

3．储蓄的变更

其次，我们可以假定，各生产因素之间量的关系有所变更，但生产力函数仍旧不变；需求函数除由于量的变动而需要调整外也没有变更。

要最好地解决消费品价格保持稳定这一问题，就得研究应怎样调整长短期放款利息率，使得现在和将来消费品的供应，能和在不变的物价水平下消费品的总需求相符合。

如果大家能够完全预料将来情况，要保持均衡状态，只需对利息率作轻微的调整。在这种情况下，连消费品总需求的很大变动

(不管是否由储蓄的变动引起的),也可通过对一切生产资料产生效果的平均时间的轻微调整来加以制止。这样,消费品的供应将和消费品的需求以同一速度变动。而且,生产资料产生效果时间所必须有的调整,可在投资时进行。至于利息率,只需作小的调整。如果仅仅中央银行预料到事态的发展,那么,在一定程度上,情形将和上述相同。因为,中央银行在每一个时期,可以通过它的利息政策,使未来物价水平朝着正确的方向发展。如果中央银行没有先见之明,只能在资金投下以后施加压力,那么各个时期的管理就需要比较强烈的措施,来改变有形资本产生效果的时间,从而改变消费品的供应量。

(a) 我们现在可以假定,在一定时间,储蓄倾向于增加,而且人们预料,这种新的事态是持久的。

在这种情况下,如果利息率仍旧停留在从前的水平,物价就会下降。因为,生产力在现在和将来之间的分配,并不是由储蓄额直接决定的(行号内部的储蓄是个例外),而是由借款利息率直接决定的。借款利息率是企业家计划的决定性因素。所以,在不变的利息率下,消费品的供应量不会变动。但是,由于储蓄的结果,消费品需求将下降,因此消费品平均价格下降的比例,和总需求下降的比例,必定大略相同——如果生产者和商人都认为,较低的利息率是持久的,因而没有理由改变存货量。[①]

消费品价格的这种下降,也使资本价值逐渐降低,这样就使实

① 如果他们认为,需求的实际下降是暂时的,那么上述过程发展的速度将减低。最初,物价不发生变动,但由于存货量增加,物价终必下降。相反的,如果他们预料,物价将继续趋于下降,则上述过程将以加快的速度发展。

际收入和财产的分配有所改变。结果,原来的储蓄,将被现在减少的储蓄或其他方面资本的损耗所抵消。所以,原来的储蓄不会引起新的有形投资,但将被物价的下降所抵消。

为着分析的方便,我们把这个过程区分为两个阶段:第一,物价在一个时期过渡到另一个时期的时候下降,因而产生利益和损失;第二,在各个时期内进行交易,这些时期中的供求情况可说是由当时的物价决定的(在每一个时期中物价没有变动)。①

如果储蓄额没有变更,而且利息率保持着同一的水平,那么这个过程将反复重演。当然,进一步的发展,要看生产者和商人对将来物价的期望如何,以及能否调整经常费用使和产品较低的价格相适应。如果工资是不能变动的,失业和生产范围的缩小便无可避免。总收入将减少,而总收入的减少将导致储蓄的进一步减少,或负储蓄的增加。因此,原来的储蓄,不导致新资本的形成,而导致现存资金的消灭。即使工资和其他经常费用具有伸缩性,最后产生的结果,像上面所说的那样,乃是分配的变更和物价水平的降低,而不是新投资的出现。

为阻止物价下降,显然必须减低利息率,使有形资本产生效果的期间得以延长,并使每年制成的消费品减低到由于储蓄而应该减低的程度。如果中央银行很早就预料到储蓄额的增多,那么,像上面指出的那样,它将预先稍稍降低长期放款利息率,使有形资本产生效果的时间延长到所希冀的程度。但是,中央银行当局,如果

① 出借人得到最大的利益,而借款人则蒙受损失。在某些方面储蓄的减少,主要是由于那些负债累累的企业家势必出多于入。

认为储蓄不会增加,没有采取未雨绸缪的措施,那么,要阻止物价下降,就得施行比较积极的货币政策。首先,必须大大降低短期放款利息率来刺激存货量的增加、鼓励新的投资、延长旧的投资产生效果的期间。但是,长期放款利息率不应该降得很低。① 因为,在过渡时期过去以后,短期放款利息率又将逐渐上升,②不是上升到从前的水平,而是上升到由增加的资金所决定的比从前较低的水平。当然,长期放款利息率的高低必须和这种情况相适应。

关于相反的情况,即人们储蓄热忱在长时期内冷淡下去的情况,也可按照类似的论法加以阐述。在这种情况下,物价将有上升的危险。如果中央银行先前没有预料到这种形势,那么它现在就得大大提高短期放款利息率,并采取措施使长期放款利息率也会升高,但升高的程度可稍低于短期放款利息率升高的程度。

(b) 另一方面,如果我们假定,动态过程受到储蓄的较短暂的增加的干扰,上面的分析还可适用,不过须加某些修改。

因为必须假定,在过渡时期以后,短期放款利息率,几乎已回复到新储蓄开始以前的旧水平,所以长期放款利息率,不可能降得像在储蓄会继续下去的情况下那样的低。现在的问题是,要怎样调整生产机构,使它在一个有限的时期内能吸收比以前时期和以后时期更多的储蓄,而不是要怎样调整生产机构,使它在每一个时期都能容纳比从前更多的储蓄。如果中央银行能及时预料储蓄会暂时增加,那么它就会这样调整适用于这个有限的时期的利息率,

① 如果长期放款利息率降得和短期放款利息率一样的低,其结果将使消费品在一定将来时期中的供应有所降低。这将使利息率增高,造成各种纷扰。

② 利息率必须逐渐提高,使物价不会由于存货量的减少而下降。

使得在整个过渡时期中，有形资本产生效果的时间延长起来，而且延长的程度比在中央银行没有动作的情况下来得大。这样，在过渡时期中，市场上消费品的数量将下降，以致消费品的供应能和缩小了的需求相符。但储蓄如果突然发生，就得大大降低利息率，像上面 a 例那样。至于长期放款利息率，只需降低到由降低的短期放款利息率所决定的程度。

当储蓄的减少只是暂时现象的时候，和上述相似，问题也是如何提高放款利息率来增多消费品，以应付反常的需求。如果中央银行事前没有预料到需求的增多，它就必须大大提高短期放款利息率来阻抑物价上涨的趋向。另一方面，对长期放款利息率，只需稍予提高。

在某些情况下，保持稳定的物价水平是很困难的。在一定时期中，储蓄由于种种原因，可能大量减少，甚至可能变成负储蓄，表现为资本损耗的形式。例子是：如果工人能够使工资大大提高，而工资的提高至少可暂时扩大他们在全国产量中所分享的比例。这种有利于社会上平常不大储蓄的阶级的收入分配的变更，会引起消费品总需求的大大增加。由此可能发生的物价上涨，也许可通过大大提高短期放款利息率加以制止。这种做法大抵会增加失业人数，因此会减低消费者的购买力；同时，也会增加消费品的数量，像上面所说的那样。但是，由于贴现率急剧的增高，必定会对企业家起严重的干扰作用，所以政府在这种情况下，最好要运用它的财政政策。如果政府的税收仍旧不变，而经常支出减少，或者所得税的增加在比例上大于支出的增加，而政府用以偿还国债的款项比从前多，那么社会的净储蓄便可增加起来。即使利息率稍稍增高，稳定的物价水平还是可以维持的。

如果政府的财政政策,不能清除储蓄上的变动,反而成为这种变动的原因,那么最困难的情况就要产生。不错,政府在收入没有变更的情况下,大抵不会突然地大减开支,使物价趋于下降。这种危险事实上是不大的。但是,更重要的倒是相反的情形。在某种危机时期,例如在战争时期,政府需要的消费品(包括战争物资)往往是那样的多,以致不能通过增加赋税、提高利率和增发公债来减少公众对消费品的需求,作为抵偿。这时物价的增高就不可避免——结果便发生收入分配的变更,而消费品供求的新平衡,只能通过这种变更来达到。

4. 生产资料制造业生产力的变更

我们现在可以谈谈一些影响物价水平的变动。这些变动,即在人口没有变更、储蓄没有存在和需求函数没有改变的情况下,也会发生。这些变动,可能是和生产的物质条件例如气候等等有关系的,是和影响生产效率的公共机关和社会情况有关系的,或是和企业家的技术知识和管理知识以及他们对整个生产的态度有关系的。所有这些变动,可以说都能影响一定数量生产因素的生产力。

对于上面提到的量的变动和这里所说的一般生产条件的变动作出区分,也许没有深刻的意义。在比较深入的分析里,“数量”的变动和“质量”的变动这两者的分界线大抵是不存在的。但在这里,我们需要这种区分,以便订出管理物价的标准,使企业家所冒的危险减到最小限度。因为,我们已经发现,如果在发生某些总的说来在性质上是量的变动的变动时,把物价水平保持稳定,而在发生其他性质的变动时，听任物价水平按照一定方式变动，那么上述的危险便可减少。当我们企图区别数量的变动、质量的变动时，我们应当特别记着上述管理物价标准的实际应用。由于这个原因，我们作出了上面很简单的区分。即使能够作出从理论观点看来比上面更令人满意的界线，作为管理物价标准的基础，这种分界线的价值大抵也不会增加很多。①

我们先研究，当生产力正在改变的时候，什么是保持稳定的物价水平的最好方法。接着，我们研究，怎样能够改变物价水平，使和生产力成反比例，而不致引起很大的阻力。

在生产资料和消费资料生产方面，都可能发生生产力的变动。这种变动可能持续到相当长的时间，也可能只是暂时的。从以上所述，我们得到四种情况。对于这四种情况，我们需要分别作出分析。

(a) 在某些生产资料制造业里，生产力发生变动，而且人们预料这种变动是持久的。

如果这种变动完全是心理性质的变动，没有什么物质基础，那么，从货币政策的观点看来，这种变动实际上不起干扰作用。② 一

① 这里所作的区分，和作者在他的《货币政策的目标》一书里所作的区分，大体上是相同的。在那里，作者对标准作了这样的定义：产品价值的增长，必定按着人口和资本增长的比例。但其他变动必定使一般物价水平发生变动，以致产品价值仍旧不变。上面所述的两种情况，要怎样区分，这在理论上并不怎么重要；但从实际的观点看来，上面的区分方法似乎是最简单而且是最适用的方法。

② 我们所想的是这样的情况。即企业家对将来更为乐观，而且比从前更愿意冒险，或是和这相反的情况。这样便发生对于利润更大的（或更小的）期望。如果这种情况会继续下去，那么利息将上升或下降到这样的程度，以致消费品的供求保持平衡。其结果，一定程度的收入重新分配便将发生，一定程度的盈亏也将发生，但其他变动不会发生。

个更会引起兴趣的情况，是具体生产力有所变更，因而可以预期，消费品的未来产量将有所增减。

让我们假定，由于生产资料制造业技术或组织改善的结果，可预期消费品生产有所增加。至于具体生产力的增加，是否导致生产品价值的增加，这要看企业家对将来物价的期望是怎样。由于我们假定，货币管理机构的目的在于保持稳定的物价水平，所以可设想，企业家没有预料物价的下降。在这个假设下，生产力的增加将立即导致将来产量在价值方面的增加，因而也将导致名义总收入的增加。即使那些技术和组织已经改进的行业的企业家预料价格将有些微下跌，上述情况也会发生，因为他们预料，这种较低的价格将被其他方面较高的价格所抵消。

如果货币政策是消极的，在生产技术改进而消费品产量增加的整个时期内，名义总收入和消费品供应就不能保持平衡。由于没有理由可以假定，储蓄会增加很多，足以吸收所有额外收入，物价因此将趋于上涨。这种上涨趋势，将随着生产资料制造业由于获利可能性的增大把生产因素从消费资料制造业吸收过去而加速起来，所加快的速度相当于生产资料制造业吸收消费资料制造业生产因素的速度。这个过程的性质将和在静止情况下降低利息率的过程的性质相同。

所以，必须提高利息率，使物价水平保持稳定。但严格地说，对于长短不同的投资的利息率，应当有差别地加以调整。

为把理论简单化，我们首先假定，新的生产方法需要经过一定时期，才能产生消费品增加的结果，但到了这个时候，全部增多的产品都可供使用，而且从此以后生产量都能保持同样高的水平。

从这个时候起，人们必定普遍预期，消费品的供应将长期不断地增加。（一个例子是，一种农作物全部使用新的肥料。当这农作物在将来收割的时候，它的产量就要增加，而且可以预期，这种增加在以后几年会继续下去。）

在这种情况下，可以设想，对于在消费品产量可望增加以前借入，而在消费品产量增加以后到期的借款，应当根据借款数目（包括利息）并以相当于增加的产量的百分比把一笔额外支付记入借方。这项额外支付，应在消费品产量增加的时候到期。按照这种做法，企业家便不得不把工资和其他生产费用保持在当时的较低水平，一直到消费品的供应增加，额外支付到期为止。这种政策将使保持这个时期的稳定物价水平更为容易，因为，这个时期的名义总收入和消费品供应，将和从前相同。① 过渡时期过去以后，企业家就不必再计虑到额外支付的问题。工资和其他经常生产费用，将按消费品增加的比例增加。其结果，均衡可照旧维持。②

但也需要对一般利息率作适当的调整。在生产力刚开始变动以后，短期放款利息率应当是比较高的。这一半是因为由于生产组织的改变，对储蓄的需求已经增加，一半是因为由于将来货物供应有改善的希望，储蓄额大概会减少。这个时期过去以后，短期放款利息率应当又降低，不是降到原有的水平，而是降到和新的生产

① 从企业家的观点看来，生产力增加的效果，多半将为额外支付所抵消。即使企业家借有可假定无须作额外支付的旧借款，情形也是一样，因为，企业家在计算成本时还必须把额外支付包括在内（假使他们出卖他们的生产资料，把销货收入借给银行或个别借款人，上述额外支付也将包括在收入内）。

② 这里假定，出借人不把上述额外支付看做收入，而把它看做资本价值的增加，以致出借人所持有的额外支付的名义数额将按生产力增加的比例而增加。

力情况相适应的、比原有水平高一些的水平。在每一个时期，长期放款利息率应当和预期的短期放款利息率相适应。在短期放款利息率暂时增高的影响下，长期放款利息率应当先稍稍上升，然后逐渐下降。

当然，可把额外支付包括在对资本所付的一般利息内。因此，一定期限借款的利息总额将增加到这样的程度，就是说，在消费品供应量增加的时候，这两者差额的资本化价值将相当于按照以前方法计算的额外支付数额。这意味着，对于一切在产量可望增加的紧要时刻未到期的放款，必须大大增加利息，但对短期放款应比对长期放款增加得多些。

另一方面，如果我们假定，生产资料制造业生产力的增加所引起的消费品产量的增加只是逐渐的增加——这样的假设似乎是更接近于实际情况——那么，采用额外支付政策便意味着，当消费品产量正在增加的时候，应当对一般利息另加一笔相当于消费品增加的百分比的数额。对于期限伸展到这个时期以后的放款，必须采用相应的较低利息率。

在实际社会里，我们当然必须满足于比上面所说的简单一些的办法。在每一个场合，所必须做的只是把一个时期的短期放款利息率保持在能和这个时期中预期发生的消费品产量增加相适应的水平。所以，长期放款利息率必须保持在和所预期的短期放款利息率相适应的（较低的）水平。

如果生产资料制造业的具体生产力，由于某种原因而减低了，而且这种生产减低会继续下去，那就需要降低利息率，使物价不至于下降，并且还需按照和在相反的情况下提高利息率完全相似的方式来降低利息率。

(b) 如果生产资料制造业生产力的变动是暂时的，那就必须对上述理论的一些方面作出修改。

假如这种变动只是由于企业家改变了他们对危险的预料和估计而产生的，因此没有物质基础，那么这种变动不会影响消费品的供应量。结果，仅仅名义收入在上述变动的期间内将有所升降。在消极的货币政策下，社会总收入的增多或减少，如果不被储蓄上相反的变动所抵消，那么消费品供求的平衡将受到干扰，而物价因此便发生变动。要阻止这种变动，首先得在讨论的时期内提高或降低短期放款利息率。至于长期放款利息率，它主要是由未来的(不变的)利息率水平决定的，只要在短期放款利息率调整以后作相应的调整。在某些情况下，可对贴现政策补充其他货币措施，来避免利息率非常的变动以及这种变动对生产活动的干扰作用。例如，如果某些企业家由于对生产前途采取比较乐观的态度，收入变得较高，那么，要是对这些企业家(特别对新的投资)提高利息率，而对其他企业家却采用从前的利息率，就可抵消这些企业家较高的收入，而不致产生很大的干扰作用。这样施行有差别的利息率或限制贷款，当然是以中央银行对形势有正确的评价为先决条件的。

我们现在要说到以下情况：生产资料制造业的具体生产力如一时有所变更，则消费品的将来供应量，也将变更。

作为简单的例子，我们可假定，某一年的棉花收成特别的好。如果大家认为消费品的价格将来不会改变，名义收入就要增加。但在消极的货币政策下，消费品的供应量，在短时间内，将和从前一样。由于储蓄大抵不能对更多的收入起抵消的作用,[①]所以物价必定趋于上涨。后来,在棉织品已经制成可供消费,而消费品供应总量因此将增加的一年,棉织品的价格将趋于下降。如果生产资料制造业的收入下降到从前的水平,棉织品价格将更趋于下降。

在这种情况下,要保持稳定物价水平,就必须从棉花收摘一直到棉织品制成可供消费的时候,提高短期放款利息率。这样一来,在棉花收摘那一年,消费品的存货量将趋于减低,而消费品的供应量因此增加。在更多的棉织品制成那一年,消费品存货量将恢复到正常的水平,因而部分地吸收在市场上供应的消费品。

如果生产资料制造业的生产力有暂时的增加,在大多数场合下,类似的理论都可适用。如果由于生产力增加而产生的较大数量的消费品,是在以后各个时期中逐渐制成的,那么我们的理论只需作这样的修改,即在这些时期中也应当比较缓慢地降低短期放款利息率。

如果生产资料制造业是在暂时不利的情况下进行工作的,因而消费品供应在以下几个时期中会减少一些,上述的理论也完全可以适用。例如,由于雇主和工人发生争议(罢工、停工等),生产资料产量下降,由此而产生的消费品有效需求的减低,可通过降低短期放款利息率刺激商人增多存货来抵消。当收入恢复正常,但消费品还是缺少的时候,就应当提高短期放款利息率,使存货减低

---

① 按照收入作为资本利息的概念(本书普遍使用这个概念),更高的产品价值,主要是作为资本的利得而出现的。收入的实际增加,只相当于资本的利息由于资本额增大而增加的数额。但这并不减低我们理论的正确性,因为就我们对收入所下的定义来说,消费品需求的增加大抵是大于收入的增加。

到从前的数量。

5. 消费品制造业生产力的变更

(a) 当生产力的变更影响到直接制造消费品的生产部门(或服务性行业)时,它便对物价有各种各样的影响。我们首先讨论那些预期是持久的变动。

至于在生产力还没发生变动以前的某一时期内已经出现变动朕兆的情况,是和第四节所说的情况很相似的。假定我们预期一个消费品制造业的利得,在一定日期以后将要增加,而且企业家预料,尽管供应量增加,价格将保持稳定。那么,他们根据这个产品价值将要增高的预期而产生的对生产因素的要求,将使收入增加,不但使这个产业所直接使用的生产因素的收入有所增加,而且使这个产业所使用的生产资料的制造业的收入也有所增加。后者收入的增加可能是更大的。如果生产力的增加是依赖于新的生产方法,或使扩充业务成为有利可图,那么生产力的增加,实际上会使生产资料制造业的扩充和消费资料制造业的扩充不相称(这一点常被提出)。所以,在消极的货币政策下,名义收入以及对消费品的需求,即使在消费品的供应量还没增加以前,便大大增加。总之,要阻止物价上涨,就得运用和第四节所说相同的那种货币政策。

这也是可以想象得到的:消费品制造业方面意料不到的生产力增加,可能成为生产资料制造业收到大量新订货的直接原因。即使消费品供应量因此很快增加,收入可能增加得更快。为要阻止可能跟着这个发展而产生的物价上涨,有效的办法是在生产进行新的安排的期间内提高短期放款利息率。

但是,如果消费品制造业的生产力,先前没有呈现增加的可能性,而且生产力的增加,不是生产资料制造业收到更大的订货的直接原因,那么,消费品的需求大抵不会增加得像供应那样的多。即便消费品工业中的企业家预期物价不会变动,也会有许多阻力因素使收入必须经过一段时间之后才能增加。这是因为:第一,直接制造消费品的生产因素的利得,要经过一定的时间才增加起来;第二,消费品制造业所使用的生产资料的价格的增高要经过更长的时间才能给生产这些生产资料的生产因素带来更大的收入;第三,生产资料制造业本身所使用的生产资料的价格的增高也要经过更长的时间才能给生产这些资料的生产因素带来更大的收入,所以,在过渡时期,公众的收入不会增加到能够在不变的价格下买尽增多的消费品。如果货币政策是消极的,物价便趋于下降。

因此,在这些情况下,要实行和刚才所说恰恰相反的货币措施。为保持稳定的物价,就需要在过渡时期降低短期放款利息率。这样就能刺激商人增多存货,并且加速生产资料制造业中价格和收入的增加,以使较大的消费品供应量能够或多或少地和增加的消费品需求相适应。在生产机构调整得能和新技术采用后的正常情况相适应以后,短期放款利息率又应该提高到一个正当的水平——这个水平可能是高于变动以前的水平,也可能是低于变动以前的水平。至于长期放款利息率,应当按照通常的方式,比照预期的短期放款利息率来作调整。

如果消费品制造业的生产力,由于某种原因,有意料不到的持久性的减低,那就必须暂时提高短期放款利息率,使能顺利地过渡到新的正常情况。(如果物价没有变更)这种情况的特征是名义收入到处降低和需要不像从前那样能得到完全满足。较高的利息率将加速收入的调整,而且将使消费品供应的减少来得比较缓慢。这样,消费品的供求将保持平衡。

由此可见,在消费品制造业的生产力发生持久性变动时,用以保持稳定的物价水平的货币政策,要看个别情况而定。

(b) 我们还要说到消费品制造业中生产力的**暂时性**变动。

如果那些收获以后即可消费或经过短时间加工就可消费的农作物在某一年的产量,是大于通常的产量,这便对那一年的消费品价格有很大的压力。(诚然,物价在最初就可能有上涨的趋势,如果由于对非常收成的期望,消费品的需求在供应量还没增加以前便增加起来的话。但这种情况和第四节(b)相似,所以我们在这里可不必加以论述。)如果货币政策是消极的,便没有和这样增大的供应量相适应的增大的消费者购买力。如果农产品价格减低而农民收入却增加(需求的伸缩力大于 1),这种增加的收入将被其他生产者减低的收入所抵消,这些生产者收入所以减低是因为人们想购买更多的农产品,以致他们的货物卖不出去。所以,要保持稳定的物价,就必须这样降低短期放款利息率,使生产增多的消费品大抵会被增多的存货所抵消。显然,在这种情况下,只需要变更短期放款利息率;至于长期放款利息率,可不必改变。

当然,消费品供应量的变更,也可能是由于气候以外的情况而产生的,特别重要的是由工人和雇主之间的关系所引起的变动。如果由于劳资争议的结果,某些消费品制造业产量减低,那么这些消费品在这一年的总供应量就会减少;但社会的名义收入却不会

相应地减少，因为生产资料制造业的收入可能减得很少。在这种情况下，如果货币政策是消极的，物价大抵会上涨。所以应当提高短期放款利息率，在稳定物价水平下，把均衡状态恢复过来。这个政策对于其他类似情况也可适用。

我们说，我们在上面所分析的例子都是“单纯”的例子，就是说，它们具有一定性质的“独自”变动的特征。当然，实际社会的变动和这种简单形式不相符合，但具有我们假定的情况所可能有的种种结合的形式。从我们的研究，不能马上看出，在一定具体情况下，哪一种货币政策是适宜的政策。但总的来说，如果把我们对单纯情况所提出的措施适当地结合施行，就可期望，在任何复杂情况下，物价水平都可稳定不变。显然，要在这里说到各种各样的结合形式，是不可能的。①

第五章　利息率作为调整物价使其和生产力成反比例的工具

1. 生产资料制造业生产力的变更

如果认为货币政策的目标，不是稳定的物价水平，而是和一般生产力成反比例而变动的物价水平，那么上面的理论便需要作很大的修改。首先，宣布采取这个目标，就会影响一般对将来情况

① 有的时候，生产资料制造业生产力的变更和消费资料制造业生产力的变更，可以结合得使物价即在完全消极的货币政策下也能保持稳定的水平。但这是例外情况。一般地说，在生产力变动的条件下保持物价水平的稳定，是货币政策上一个很复杂的问题。

的预期。生产条件变更对物价发展的影响，因此将和上面所述有所不同。此外，贯彻这个目标所需要的技术，和保持稳定物价水平所需要的技术也有所不同。

在下面，我们只在那些和上述相似的假设下来研究这两种货币政策所造成的两种情况的主要不同之点。

(a) 假如某些生产资料制造业的生产力有持久性的增加，那么，消费品产量将要增加的预期，就会产生消费品价格将相应降低的预期。这两个因素，在很大程度上会相互抵消，以致有关生产者的收入不受到很大的影响。于是，在增加的供应品还没到达市场的时期中，在物价水平不变的条件下所产生的消费品供求不相称的现象也许不会发生。

如果所有生产者都能够正确地预料这种货币政策对将来物价所产生的结果，那么社会名义总收入一点也不受到生产力变更的影响。因此，这种货币政策的目标，在于保持名义总收入的独立性，使它不随着这两个因素而变动。但个别行业的名义收入未必不发生变动。例如，生产资料制造业由于生产力增加，收入有所增加(由于需求伸缩性较大所产生的结果)，但产品销路较差的行业收入有所减少。

但是，就实际社会来说，不能设想，企业家能完全预料他们所特别关心的将来物价发展。在生产力已经增加的行业里，企业家可能低估他们产品价格在将来的降低。这种错误的估计，由于种种原因，很容易发生，其中一个是，个别企业家通常不能对他们所生产的货物的总产量作精确的估计。此外，也可能发生这种情况，生产力没有改变的企业家，由于没有考虑到市场情况已因其他方面生产力发生变更而有所改变，作了错误的估计。他们也许指望能够售出计划的货额，而实际上他们的售货额却减少了，因为较大的购买力可能被那些直接受到生产力变更的影响的消费品所吸收。如果随着生产力的增加，需求弹性大于1，随着生产力的减少，需求弹性小于1，我们便有上述的情况。所以，这种错误的估计，不管是乐观的或是悲观的，都会使预期的总收入有所增加或有所减少。如果收入的变更和储蓄的变更不互相抵消，那么消费品的需求便将增加（或减少），而消费品的价格因此趋于上升（或下降）。如果这种趋向发生，那就必须在生产力变更和消费品供应量增加的中间时间，适当调整利息率来阻抑这个趋向。

在后一阶段，所想望的物价和生产力成反比例的变动，必定会很自动地发生。由于名义收入大体上和从前一样，消费者购买力和从前大致一样。因此，消费品供应量的变动，会引起价格的变动。这时的利息政策，应该是调节物价变动，使和供应量的变动相适应。当物价发生变动的时候，由于人们预料物价变动将继续下去，这种变动往往有继续下去的危险。为防止这一类型的推测，在一些情况下，也许需要暂时调整贴现率。

上面已经说过，为保持稳定的物价水平，就必须修改利息率，按照产品在讨论的时期中由于生产力变更而发生的价值增减的情况，对利息率加以额外的增减。但在现今讨论的情况下，生产力的变动已被物价的变动所抵消，因此我们可调整放款利息率，无须考虑到上述额外的增减。这种货币政策看来是更“自然”的，因为它更容易实行，只需对利息率作比较小的调整，因此不会对生产活动产生大的干扰作用。[①]

（b）一些生产资料制造业生产力的临时性增加或减少，在很大程度上也会被预期的相反方向的物价变动所抵消。在过渡时期，即在生产力的变更还没对消费品供应量起作用的时期，收入和消费的正常关系实际上不会改变，而物价水平大体上也不会改变。后来，当消费品产量增加（或减少）而名义收入仍旧不变的时候，物价通常是循着和供应相反的方向变动着。这样，货币价值的确定标准大体上便实现了。

所以，可想象得到，不需要采取积极的货币政策就可达到这个目标。由于生产力的变更是临时的，所以重新组织生产，使资金的需求在长时期内趋向于增加或减少，因而需要对利息率作全面调整的问题，并不发生。但在一些情况下，也许需要调整短期放款利息率来取得所想望的物价水平的调整。

例如，如果在一定时期内钢铁业由于劳资纠纷而减少产量，钢铁业企业家，大概可以从提高钢铁价格得到一定数额的补偿（因为我们所讨论的是一个和外界没有来往的经济制度）。但工人却得不到任何补偿。在这个时期内，工人的工资将减少。因而他们对消费品的需求将稍稍降低。因此物价将趋于下降。在这种情况下，就需要降低短期放款利息率。

但是，由于货币政策的目标不同，在后一阶段，即在消费品供应量的变动已经产生后果的时间，又必须采取不同的步骤。由于

① 参阅戴维逊：《关于货币价值这一概念的意见》，《经济杂志》，1906 年，第 463 页。

物价在那个时候倾向于朝着和生产力相反的方向而变动,所以,要使物价保持稳定,就需要采用一种补偿的货币政策(上面已经指出)。在这种管理政策下,物价将更自动地发生和生产力成反比例的变动。

2. 消费品制造业生产力的变更

(a) 假如直接生产消费品的工业的生产力发生持久性变动,物价便将发生和消费品供应量变动相反的变动。正如我们在上面指出那样,即使稳定的物价水平被宣布作为货币政策的目标,而且人们都以这目标作为推算的基础,上述的物价变动在某些情况下也会发生。如果变动和宣布的货币政策目标是一致的,这个趋向将比在其他情况下更为强烈。

但在大多数情况下,需要采取一些积极货币措施,使物价变动和货币纲领相适应。

应该注意,利息率的一般水平。随着生产力的变动而变动,因为新的情况。可能使生产资料的边际生产力,和制造消费资料所使用的原始生产因素的边际生产力相比有所提高或有所降低,因而使有形投资所需要的储蓄在长久时间内增加或减少。此外,在生产正在进行调整的过渡时期中,所需要的资本数额也许会暂时增加,因此需要在一定程度上提高短期放款利息率。最后,常常需要修改这些利息率,使物价发生变动以后不会扩大蔓延到和需求的满足的变更不相适应的程度。实际上每次由货物供应量的变动所引起的物价变动,都有变得比货物供应量相应的变动更大的趋势。

产生这个结果有两个原因。第一,公众改变消费习惯来适应改变了的情况，这需要有若干时间。当货物缺少的时候，尽管物价上涨，公众的一般消费标准却是尽可能长地维持下去，而储蓄额因此降低。当物价下降的时候，人们未必相应地增加他们的消费。比较可能发生的是增多他们的储蓄。这种由于消费习惯的牢固性而产生的储蓄额的变动，显然会加剧物价的变动。

第二，人们一般认为，已经持续了若干时间的物价变动会继续下去。这个看法，对物价变动起着推波助澜的作用。当物价上涨的时候，商人增加存货量，减少售货量，而消费者却加快地购进货物；当物价下降的时候，商人减少存货量，增加售货量，而消费者却缓慢地购进货物。为了抵制这种趋势，必须这样调整短期放款利息率，使物价恰恰和一般生产力成反比例而变动。

(b) 最后，一些消费资料制造业的生产力，如果发生暂时性变动，这种变动一般只对有关时期的名义收入产生轻微的影响。所以，在这个情况下的物价水平，和在上述情况下的物价水平一样，倾向于朝着和生产力变动相反的方向而变动。但这里只要采取比较消极的货币政策就够了。由于在这种情况下生产没有进行调整，而资本的需求也没发生持久性变动，长期放款利息率大体上可仍旧不变。但常常需要对短期放款利息率作小的调整，使物价变动的幅度能适应于已经制定的货币纲领。

因为，有的时候，物价的变动可能大于生产力的变动，和后者的变动不相符合。在这一方面起作用的原因，和我们讨论生产力的持久性变动时所提到的原因是一样的，就是说，公众不想更改他们的消费习惯，而且认为，物价一经开始变动，就会继续下去。实际上，第一个因素在货物供应量发生暂时性变动时所起的作用，比它在货物供应量发生持久性变动时所起的作用更为重要。例如，如果货物发生暂时缺少现象，人们往往尽量设法保持通常的消费水平，甚至削减投资额。相反的，如果货物发生暂时性过剩现象，要使消费扩大到和过剩的货物相适应的程度，有时就需要物价的剧烈下降。

但是，这些加剧物价变动的趋向，有的时候是被其他趋向所抵消了。因为，生产者如果认为供应量的变动和跟着而发生的物价变动是暂时的，他们就会调整他们的存货量来限制物价的变动。在物价暂时上涨的时期内，生产者减低他们的存货量，尽量从高价格中收取利益；在物价暂时下降的时期内，生产者的行动和上述恰恰相反。

如果货币政策不是积极的货币政策，这些趋向相互抵消的结果，在不同情况下，当然有所不同。但是，正如上面所说的那样，要使物价朝着所想望的方向发展，通常需要对利息率作一定的调整，因为这些利息率特别影响到存货量，因而也影响到消费品在市场上的销售量。

把这些“单纯”情况的分析，推广到能够包括实际社会所发生的在性质上比较复杂的情况的分析，没有什么困难。

3. 两种典型物价管理的比较

当我们把实现两个典型目标所需要的各种货币措施加以比较的时候，我们就看得很明显，第二个目标（物价和生产力成反比例而变动），比第一个目标（稳定的物价水平）更容易达到。

当生产力的变动直接影响货物供应量时，物价便有朝着和生产力相反的方向而变动的自然趋势。在这种情况下，当然有可能使物价保持稳定，但通常会遇到种种实际困难，需要中央银行来克服。

此外，如果人们料想，生产力的变动，要经过一段时间，才会对消费品的供应量产生影响，那么，要在消费品供应量发生变动的前后保持稳定的价格，是比较困难的，而把价格保持稳定，一直到消费品数额变更，然后调整价格，使和生产力成反比例，却是比较容易的。就前者来说，如果将来制成的物品，所代表的价值是大于或小于从前的价值，那么，在过渡时期，就必须把利息率提得足够的高或降得足够的低来阻抑上述物品价值的增减。通过改变物价水平来阻抑生产力的变动，而不需要对利息率作急剧的调整，这当然是比较容易办的。

总之，我们可作出这样的结论：要保持稳定的物价水平，就必须对利息率作比较剧烈的调整，而且必须充分了解情况，并以这方面的知识作为调整的基础；但调整物价使和生产力成反比例，只需要对利息率作比较和缓的调整。所以，第二种货币政策对商业社会所起的干扰作用，比第一种货币政策的干扰作用小得多。

在我初期研究货币政策“目标”的适当性时，对于哪一个更容易实现的问题我没有加以考虑。当我认为和生产力成反比例而变动的物价水平是更好的时候，我仍然没有考虑由于实现这个物价水平有许多困难应否修改我的看法的问题。现在，我们可作出这样的结论：如果对实现这个物价水平的可能性加以考虑，这不但不会削弱赞成这个物价水平的议论，而且会使这议论显得更有力。我们甚至可以说，第二种物价水平的优点是那么明显，以致这些优点本身便构成这个物价水平应成为货币政策的正确目标的充分理由。即使从其他观点看来，上述两个物价水平的优点是不分上下的，甚至在一定程度上稳定的物价水平具有更大的优点，但从总的看来，和生产力成反比例而变动的物价水平，似乎最能满足我们的需要。按照我们的见解，这种需要应当体现在货币政策上。

4. 以上两章结论提要

我们可把上面对中央银行能够使用的各种方法所作的结论概述如下：

(1) 必须决定并宣布货币政策的目标，而且对于每一次所采取的措施的理由，都必须加以说明。如果公众都能充分认识货币管理机构所采取措施的目的，他们的行动将和这目标相适应，这样对货币纲领的实行就有帮助。

(2) 首先，应该使用短期放款利息率来管理物价。从理论上说，在大多数情况下，变更贴现率就能管理物价。但这种做法意味着所作的变动不但是突然的而且是很大的。这种变动因此很可能对生产组织起干扰的作用。还有一点，必须指出，中央银行应当采取其他措施来补充贴现政策，使得无须对贴现率作过大的变动，从而增进经济生活的安定。

(3) 中央银行应当密切注意债券利息率的变动，而且在某些情况下，应当通过公开市场政策来影响债券价格的变动。

如果我们不过问阻力因素（这些阻力因素使长期放款市场和短期放款市场不能打成一片）以及长期放款比短期放款带有更大的风险这一问题，那么照道理来说，债券利息率应当和未来的短期放款利息率相称。

如果公众能够预先看到实行货币纲领所需要的利息率的将来发展，像中央银行看得那样清楚，债券利息率便有和这个水平相称的趋势，无须中央银行采取特殊措施。此外，在一定情况下，公众对形势的看法，可能和中央银行的看法有所不同。如果中央银行认为，公众是过于乐观或过于悲观，而且他们的看法反映在债券过高的收入或过低的收入上，它可以通过买卖有价证券来影响债券利息率。通过这种公开市场政策，中央银行能够更严密地控制物价的变动，同时也能减少贴现率的变动。

但从上面所述，我们看到，不但应当利用对于债券收入的管理来控制目前的物价变动，而且应当利用它来影响未来的生产组织，借以避免将来的纷扰以及由这种纷扰而产生的利息率变动。所以，适当管理长期放款利息率就可增加货币政策的稳定性。

(4) 在某些情况下，适当的办法是在长短期放款以外的其他方面采用有差别的利息率。例如，有的时候，可扩大或缩小放款和存款利息率之间的差额，借以避免不这样做就需要对放款利息率所作的变动。但按照放款用途采用有差别的利息率，具有更重大的实际意义。

我们的目的，是只对边际借款人采用有差别的利息率。这些借款人是物价变动方向的决定性因素。这样，利息率水平可能保持得更稳定，因而对生产的稳定和存货额的稳定必定也有更大的帮助。要使这种差别能够达到所期望的目的，就必须在边际借款人和其他借款人之间作出明白的区分，因为只应该对边际借款人采用较高或较低的利息率。由于上述区分是很困难的，有差别的利息率只在不采取这个办法就必须大大变更利息率来管理物价的情况下是适用的。特别是在要想阻止物价上升的强烈趋向时，可用对新投资比对未满期的放款索取更高利息的方式来实行有差别的利息率的政策。如果物价上升是起因于一些行业企业家的过分乐观，那就可以对这些企业家收取特别高的利息来进一步实行有差别的利息率政策。如果把这种政策推到极端，区别信用就变成配给信用。

(5) 当其他货币措施不能充分发生效力或必须把物价朝着一个方向或另一个方向加以变动时，可把国家支出政策拿来应用。如果较低的利息率不能消除不景气，如果必须在不引起很大纷扰的条件下提高物价水平，那么政府就应当直接增加购买力。使政府增加支出，没有什么困难，因此，这种提高物价的方法总是可以采用的。在必须降低物价时，变更购买力是比较困难的，因为政府减少支出比减少收入更不容易。但如果有充分时间来计划的话，政府是能够实行节约的。因此，可通过减少支出来有意识地减低将来时期的物价。

5. 关于上面分析中所作的简单假设的性质的意见

到现在为止，货币问题都是在第一章第一节所提到的一些简单假设下加以论述的。我们现在必须简单陈述，这些假设，在什么程度上限制议论的范围，而且在什么程度上必须修改这些假设，使上面的分析能适用于更现实的情况。[①]

① 〔由于篇幅的限制，只从瑞典文原著里选译几段。在原著里有几章专门论述这些问题。〕

(1) 由于保有现金而产生的复杂情况

首先应当强调指出，上述关于没有现金余额的假设，并不是极其重要的。在一个保有现金的社会里，仍然可以把那些决定消费品供求的因素作为出发点，来研究物价变动问题。中央银行还是能够通过它的利息政策来影响这些因素，从而对物价施加影响，使它朝着一个明确的方向发展。其实，我们提出简单假设的原因只在于我们要强调两点：(1)研究物价问题的方法，不是从现金余额方面着手，而是直接抓住供求因素；(2)定价问题的主要方面，能够单独加以讨论，而和货币数量有关的特殊问题完全隔开。我们因此把以下两个学说区别开来：一般物价水平变动学说，即货币价值变动举说；比较狭义的货币学说，即关于保有现金和现金余额变动的因果关系的学说。在这一研究里，我们以一般所说的货币理论的头一个部分为限。

即使对这个理论作出比较完全的论述，也必须注意由于保有现金而产生的复杂情况。在社会保有现金的状态下，现金保有者事实上取得了在纸币制度下属于发行银行的一部分收入，但这种情况所产生的影响仅是次要的。诚然，这种情况所引起的收入的分配的变更，在若干方面改变了那些影响到形成物价的因素的性质，[①]但这个事实并不引起理论分析上的困难。比较更重要的是，

① 作者在《短期放款在经济上的重要性》这篇论文(见《经济杂志》，1925 年，第 223 页和以下各页)中，比较细致地分析了保有现金对这些方面的重要性。〔参阅希克斯所写的《关于简化货币理论的建议》一文(见《经济学杂志》，1935 年第 1 页和以下各页)。在这篇论文里，作者认为现金余额问题是货币理论的中心问题。他从以下观点讨论这个问题：保有现金是流动性最大的投资。〕

现金保有额的变动，有的时候是和储蓄额的变动分不开的。现金保有额的增加，一般是通过增加借款特别是银行借款、减少借款或是变卖资产来实现的。但也可通过储蓄来增加现金保有额。例如，如果消费者由于得到更大的收入，认为保有更大的现金余额是适当的，这种更大的现金余额，往往是通过不量入为出来实现的。但这个事实（某些作家①非常强调指出这个事实）基本上并不使物价变动的分析变得复杂。上面阐述累进过程时，曾经指出，收入增加，储蓄往往随着增加，因此物价上涨的趋向在一定程度上就被阻抑了。如果较大的收入使人们认为保有较多的现金是适当的，那么储蓄便会进一步增加，而物价上涨的趋向也会进一步受到阻抑。所以，只要作出像上述那样小的修改，以上各节的理论大体上还可保持下来。

在讨论物价变动的一般理论中，在涉及保有现金数额问题时所遇到的最大困难，是关于在很大程度上可看做是产生这项现金保有额的情况，即信用制度缺乏充分的弹性以及跟它有联系的不确定因素。这个不确定因素引起各种复杂情况，对于这些复杂情况需要作出比较透彻的论述。例如，需要把银行所贷出的信用和私人所贷出的信用区别开来。如果银行所贷出的信用弹性较大，那就可以假定，行号和个人能够在当时情况下随时获得他们认为所必须保有的现金，不论这个数目是多么大。这样，银行所贷出的

① 例如，可参阅罗伯逊：《银行政策和物价水平》第五章。在这一章里，他把这种储蓄叫做“诱导储蓄”。霍特里在《货币和信用》及其他著作里所阐明的理论也是建立在这样一个观点上的：“消费者收入”和“消费者支出”的差额使“未花费的余额”即现金持有总额有所变动。

信用就可弥补任何意料不到的营业额的增加或由于私人放款减少而引起的周转的困难。当弹性较大的银行信贷这样补充了弹性较小的私人信贷的时候，现金保有额的变动固然会发生，但是，由于这种变动对物价发展的影响只是次要的，所以在说明物价的发展时，不难按照上述的方法来作说明。可是，实际上银行不容易区别完全由于现金保有额的变动而产生的不会影响物价水平的信贷需求的变动和影响消费品供求的关系因而确会影响物价水平的信贷需求的变动。所以，对物价发展来说，现金保有额的影响不一定都是次要的。它可能以不同方式改变银行信用政策的性质。这样，有最大实际意义的复杂情况可能发生，正像危机史所表现的那样。

但在像这里所做的那样比较概括地论述定价问题时，似可不过问这些比较特殊的问题。

(2) 由于银行制度而产生的复杂情况

我们的第二个问题是：当我们把私营银行拉进银行体系内，中央银行因此不再代表整个银行体系的时候，我们应把上面的分析修改到什么程度。显然，这样我们就会面临许多新的问题，关于中央银行和私营银行关系的问题。要对物价理论作出更切合现实的论述，当然必须根据关于这一点的明确假设。如果假定私营银行都能自动地适应中央银行所决定的利息率，那么上面的推论大体上还是可以适用的。但如果私营银行不能自动地适应中央银行所决定的利息率，则中央银行活动和物价发展的关系这一问题就会变得比我们所分析的复杂得多。

关于这一点，我们只就中央银行的公开市场交易补充一二点意见。我们在上面已经指出，要管理长期放款利息率，中央银行就必须积极地参与债券市场。当私营银行也存在的时候，中央银行仍然必须参与公开市场交易，但在这种情况下，中央银行的公开市场交易——正像短期票据和其他短期信用的交易那样——会同时影响私营银行的现金状态，因而也影响私营银行的信贷业务，特别是短期信贷业务。所以，中央银行必须把债券交易和短期票据交易适当地结合起来，借以达到所预期的在一定情况下管理利息率的目的。例如，中央银行如果要想同时抑低长期和短期放款利息率，它就应该购买债券。如果它只想降低债券利息率，但不想改变短期票据利息率，它就应该像上述那样购买债券，但同时应当出卖短期票据，使私营银行所保有的现金数额不会受到这种买卖的影响，因而使私营银行的短期放款数额不致有所变动。如果它要想提高利息率，它就应该采取和上述相反的步骤。

(3) 由于金本位而产生的复杂情况

如果我们所假定的是金本位制度，而不是上面分析所假定的自由货币制度，那就一定会引起许多复杂的情况。这些情况的性质将取决于币制和黄金的供需情况。

如果我们是从以下比较简单的假设出发：一个和外界没有来往的社会拥有相当稳定的黄金供应量，黄金不作为支付手段流通，除工业上所使用的黄金外，其余全归中央银行掌握，那么金本位制度所引起的复杂情况将是比较不重要的。在这种情况下，唯一新的因素是，中央银行现在增加了调节黄金价值这一任务。中央银行所要做的，只是按市价把工业上所不需要的黄金吸收到黄金准备中去，但这未必会对支付手段的流通数量或对决定消费品价格水平的因素有特殊的影响。

如果能够通过生产措施，例如开采金矿，来增加黄金供应量，那么情况就不同了。使用在生产黄金上的生产因素并不会增加现在的和未来的消费品供应量；但这些生产因素得到收入，这种收入，要不是储蓄起来，就会增加消费品的需求。其结果，物价趋于上涨：消费品价格先上升，生产性服务和生产资料的价格随后也上升。跟着这种物价上升而来的，往往是钞票流通的扩大。但和上述黄金供应量相当稳定时的情况相反，银行对公众所作放款的净额，不会减少得像银行为换入黄金而发行的新钞票数额那样的多（但是，钞票流通不一定会增加得和黄金准备的增加那样的多，同时钞票数额的增加和物价水平的增高也无须有完全相同的比例）。

可使用以下两个方法来阻抑上述趋向：提高利息率或征收所得税。

正如我们在上面说过的那样，提高利息率的主要影响是，生产资料价格将下降，而生产资料的生产因此不像从前那么有利。这样便有把生产因素调到消费品制造业的趋向。如果消费品价格受到黄金生产者需求增加的刺激（由于新金矿的发现）而进一步上涨，这种趋向便越来越剧烈。单就上面所讲来说，这种情况，和提高利息率来应付某些生产制造业生产力增加的结果时所发生的情况相似（参阅上面第四章第四节）。但这两种情况有一个不相同之点，就是说，生产资料制造业生产力的增加通常会使消费品未来的供应量有所增加，但当生产因素是从事于黄金生产时，消费品未来的供应量不会增加。

在另一方面，这种情况和上面已经说到的情况也有所不同。较高的利息率，能压低生产资料的价格，但不能影响黄金的价格。

因此，从生产者看来，黄金具有消费品或最后制成品的性质。这句话的意思是说，黄金的价格是在现在决定的，和将来的任何价格(包括利息率)没有关系。但和真正的消费品比较，黄金在金本位制度下却有一个特殊的地位，因为，黄金以货币计算的价格是固定的，而其他货物的价格，由于利息率的变动，可能有所升降。这是因为较高利息率对生产因素服务的价格起着压低的作用。在那些不需要很多资本而生产成本的减少比利息率开支的增高有更大重要性的产业里，生产量将增加，其结果，它们的产品价格将下降。相反的，在那些在较大的程度上使用资本主义性质生产方法而利息开支的增加比生产因素价格的降低有更大重要性的产业里，生产量将减少，而产品价格因此上升。在这两种产业里，利润的原来变动都被物价的变动所抵消。正在这后一方面，黄金的生产具有和其他不同的特点。在黄金生产方面，利润所受到的影响，也像在真正消费品生产方面利润所受到的影响一样；但是，在真正消费品生产方面，作为抵消因素的价格变动，在黄金生产方面却不存在。

由此可得出以下有趣的结论：利息率变动对黄金生产的影响，比它对消费品生产的影响更为强烈。如果生产黄金方法的性质不是那么资本主义的——例如淘金——那么，和消费品生产相比，利息率的增加，将引起较剧烈的扩大生产的倾向。因为，在消费品生产方面，价格的降落将阻抑利润的增加。就更切合现实的情况来说，即就黄金生产主要是使用通常采掘方法，因而明显地是资本主义生产方法来说，我们也可预料，利息率的提高对黄金生产比对消费品生产将有更大的缩小生产的影响。因为在消费品生产方面，利息率的提高往往会被产品价格的提高所抵消。[①]

另一方面，如果是通过捐税来求得黄金准备的增加，那么，结果或是捐税负担增加，或是其他国家支出减少。在这两种情况下，消费必然下降，但下降的程度大抵不会像黄金生产者对消费品需求下降的程度那样的大。因为，较高的捐税，大概会使储蓄发生一定程度的减少；至于国家支出的减少，大概不会使总消费发生同样程度的减少。所以，在这种情况下，大抵也需要稍稍提高利息率来保持稳定的物价水平。

这个方法和上述方法不同之点，在于储蓄是用强迫手段来增加的。由于这种原因，新形成的有形资本减少的程度不一定会等于黄金准备增加的程度。此外，和前一个方法相比，物价可在较低的利息率下调整到所希冀的水平。从纯货币理论观点看来，上述第二个不同之点是更重要的，但从其他观点看来，第一个不同之点却是很重要的。

上述物价发展的复杂情况似乎是一个和外界没有来往的社会

① 这一个结论具有实际重要性。以前的假设，实际上虽不重要，但从理论的观点看来，却是很有趣的。如果我们从这样一个社会出发：它实施金本位制度，需要比较小的资本来生产黄金，那么，较高的利息率便意味着，比从前更多的生产因素将被吸收到黄金生产中去。其结果，消费品需求量将增加，而消费品供应量将减少。这样，物价会趋于上涨。因此，在较高的利息率下，为提供开采黄金所需要的资本而对其他方面的消费所加的限制，可能大于在较低的利息率下所需要作的限制；但在较高的利息率下，为真正生产资料投资所需要的储蓄总是小于在较低的利息率下所需要的储蓄。所以，要管理物价，就得进一步提高利息率，而且要提高到这样的程度，使得其他方面所限制的消费足以抵消黄金生产者更大的消费。这种奇怪的事态是由上面提到的情况所产生的，就是说，从生产者看来，黄金显得是个消费品，但从整个社会以及中央银行看来，作为货币使用的黄金，却具有基本投资的性质。这种投资不生利息，但在金本位制度下，要管理物价，这种投资是不可缺少的。

由于金本位制度而产生的这种复杂情况中最重要的情况。

(4) 由于国际关系而产生的复杂情况

上面分析所根据的一个和外界没有来往的社会的假设，在应用到实际情况时，当然会呈现相当大的局限性。在这研究里，不但把有关国际的特殊性问题完全撇开不谈，而且国内物价问题在这个假设下也显得和在这社会跟其他国家有来往的比较切合现实的假设下稍稍有所不同。所以，从这个观点看来，我们也得修改我们的分析。

不过，这里所提到的问题非常复杂，需要对它们作出专门研究；但由于篇幅关系，我们甚至不可能在这里谈一谈这种研究的梗概。[①] 所以，上面的分析必须看做是为比较现实地论述利息率对物价发展的重要性这一问题作准备的理论研究。当然，它在实际应用上的局限性是个缺点，但这个缺点是现今有关经济理论问题的大部分著作所共有的缺点。

第六章 魏克赛尔的“正常利息率”概念

1.“放款正常利息率”的三个特征

上面的分析大体上是根据魏克赛尔的著作，他的著作是这一方面著作的嚆矢。[②] 魏克赛尔利息率和物价水平关系的学说，是从以下一个观点出发的：不但可使用货物供求关系的字眼来说明

① 〔在瑞典文原著里，作者对于这个问题曾作出相当长的论述。〕

② 《利息和物价》(先用德文写成，1898 年刊行)以及《政治经济学讲演集》第二卷(瑞典文第一版，1906 年刊行)。

物价的相对变动，而且可使用这种字眼来说明整个物价水平的变动。[①] 在许多近代学说里，可找到相似的观点。即在没有直接受到魏克赛尔影响的著作里，也可找到这种观点。

但我们的论述和魏克赛尔的论述在形式上有个不相同之点，就是说，我们并不使用魏克赛尔学说中占着那么重要位置的“放款正常利息率”这一概念。这一点需要说明。如果可以认为，这个概念具有明确内容，那它对于物价变动的分析，无疑地将有很大的帮助。所以，在下面，我们将从魏克赛尔自己所下的定义出发，比较精细地分析这个问题：“正常利息率”这一概念能否给它下一个定义，使它成为在科学上有价值的概念。

按照魏克赛尔，“正常”利息率有三个特征：(1)正常利息率和自然利息率或真正利息率(自然利息率后来叫做真正利息率)相符。(2)正常利息率建立了储蓄供求的平衡。(3)对物价来说，正常利息率不发生影响；可是，在“正常”以上或以下的利息率对物价有影响，使物价向上或向下移动。[②]

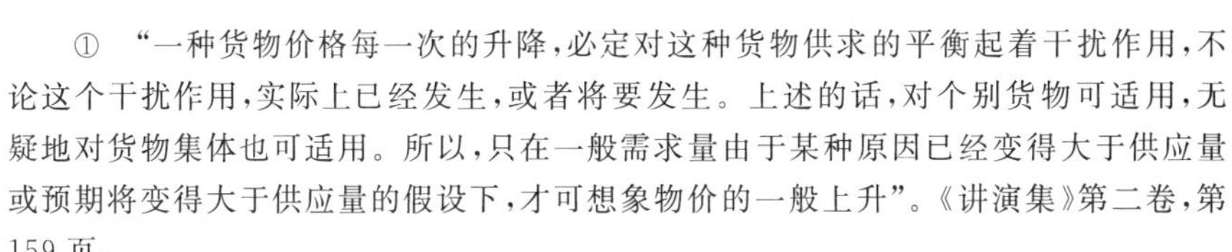

① “一种货物价格每一次的升降，必定对这种货物供求的平衡起着干扰作用，不论这个干扰作用，实际上已经发生，或者将要发生。上述的话，对个别货物可适用，无疑地对货物集体也可适用。所以，只在一般需求量由于某种原因已经变得大于供应量或预期将变得大于供应量的假设下，才可想象物价的一般上升”。《讲演集》第二卷，第159页。

② “有一种对货物价格不发生影响的放款利息率。这种利息率既不会使物价上升，也不会使物价下降。这种利息率必定相同于在不使用货币和一切借贷都以实物进行的情况下由供求决定的利息率。这种说法和把利息率作为资本自然利息率的当前价值的说法相去不远。”《利息和物价》第102页。

“在任何时刻，在各种经济情况下，都有这样的放款平均利息率水平，这个利息率水平既不会使一般物价水平趋于上升，也不会使一般物价水平趋于下降。我们把这种利息率叫做正常利息率。这种利息率的高低是由资本自然利息率的当前水(接下页)

我们要坚持这一点:在现实假设下,头两个特征和第三个特征在内容上大抵是相同的,因此正常利息率可简单解释为对物价没有影响的利息率。我们将对这个概念的意义补充一些意见。①

2. 自然或真正利息率

一般说来,真正利息率不能够单独决定,只可作为保持储蓄供求平衡的利息率来决定。

只在非常特殊假设下,才可想象一个完全由技术条件决定,因而和物价体系没有关系的自然或真正利息率。如果利息率是由技术条件决定的,那就必须先假定,生产过程只是把若干单位和最后制成品性质相同的货物或服务投入生产。这种最后制成品随着时间的推移增长起来,不需要其他比较缺乏的生产因素的合作。②在这种情况下,可把资本的真正利息率作为制成品的数量和以前投入的货物和服务的数量的比率来表示。计算这个比率和计算利息率都使用同一时间单位。即使每一个时间单位以百分数表示的增加的价值,随着投资期间的长短有所差异,上述计算方法还可适

(接上页)平决定的,而且和这水平一起升降着”。《利息和物价》第 120 页。

“我们把放款的真正利息率叫做正常利息率……那么,使放款资本的需求和储蓄的供应恰恰相等,并且大体上等于新创造的资本所预期的收入的利息率,就是正常利息率。”《讲演集》第二卷第 192 页—193 页。

① 〔这一节和以下各节,被认为足以代表作者在 1929 年所写的原有内容,但在 1929 年以后作者在某些方面的意见有所变更。关于这种意见的变更,读者可参阅本章末的补充注释。〕

② 可把一种由不给工资的劳工种在不缴纳租金的土地上的稀有农作物作为例子。在这种情况下,生产成本只是种子和种子的利息。

用。在这种情况下，人们总是选择对他们最有利的投资期限。[①]由于自由竞争的结果，放款利息率必定等于这一个根据技术条件决定的真正利息率。[②] 如果我们把借贷和有形投资的危险因素撇开不谈，而且假定所有借贷都是以实物出借或归还，那么放款利息率就不能比真正利息率高，因为这会使人不愿作有形投资。放款利息率也不能比真正利息率低，因为放款利息率要是低于真正利息率，人们便不愿意把资本出贷。

在更切合现实的假设下，不可能使用同一的具体单位来衡量投资和产品。要比较所投入的服务和所制成的产品，就必须使用一个共同单位来表示它们。这意味着它们的价格关系是已知的。所以，真正利息率，不仅要看技术条件而定，而且要看物价情况而定。不能够把真正利息率看做和放款利息率没有关系而独立存在的利息率。

相反的，放款的实际利息率，对那些和资本的真正利息率有关的物价关系有直接重大关系。可以把一定时期的真正利息率作为预期的将来产品价值（适当考虑到危险因素）和这个时期投入生产的价值之间的关系来表示。但所投入的服务的价格，却受到企业

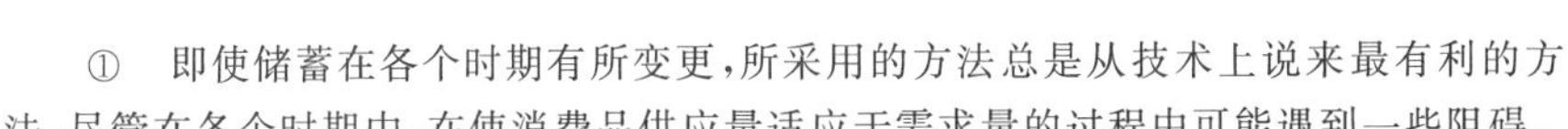

① 即使储蓄在各个时期有所变更，所采用的方法总是从技术上说来最有利的方法，尽管在各个时期中，在使消费品供应量适应于需求量的过程中可能遇到一些阻碍。

② 这里假定，即使投资期限有所不同，各生产部门所用的利息率都是上述的最高利息率。如果这个条件能够满足，即使所生产的货物种类有所不同，我们在上面的论断不会因此而失去它的正确性。但是，如果情况这样发展，以致一个生产部门的真正利息率大于另一个生产部门的真正利息率，那就不可能想象静止的平衡状态是存在的。在这种情况下，必须想象，前一种货物的价格，和后一种货物的价格比较起来，是逐渐下降的，一直到这两个行业中的投资的实际利得又变得相等为止。但到那时候，我们就不能再谈到完全由技术条件决定的真正利息率了。

家需求的影响，而企业家的需求又受到放款利息率的影响。当放款利息率是低的时候，对于用来生产有形资本的服务的需求便增加，而服务的价格因此上升到这样的程度，使人认为所投入的服务的价值所生的利息等于按当时利息率计算的利息。反之，高的放款利息率，便对这个时期中所投入服务的价格施加影响，使服务在这种情况下实际上所得的报酬相当于放款利息率。由此可见，这里所说的资本的真正利息率有和各个时期放款的实际利息率相适应的倾向。因此，真正利息率和放款利息率在一定时期相符合，这并不提供什么根据，使得我们可把放款利息率说成是"正常"利息率。

当我们分析资本理论，企图说明一些因素怎样决定有形资本的利息率时，我们事实上已经把这个利息率看做和放款利息率是同样的东西，而且是和在现有条件下使物价体系保持均衡的利息率有关。这样一来，真正利息率便含有作为价格决定过程的结果而出现的放款利息率的意义，和上面提到的意义有所不同。这个价格决定过程的结果就是各个因素特别是储蓄的供求达到均衡。我们现在已经说到了魏克赛尔"正常利息率"概念的第二个定义。我们的下一个工作乃是解释它的意义。

3. 使储蓄和投资达到平衡的利息率

当我们说"正常利息率"能使储蓄的供求保持平衡的时候，这句话便含有正常利息率不会使物价倾向于变动的意思。

可使用净总产量中构成新增加的基本设备的那一部产量来衡量生产者在一定时期中对储蓄的净需求额。此外，一定时期中储蓄的净供应额，等于消费者收入超过他们消费的数额。[①] 我们的问题是：要使这两个因素达到平衡，是否需要一定高低的利息率。显然，一个时期中储蓄供求的平衡，便意味着这个时期中消费品供求的平衡。

在人们都能完全预料将来情况的社会里，要使我们这里所讨论的体系保持平衡状态，那么，在其他方面，在一定条件下，各个时期都需要有一定的放款利息率。如果改变这个利息率，那些本来可用以表示这个体系的平衡状态的联立方程式便不再适用，而且平衡必定遭到破坏。所以，在人们都有完全预见性的假设下，从逻辑观点看来，我们没有理由反对把正常利息率解释为使储蓄供求达到平衡的利息率的做法。由于这个利息率也要不影响物价，所以，就这一方面来说，魏克赛尔的定义是正确的。

即使人们不能完全预料将来的情况，上面的话也可适用，如果这个社会的生产因素可随意加以转移。假定我们暂把各种有差别的利息率所引起的复杂情况撇开不谈，那么从这个简单假设看来，如果其他情况仍旧不变，要保持平衡，就得有一定水平的利息率。如果这个水平受到干扰，生产方法将立即改变，消费品供求不能相称，结果，物价便发生剧烈的变动，以致即在很短时期内也不能使决定物价的因素保持平衡。[②]

---

① 〔应该注意，在这两种情况下，问题都是关于生产者和消费者所计划的数额。因此，那些使事后计算的数目成为相等的“无意的”储蓄和“无意的”投资，不应该计算在内。要是使用第一篇中较新的、较正确的术语，我们可以使用“事前估计的净投资额”一语来代替“储蓄的净需求额”，也可以使用“事前估计的净储蓄”一语来代替“储蓄的净供应额”。虽然我们没有明白地说，本书中所用的这类术语都是指未来的数量。〕

② 参阅上面第2章第4节。

在矛盾百出的实际社会中，情形大不相同。因此，任何一个时期的利息水平，可以在一定限度内变动，不致直接扰乱物价体系的平衡。诚然，物价可能有朝着一个方向或另一个方向移动的趋势，但由于矛盾的关系，这种趋势在我们所观察的时期中没有显著地呈现出来。此外，应该注意，当物价呈现变动趋势的时候，变动只是逐渐的，而且变动得使各个时期的储蓄供应都能在当前利息率下适应于生产的需要。[①] 所以，实际上，使物价发生变动的放款利息率，会完全满足魏克赛尔对“正常”利息率所提出的要求，就是说，会满足储蓄供求保持平衡的要求，如果我们所考虑的是个短暂时期。上述说明的意思当然是说：即使物价水平没有发生会变更收入分配和储蓄供应的那一种变动，甚至可以这样说，即使物价水平没有发生由于利息水平而引起的变动趋向，平衡也可以达到。但基本上这是等于说，利息率对物价不发生影响。

4. 中性利息率

中性利息率未必意味着物价水平是不变的，而却意味着物价的发展大体上是和公众的预料相符。

在人们都能完全预料将来情况的社会里，放款利息率的高低决定于预期的物价发展。我们已经指出，只要各时期的利息率是这样加以调整，以致它能完全抵消货币价值的变动，便不需要有一定类型的物价变动（由于保有现金而引起的复杂情况可置诸不问）。除上述利息率外，其他利息率不能保持我们所说的体系的平

① 参阅上面第2章第5节。

衡，因此，不能按照魏克赛尔的意义解释为“正常”。

即在实际情况下，就是说，社会要倚靠推测来判断将来情况，在计算正常利息率时也必须充分考虑到人们所推测的最可能发生的物价发展。例如，如果社会预料将来物价水平仍旧不变，那么五厘利息可能是正常的，但如果社会预料物价每年将上涨百分之二，七厘利息却是正常的。在这种情况下，五厘的利息率将是在常态以下的利息率，因为它将使物价上升到比社会所预期的更高的程度。所以，就一定预期的物价发展来说是正常的利息率，就其他预期的发展来说可能是不正常的利息率。即使就其他方面来说，它影响到储蓄供求的情况没有变更，上面的说法还是对的。

上面对“正常利息率”这一概念所下的定义，引起了一些困难。在实际情况下，人们对将来情况所作的预料，不可能处处相同。因此，不能说物价的一般预期发展。所以，我们必须把和放款利息率有关的物价发展看做是各个预期发展的平均。

由于这一类的解释不可能不带有一定程度的武断性，所以“正常利息率”这一概念也具有一定程度的武断性。这样说来，这个概念确有令人不能满意的地方。但是，无论对这个概念作怎样的解释，这个不能令人满意的地方总无法消除。

例如，“正常利息率”一语如果作为和不变的物价水平同时存在的放款利息率来解释，不管公众怎样预料物价的发展，我们总可提出异议说，这个定义不能充分表达思想的基本联系。这从以下事实看得最明显：如果假定人们都能完全预料将来的情况，那就不能保留这个定义。因为，我们刚刚说过，在这种假设下，除按照公众所预期的物价发展加以修订的利息率外，不能想象有其他利息率。在更切合现实的假设下，当然可以这样想象：即使公众认为物价将要变动，实施一定利息率的结果，物价将仍旧不变。但在这种情况下，利息率对物价水平所施加的压力同公众期望对物价水平的影响恰恰相反。[①] 这种利息政策的结果，就重要方面来说，和较高的或较低的利息率使预期发展与实际发展有所不同是同性质的。就是说，在生产安排和生产对储蓄的需要发生变动的同时，收入的分配也发生变动，以致储蓄的供求能够相称，而资本市场也保持平衡。我们不能说，这种利息率对物价"不发生影响"。

要使"正常利息率"这一概念不依存于公众的预测，一个比较满意的方法是把正常利息率解释为以价值固定的货币来作的放款的利息率，而不把它解释为以普通通货来作的放款的利息率。这样，我们要说到以下一种放款利息率。这种利息率对预期的货币价值变动，并不提供补偿，因此，这个利息率看来是正常的，如果公众指望通货在将来是稳定的，或者借款是按一定的货币价值变动指数来偿还的。但是，连这个定义也有可非议的地方。首先，这个定义是基于"货币不变价值"的概念。人们对于这概念的含义，意见不相同，因而"正常利息率"这一概念的意义，也随着这种不同意见有所不同。其次，这个问题还存在着：从这个想象上的正常水平出发，怎样才能达到在实际情况下可算是"正常"的放款利息率呢？如果这个问题是无法解答的问题，那么，在货币政策问题的论述

① 在这里我们假定，利息率政策不会使公众对将来物价的意见有所改变。如果公众先认为物价将要变动，但后来由于货币管理机构所施行的利息政策的结果，公众又觉得物价将仍旧不变，那么这种利息率将是"正常"的利息率，不管我们对正常这一概念作怎样的解释。

里,“正常利息率”这个概念便没有它的地位。因为,在这里必须从那些和实际情况相符合的假设出发,至少在分析的最后阶段必须从符合实际情况的假设出发。

所以,如果货币理论分析要使用“正常利息率”一语,我们所下的定义,无疑是不完善的,但却是所能够做的最好的定义。从这个定义出发,我们将说到一两个问题。这些问题所以成为争论不决的问题,大抵也是由于“正常利息率”一语意义含混的缘故。

第一个问题是关于物价发展的性质,就是说,当生产力改变,但放款利息率却保持“正常”时,物价是怎样发展的。当然,这个问题的解答,要看公众的预测是怎样而定。如果他们预料,尽管生产力改变物价仍旧不变,而且他们都按照他们的这种见解行事,那么,使物价保持不变的放款利息率,按这里所下的定义,应当认为是“正常”的。此外,如果人们普遍认为,物价将按另一种方式变动,例如,和生产力成反比例而变动,那么,这种物价变动,将在和上面所说的不同的利息水平下发生。在这种情况下,这个和上述不同的利息水平应该看做是“正常”的。

对于第二个问题,也必须作出同样的解答。第二个问题是:如果政府开支是部分地通过发行新钞票来弥补的,或者在金本位制度下,黄金产量超过流通的需要,“正常利息率”是否能够阻止物价上涨。物价在这些情况下所以趋于上涨,是由于储蓄的总需求额和供应额比起来有所增加。如果提高放款利息率来适应这些情况,就可保持资本市场的平衡,而无须对物价作任何事前没有想到的改变。所以,这种利息率,应该看做这里所说的“正常”利息率。把放款利息率保持在对储蓄的需求没有增加的条件下可称为“正常”的水平，会使物价上涨得像由于某种其他原因储蓄减少时所引起的物价上涨那样。[①]

最后，应该注意，在实施一定货币政策时利息率总要保持“正常”（按这里所说的意义）这一要求，未必都能满足。在某些情况

---

① 从一个和上面不同的“正常利息率”的定义出发，有的人把这里提到的那一种物价上涨，即由于货币数量增加而直接引起的物价上涨叫做“直接膨胀”，而把由于“常态以下”的利息率所引起的物价上涨叫做“间接膨胀”，以示区别。这些类型的膨胀有个共同之点，即膨胀原因，和其他类型的物价上涨原因不同，是在“货币方面”而不在“货物方面”。同样，如果物价的下降是由财政政策所引起的，则会发生“直接紧缩”；如果物价的下降是由一个超过“正常”水平的利息率所引起的，则会发生“间接紧缩”。另一方面，由于货物供应量增加而引起的物价下降，根本不是紧缩性的物价下降。如果正文中对“放款正常利息率”这个概念所下的定义被认为是正确的话，上述直接和间接的区别就不能保持，至少不能像上面那样作出区别。因为，那时我们所谓“直接膨胀”和“直接紧缩”，也必须认为是由放款利息率和它的正常水平的离差来决定的。因此，在“直接”膨胀和“间接”膨胀，“直接”紧缩和“间接”紧缩之间不能划出明显的分界线。（奥林和阿克曼提出了相似的意见，他们的论文见1921年的《经济杂志》。读者可参阅该杂志在1921年和1922年刊载的由于阿克曼一篇论文而引起的辩论。）至于“膨胀”、“紧缩”与物价其他变动之间的分界线，也不能像上面所提示的那样划分出来。因为，事实上，每一个物价变动决定于供求两方面因素的变动，因而也决定于货币和货物两方面因素的变动。例如，如果物价变动的主要原因是利息率的减低，那么利息率的减低将使消费品的需求量增加，并使消费品的供应量减少。如果物价变动的主要原因是生产力的减少，那么生产力的减少，不但将使货物的供应量减少，而且可能使消费品的需求量有所改变。所以，要想从物价变动的实际原因出发，把“膨胀”和“紧缩”这些概念弄明确，似乎是无法做到的。一般地说，阐明物价变动的实际原因是很困难的。（根据这个出发点，合乎人们期望的物价变动，和由利息率跟它的正常水平的离差来决定的其他物价变动，似乎是有区别的，如果我们把上面正文中所说的话应用到这一方面来。但这种区别，和“膨胀”与“紧缩”等概念没有直接的联系。）如果这些概念的定义是根据实际物价变动和一定理想标准的比较，那么这种定义就不那么成为问题。例如，物价的实际发展和物价在与生产力的变动成反比例时的发展有所离差，每一次发生的这种物价上涨或下降的离差，可以叫做“膨胀”或“紧缩”。但这个定义明显地含有完全传统的意义，从许多观点看来，它的适用性是有问题的。为避免无谓的误会和没有结果的争论，我们在本书里不使用这些名词。

下，要实行高于或低于正常水平的利息率，才能最好地达到货币政策的目标。我们认为，当我们说明在不同假设下要采用不同货币政策的时候，已经把上面一句话的证明举出来了。从本论文可以看出，公众的预料，如果和货币政策的目标不相符合，要实现货币政策目标，一般需要实行一种对物价水平不发生影响的利息率。但是，这个目标如果受到公众的信赖，利息率大体上应当保持在"正常"的水平。不过，我们应该注意，上面的说明没有包括合理货币政策所有的特点。合理货币政策，也需要对放款利息率作详细的区别，有的时候，还需要补充其他措施，例如，使用财政政策来直接控制储蓄。

5．利息率的差别

按照我们定义的"正常利息率"不应该看做始终一致的利息率，而应该看做不同放款的不同利息率混合而成的利息率。它的组成，就放款期限和其他方面来说，可能是不同的。所以，"正常利息率"是不能单独决定的。

在静态经济下，长短期放款利息率必定相等，如果我们把那些由于放款风险和放款费用有所不同而产生的差异撇开不谈。但在其他利息率方面，特别在放款存款利息率以及各类型借款利息率方面，可能有各种各样的差别。这种差别不一定会对静态经济起干扰作用。所以，在一定情况下，可想象各种不同利息率的混合，它们的平均高度各不相同。它们都是"正常"的，就是说，它们能使我们所说的体系保持平衡。

在动态经济下，就放款期限来说，利息率可能是有差别的。如果公众能完全预料将来情况，那么在每一个时期中，能够保持平衡的只有一个长期利息率和短期利息率的混合。那即是说，长期放款利息率必须这样适应预期的短期放款利息率，以致一个时期的长期放款所得的利息要等于这笔款项在同一时期中以不同期限按不同利息率连续出借所得的利息的总和。

实际上，公众不能完全预测将来的短期放款利息率，中央银行因此在一定程度内享有管理各个时期长期放款利息率的能力。所以，可想象，在一定时期内，有各种各样的长短期放款利息率的混合，它们对物价都不发生影响。例如，短期放款利息率的上升，可能被较低的长期放款利息率所抵消，而长期放款利息率的上升，可能被较低的短期放款利息率所抵消。

诚然，一个时期中长期放款利息率的高低，可能影响到将来的生产安排，因而也可能影响到将来时期的储蓄需要。如果一个时期的长期放款利息率太高或太低，那就很难在将来时期中保持平衡。在一个时期内对物价水平不发生直接影响的长短期利息率可能有的混合中，可叫做最“正常”的乃是能够保持稳定的物价水平而且在将来时期中只需对利息率作最小的调整的混合。把这个利息率叫做最正常的利息率，还有一个原因，即这个利息率应该会使一个时期的长期放款利息率和相应的一系列短期放款利息率在最大程度上相符合（只在公众能完全预料将来情况的条件下才有完全的符合）。

但这样解释正常利息率概念，却有以下缺点：要经过很长时间以后，才能判断一个时期的利息率是否正常。严格地说，要说明各个时期中长短期放款利息应该怎样加以混合，使得平衡能在尽可能稳定的利息率下保持不变，就必须分析很长期的经济情况。显然，我们在这里对“正常利息率”概念所作的解释，比魏克赛尔的定义更为明确。如果我们保留魏克赛尔的定义，那就要记着，在实际情况下，这个概念，在一定范围内是不确定的，因为它不能解答利息率差别这个重要问题。

6．结论

我们这一个分析，可以说是关于我们在这篇论文中为什么避免使用“正常利息率”这个名词的说明。事实上，我们已经指出，这个名词的普通解释在一定程度上是含混的，因为，把这个概念所由来的一连串思想推究下去，便会导致这样的结果，使得这个概念的意义和一般使用的意义有所抵触。我们也指明，这个概念的内容是很不确定的，因为它可能包括不同的利息率混合。最后，这个概念的适当性也可能成为问题，因为合理货币政策，可能采用其他利息率而不采用我们的“正常”利息率。

在说明决定物价的因果关系和说明达到一定货币目标的合理措施时，我们的说明不妨限定在下一点：在其他情况不变的条件下，从平均高度和差别这些角度决定的利息率水平，怎样导致物价水平的不同发展。在这个分析里，并不需要使用“正常”一语来形容这些利息水平。

7．补充注释(1939)

上面我们专门研究了这样一个问题：在任何一种情况下，能否把一个在一定意义上可说是“正常”的放款利息率或各种放款利息率的混合确定下来。研究的结果，我们得到以下结论：放弃早期理论所根据的简单静态假设，就会遇到很大的困难。我现在还想保留这个结论，而且认为，上面用以证明这个结论的论点，从整篇论文所遵循的方法论观点看来，大体上都是正确的（参阅上面第一章第八节）。但是，经过十年时间以后，我却以为这个方法使议论的范围受到一定程度的限制。我还是认为，把一个动态过程看做一系列均衡状态所组成的过程，是一个可说是相当正确的方法，而且这个方法，即使应用到实际生活中更复杂过程的研究，也能得到有趣的结果。但是，把经济过程看做一系列不平衡状态的另一个方法，由于本书第一篇所举出的原因，无疑地必须认为是更适于普遍应用的方法。这个方法把事前估计和事后计算区别开来，这样就使我们能够更详尽地论述一些和正常利息率问题有联系的概念。由于这个原因，我现在要稍稍修改上面的论述，使它成为普遍性更大的论述。同时还要补充几句来澄清其他一两个论点。

（一）关于自然的或真正的利息率，还有一个问题未经解决，就是怎样应用这个概念，不致使人有所误会。魏克赛尔对这个名词的见解和使用，似已逐渐有所变化。这从他的早期著作和晚期著作中就看得很明显。在《利息和物价》一书里，他把自然利息率说成为借款以实物进行时的利息率，但在他的《讲演集》里，他放弃了这个有点含混[①]的说法。他把真正利息率和利润率说成为同样

① 关于这一方面的批判评价，读者可参阅缪尔达尔所写《平衡概念》等论文，见哈耶克编的《对货币理论的贡献》，391 页和以下各页。读者也可参阅罗森斯泰因-罗丹的《货币、物价一般理论的调和》，见 1936 年《经济学杂志》，第 257 页和以下各页。这篇论文对“交换经济”、“货币经济”和“中性货币”等概念作了透彻的分析。

的东西，而真正利息率和费希尔教授的“超过成本的利润率”与凯恩斯的“资本边际效能”大体上是相同的。费希尔和凯恩斯的说法，似乎比魏克赛尔的说法较胜一筹，因为“真正利息率”一语有时是用以表示完全不同的意义，即在货币价值不变的条件下所应用的利息率。因此，借款利息率和真正利息率这两个名词，在使用上和货币工资与实际工资是类似的。

等于将来利润率的真正利息率，实际上不但各行号各不相同，而且即在同一行号内，也随着不同的投资有所不同。我们可从关于投资总额或投资净额的投资清单看出这些高低不齐的利息率。诚然，这些利息率，受到以前各时期中放款利息率的影响，但我们可认为，它和本期放款利息率没有关系。以此之故，上面的论述应当加以修改。但是，我们不能单单根据投资清单，从上述高低不齐的真正利息率中，指出哪一个对放款利息率有决定性的影响。[①] 从这个清单，我们只能推定，在不同利息水平下，资本市场上的需求是多大。可是，我们如果不知道供应是多大，我们就不能说，哪一个利息率是正常的。所以，放款利息率应当和有形资本利息率相符合这句话的合理意义只是，它应当使资本市场上的供求达到平衡。可用不同方法来确定需求和供应，但所考虑的如果是资本需求和供应的净额，那么上述平衡是关于计划投资净额和计划储蓄净额的平衡。

① 从这个观点看来，缪尔达尔在上面提到的著作里所说的话，很有可非议的余地。缪尔达尔把利润看做决定放款正常利息率的因素，甚至企图证明：利润率和放款利息率在某些情况下相等意味着储蓄和投资相等。（研究他的议论，就会发现，后者的相等是由于他所使用的假设，因而和前者的相等没有关系。）

（二）魏克赛尔后来把平衡利息率看做是使事前估计的储蓄和事前估计的投资相等的利息率，这个看法似乎是他的正常利息率整个概念的基础。[①] 从他自己所说的话，也看得明显，他所想到的是事前计划的数额，而不是事后计算的数额（按通常定义，在一个和外界没有来往的社会里，事后计算的储蓄数额和事后计算的投资数额必定相等）。[②]

要想把这个概念弄得更明确，就会遇到一定的困难。可想象在一定情况下有许许多多的各种利息率混合，这些混合能使事前估计的投资和储蓄在相当短的将来时期内相等。这对于处理长期短期放款利息率不同混合的问题是很重要的。长期利息率是以那些关于将来时期中短期利息率的假设为根据的，所以长短期利息率的一定混合，可以看做将来利息计划。这样，以下问题便产生了：这个利息计划会使将来时期中储蓄和投资的关系变成怎样。因此，我们就要区别那些仅使事前估计的投资和储蓄在短时期中

① 我们把载在1922年《经济杂志》(172—173页)上哈马舍尔德一篇论文中有关这一点的一节引录如下："在魏克赛尔看来，正常利息率必定相当于普通平衡价格而可以用图来决定，就是位于在一定时刻的物价形成状况下放款资本的需求曲线和供应曲线的交叉点。从魏克赛尔的一般理论出发点来判断，他必定认为需求曲线或多或少地是一条直线，并且认为价格轴上的每一个利息率都相当于数量轴上这样的一点，在这一点上边际投资利润和上述利息率相等。按照这种看法，使资本市场达到平衡的利息率和投资利润这两者关系的问题便不存在。因为，作为正常利息率的决定因素，投资利润不像上述利息率那么重要。此外，投资利润情况更不能作为推断资本市场情况的根据。投资利润对决定利息率的重要性，只限于决定需求曲线的形式。这是典型情况：无论需求和供应曲线的交叉点是在什么地方，就是说，无论从资本市场的观点看来哪一个利息率是正常利息率，边际利润的条件都能够得到满足"。

② 参阅《演讲集》第2卷第192页的一节："资本的累积在于储蓄者决定不把最近将来的一部分收入花在消费上面"。

成为相等的利息率混合和那些会使事前估计的投资和储蓄在相当长的时期中相等的利息率混合。关于后者，我们必须作新的区分，正像前一句所提示的那样。在判断利息水平最终将怎样适应储蓄计划和投资计划使得储蓄和投资能够相等的时候，我们可从那时候所存在的计划出发，尽管这种计划不是最后的计划，后来由于发生的事件，也许要加以修改。我们也可试图判断，计划在实施以前将怎样修改，因此利息率要怎样发展才使事前估计的储蓄和事前估计的投资在长久的将来时期内能够相等。如果对于上述两类型平衡利息率，可使用“未改正的”和“改正的”这两个形容词，那么对于每一个短的时期，我们都可把事前估计的储蓄和事前估计的投资的平衡区分为以下三种：(a)短期平衡，(b)未改正的长期平衡，(c)改正的长期平衡。

（三）最后，中性利息率也可看做平衡利息率，虽然我们现在主要是讨论其他关系，而不是讨论储蓄和投资的关系。在确定中性利息率这一概念的意义时，把那些在重要方面不是中性的利息水平撇开，就是说，把那些引起像上述那样的累进过程的利息水平撇开，是容易的。但要把这个概念的分界线明确地划定，是比较困难的，而且这种困难随着出发点性质的不同而不同。我们现在将考虑几个比较重要的典型情况。

(1) 在具有充分就业的静态经济里，要保持静止状态，大抵就需要一定利息率混合（但这种混合不容许长短期利息率的变动）。把这种利息率混合叫做中性混合，当然是适当的。

这个中性利息率，和我们刚刚说到的使储蓄和投资达到平衡的利息率是否相等，这是个有趣的问题。我认为这两者未必相等。

正像本书业经指出的那样,[1]事前估计的储蓄和投资的差异(国际复杂因素可置诸不问)只意味着,全体企业家销售额的总和要比他们所预期的数额来得大或来得小。即在静止情况下,自然也可以假定,将来情况不能预料得分毫不差,但纵使情况一时没有变动,企业家也可能预期情况将要改善,或担心情况将要变坏。这种乐观的预期或悲观的预期本身便成为那些产生静态的行动的基础。[2] 这意味着,在当时的中性利息率下,事前估计的储蓄和事前估计的投资不会相等,而不能有其他的意思。

所以,即在静态下,当企业家的预期有乐观的倾向或悲观的倾向时,这两种利息率便有差异。当然,在动态下更会有这种差异。一方面,由于上述原因,中性平衡利息率未必会使事前估计的储蓄和事前估计的投资相等。另一方面,尽管事前估计的储蓄和事前估计的投资相等,也不能以此为根据,说利息率是中性的。事前估计的储蓄和事前估计的投资相等,只意味着实际交易的总值等于一切售货者所预期的销售额的总值。但即使事前估计的储蓄和事前估计的投资相等,所实现的销售额和所预期的销售额可能也有差异(正的或负的)。这种差异可以说是和中性利息率概念不相容的。

(2) 此外,如果我们有一种静态经济,存在着许多未经利用的资源,那么,使这种状态继续下去的利息率,在某种意义上可说是中性的。如果我们想象一系列这种经济状态,它们除失业人数有所不同外,其他方面都相同,那么我们便有一系列这种中性利息

① 参阅本书第102—103页。

② 参阅本书第237页的注释。

率，这些利息率一般是随着失业人数减少而下降的。这些在实际上是那么重要的问题，所以在现今经济文献里占着显要地位，我们应该归功于凯恩斯。[①]

如果我们从上述社会出发，似乎应该对那些不满足严格中立要求的利息率作出区别。我们可以想象，如果放款利息率比中性利息率低一些，就会导致累进的扩张，使就业人数增加起来，但消费品价格的增高将被同时发生的消费品数量的增加所抵消。[②] 另一方面，比较高的利息率水平，可能在消费品价格多少不变的水平下导致紧缩行动。这种利息率水平不是完全中性的利息率水平，但就一点来说，即就它和消费品价格水平的关系来说，这种利息率可说是中性的利息率。因此，这种利息率水平可以和比较极端的利息率水平区别开来，这些极端的利息率水平也影响物价。[③]

(3) 最后，如果我们从完全的动态出发，那么上面已经讨论过

① 参阅《就业、利息和货币的一般理论》第242页。在那里，凯恩斯说，他先前“忽视了这个事实：按照这个定义，在一定社会里，对每一个假设的就业水平，都有一个不同的自然利息率。同样的，对每一个利息率，都有一个使这利息率成为‘自然’的就业水平，就是说，在这利息率和这个就业水平下，平衡状态可以达到”。（他所说的“自然”利息率和我们上面所阐述的“中性”利息率是同样意义的。凯恩斯是在比较特殊意义上使用了“中性”利息率这个名词，就是说，这种利息率等于和充分就业相适应的“最适宜”的利息率。）

② 参阅上面第2章第6节。

③ 关于这一点，应该注意：即使这种准中性利息率，在一定条件下使生产扩大、失业人数减少，但消费品价格水平却相当稳定，这种利息率未必和在失业完全消灭的情况下可说是完全中性的利息率相等。在一定情况下，可假定后者的利息率高于前者的利息率。换句话说，当前此还没利用的资源都完全使用的时候，就需要通过提高利息率来遏止累进的变动。但在其他情况下，当生产扩充的速度变得疲缓，企业家感到利润不会继续增加的时候，可能需要降低利息率。所以，这个问题，必须在每一个具体事件所特具的情况的基础上来确定。

的关于长短期放款利息率关系的复杂问题,便显得非常重要。在论述中性利息率概念时,我们必须把长期平衡和短期平衡区别开来。关于长期平衡,我们还须要对那些和所讨论的时候的情况相符合的情况与那些后来可以说和物价水平或其他方面没有关系的情况加以区别。关于那些和利息水平没有关系的情况,我们可使用以下三个名词:(a)短期平衡(b)未改正的长期平衡和(c)改正的长期平衡,正像我们在论述储蓄和投资关系时所使用的那样。

但中性利息率这一概念,可进一步区分下去,因为和它没有关系的情况是各种各样的:它可能和物价水平以及生产数量没有关系,或只和两者中的一个没有关系,或和其他因素没有关系。关于非中性的利息率,也可就利息率水平所产生的非累进的变动和累进的变动加以区别。关于累进的变动,也可以区分为扩大着的累进变动和缩小着的累进变动。所以,在复杂的实际情况下,和中性利息率这一概念有联系的问题是很多的,仅仅采用这个概念是不会解决问题的。

因此,从上面理论所得到的结论,和前此所得到的结论并无不同,就是说,在动态情况下正常利息率概念不是很明确的概念。因此,在使用这个概念时,应该附以说明。前此的分析和现在的分析主要不同之点在于:我们现在要把使事前估计的储蓄和事前估计的投资达到平衡的利息率和中性利息率加以区别,认为这两者是不同的概念。放款正常利息率究竟是指前者或后者,不过是个名词上的问题,而不是很重要的问题。但是,为了方便起见,我们认为,如果要使用正常利息率这一概念,就应该同时说明中性利息率概念到底是指什么意思。

第三篇　资本在物价理论中的地位

第一章　关于价格决定问题的传统研究方法

1. 绪言

物价理论的目的，在于研究在各种与实际情况相符合的复杂假设下，物价和其他经济因素之间存在着什么关系。在下面的说明，我们企图从一定观点来对价格形成问题作出一些贡献。我们将研究由于生产过程存在时间因素而产生的复杂状况，换句话说，我们将研究那些又与资本、利息理论有关又与物价的一般理论有关的错综复杂的问题。关于价格决定问题的这一个重要方面，虽然已有很多人做过详尽的研究，但为使物价理论更切合于实际，似乎有必要进一步地加以分析。

当然，这个困难问题的实践方面，不属于本论文的分析范围。我们不好高骛远，我们只想讨论：第一，应该如何着手分析物价问题；第二，有关解决物价问题的某些方法上的问题。

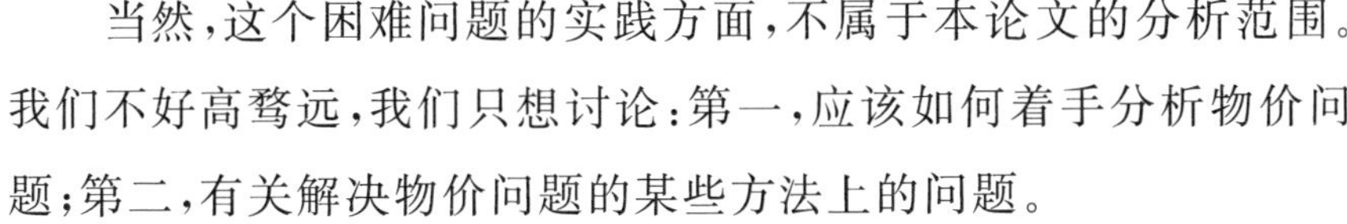

2. 不过问时间因素所引起的复杂状态的情况

我们打算从这样的社会出发：时间因素无关紧要，因此既不存在资本，也不存在利息。从这种简单状态入手研究价格的如何形成，给进一步分析由于时间因素而产生的复杂状态这个比较困难的问题准备了良好的基础。

上述假设的含义，很少作过明白的解释，所以我们现在先就这方面说几句话。

假定时间没有重要性，并不等于说生产不需要时间。生产意味着利用生产性服务以达到一定的目标。由于这些生产性服务按照费希尔的话，就是时间的流逝，因此生产概念必定含有时间这个要素。所以，严格地说，“不花费时间的生产”是不可能有的。因此，上面的假设就是等于说：无论什么事情都有时间，但这个时间因素和经济无关。

如果说技术情况只许可目的在于满足眼前需要的生产，这还没有透彻地说明我们假设的内容。即使社会不能以牺牲将来时期的总消费量来增加一定时期内的总消费量，不能从维持将来时期的总消费量来减少一定时期内的总消费量——因为这是我们假设所含蓄的意义——现在和将来的关系仍然是很重要的，因为个人可能把现在收入换取将来收入，因此，资本利息的问题仍然存在，虽然其形式要变得很简单。[①] 这个问题我们以后再讨论。如果将来对个人的经济活动没有影响，个人便不能通过生产或交换行为

① 即使把上述假设和时间因素价格（利息率）等于零的假设合在一起，也不会使利息问题的叙述更为满意。因为利息率所以等于零，是由于对某些因素作出某些假设以及由于对将来情况看不清楚而发生的复杂状态的结果。这些因素决定人们如何估计现在和将来价值，就是说，决定人们估计现在和将来收入与需要的关系（至于将来需要和现在需要的相对重要性，可能有时估得过高，有时估得过低）。这些因素时常变化，只在它们以某些形式结合一起时利息才等于零。因此，以这样方式叙述利息问题就等于提出一个非常特殊的情况，对本问题的讨论无所裨益。

来影响将来需要的满足。换句话说，人们便不知道将来会有什么发展，而只想满足眼前的需要。当然不可过分强调这种短视的人生观，而必须假设人们总会在一定程度上想到将来。但必须假定，人们的经济计划是非常短视的，现在和将来的关系是非常不明确的，因此没有方法决定这时间因素的价格。

这种方法并不能消除所有由于时间而发生的复杂情形。由于决定物价需要时间，所以必须假定，产生某种物价水平的个人行动，都是在物价未决定之前发生的。如果人们不能精确地预测，他们的集体行动将引起哪种物价水平，他们的行动必定是根据或多或少的不正确看法。这样，便渗入了风险因素，使价格决定问题具有动态的性质。即使我们假定各人经济计划所涉及的时期是很短的，动态性质还不能清除。如果要消除价格决定问题由于时间因素而具有的动态性质，必须进一步假定，在一切具体情况下，人人都能充分了解决定物价的情况，以致他们能够让这些情况所产生的物价来支配他们的销售活动和需求。这样，一定时期中的物价就将被共同地、同时地决定下来，而时间因素便不致引起复杂情况。于是各时期中物价的形成就变成独立的过程，各时期物价之间不存在连带的关系。

3．其他简单假设

除上述关于时间因素的抽象概念外，我们还要再作几个简单假设。这些假设可减轻我们分析工作的困难，而又不影响到我们结论的普遍应用性。这些假设如下：

(1) 人人对本期中的有关物价都有充分的认识。[①]

(2) 一切企业家都企图尽可能扩大收入对支出的超过额，因此没有企业家愿意付出比市场所要求的更高的工资，愿意按比市场所要求的更低的价格贩卖货品。同样的，消费者也想以最低的代价获得所需要的货物。

(3) 生产因素和生产品可任意移动，就是说，生产因素和生产品可立即由社会的一个地方移到另一个地方，而不花什么费用。正像缪尔达尔所指出的，[②]就逻辑来说，这个前提意味着完全的可分性，因为可分性和一个生产因素各部分的可动性可看做是同性质的。[③] 和上述两假设一起，这个"简单"假设意味着同种货物或服务的价格在各时候都完全一致。这样，讨论中的社会(当然必须想象这社会是孤立的社会或是以全世界为范围的社会)便构成一个统一市场。[④]

(4) 不论生产规模大小如何，利润率总是一致的。这个假设的用意，在于使生产的技术情况比较容易叙述。如果各种生产因素的价格都已确定，在这个假设下，一切生产同种货物的行号，便将发现，按照一定比例把各种生产因素结合使用，对它们是最有利的。不论这些行号是大行号或小行号，这都是不易的定论，因为组织的规模对利润不发生影响。这个假设和上述可动性的假设不同。不错，生产因素要是比较难于移动，至少在一定范围内，大的

① 依照上面的假设，人们在期初对物价的认识，并不逊于期末的认识。但这里我们更明确地确定这项知识的范围，因此这两个假设有所不同。

② 这个假设排除了由于下述两行动所产生的复杂情况：起因于一部分民众或私人企业的特殊动机的行动；起因于民众对某些生产者有所偏好的行动。

③ 参阅缪尔达尔：《价格决定问题和变动因素》，乌布萨拉版，1927 年，第 12 页注 1。

④ 因此，这里不谈国际贸易理论中常加讨论的一些问题。

企业要比小的企业有利。但是，即使可动性是完全的，就是说，即使一个生产单位可整个地或部分地任意由一个地方移到另一个地方，不花什么费用，由于种种技术原因，某一规模的组织还可能是最适宜的规模（我们这里不谈这问题）。当情形是这样的时候，如果一切行号的组织规模都合于最适宜的标准，生产一种产品的各单位就将使用相同的生产因素结合来进行生产。但在大多数情况下，必定也有一些行号，其组织规模不合于最适宜的标准。[①] 对它们来说，应用另一种比例把各种生产因素结合使用，可能是最经济的。[②] 在多数情况下，这种复杂情况并不严重，但仍然会使问题比较不容易讲述。因此，为避免这种复杂情况，除上述简单假设外，我们又提出了不论生产规模大小利润率总是一致的假设。[③]

（5）限制供需来抬高或抑低价格的措施并不存在。上面关于

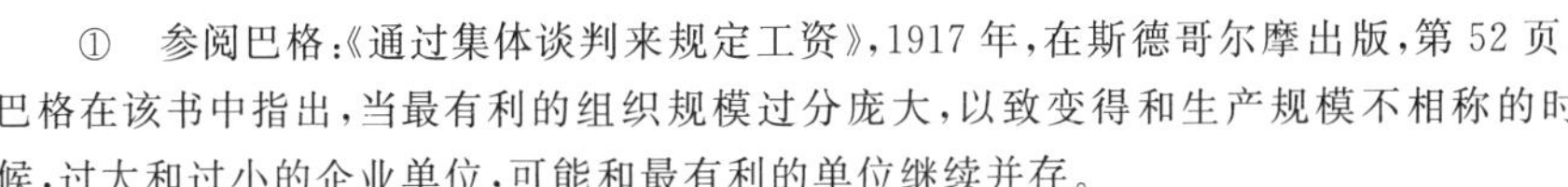

① 参阅巴格：《通过集体谈判来规定工资》，1917 年，在斯德哥尔摩出版，第 52 页。巴格在该书中指出，当最有利的组织规模过分庞大，以致变得和生产规模不相称的时候，过大和过小的企业单位，可能和最有利的单位继续并存。

② 如果我们放弃上述简单假设，情形就要变得更复杂。在这种复杂情况下，上述假设所说生产因素的某一种结合对生产相同货物的行号同是最经济的话是否适当，将更成疑问。当一定程度的难动性存在着的时候，一般地说，关于调换生产因素的能力，各行号是非常不一致的。由此，即使各行号所使用的生产因素的比例完全相同，它们的最低单位成本也很少会相同。此外，即就同一行业来说，对甲公司是最有利的组织规模未必对乙公司也是最有利的。只在各行号都能任意调换生产因素时，某一组织规模才会成为对全体行号来说都是最有利的组织规模。如果各行号不能任意调换生产因素，那么，在每一情况下，都可能有某一组织规模是最经济的组织规模。在这种场合下，如果比较各个具有最经济组织规模的行号的情况（这些行号所使用的生产因素结合的比例通常各不相同），大概将发现若干行号虽大小不同，但所获利润的厚薄却没有差别。

③ 为要避免这种复杂情况，也可以假定各行号所掌握的市场是这样广阔，以致一切企业都能够发展到最有利的组织规模。

利润固定的假设，已使我们能够不过问某些垄断价格，即由于大的组织比小的企业组织更为有利可获而产生的价格。眼前的假设又使我们可以不过问由于企业联盟或其他制度而产生的垄断价格。

4. 瓦尔拉、卡塞尔、博利的方程式

如果应用代数学的联立方程式来说明物价在上述假设下是如何决定的过程，或者可以得到最好的结果。实际上，大多数用数学来分析物价形成的著作，所讨论的问题也就是像我们这里所提出的问题。像我们所做的那样，这些分析也把问题或多或少地简单化起来。特别是那些由于时间因素而发生的复杂情况，他们都置诸不问。因此他们也是从同样的抽象概念出发，我们在这里企图把这些抽象概念弄得明白一些。在卡塞尔方程式体系[①]和博利方程式体系[②]——最著名的分析中的两个——里，时间因素都没有位置。如果把这两方程式体系对照一下，便可看出：严格地说，卡塞尔的体系需要一切上述假设，而博利的体系只需要上述头三个假设，因为博利使用个别函数，并且讨论到垄断价格的决定。因此，博利方程式体系的优点在于它具有更大的普遍适用性。另一

① 参阅《社会经济学原理》，第134页及以下各页。卡塞尔有意识地把问题简单化起来。特别在更早一些时候所作的说明里，他强调指出他的讨论是以这些假设为基础：生产因素（＝原料）在生产过程中耗尽；原料的更生，其方法和大自然所提供的服务的更生一样（因此就狭义说，它们不是有形资本）；生产实际上不耗费时间——此外还预先假定一般情形是静止的。参阅《价格决定学说的基础》一文，刊载在1899年出版的《政治科学杂志》第442页。

② 虽然博利在他的方程式里面没有理睬时间因素，但却假定社会仍有储蓄。参阅《经济学的数学基础》，1924年牛津版，第51页。这显然是自相矛盾，魏克赛尔在1925年出版的《经济杂志》第111页曾指出这个矛盾。

方面，卡塞尔方程式体系比较简单，但因此不具有普遍适用性。至于我们自己的分析，我们可使用卡塞尔所用的比较简单的方程式体系作为出发点（大家都晓得，这个方程式体系是瓦尔拉在他的《政治经济学原理》第二十章中所创用的），[①]但在说明该方程式体系时，我们认为使用博利所用的比较完善的项目更为适当。[②] 我们的分析，目的仅仅在于说明价格决定问题的某一方面，即从资本理论的观点看来是重要的方面。

瓦尔拉和卡塞尔的价格方程式都反映这个基本论旨：如果下述情况是已定的，所有生产品和生产性服务的价格就可加以决定。这些情况是：(a)各种生产因素所提供的服务的数量；(b)各种生产品的需求量；(c)各种生产性服务共同从事生产时所处的经济状况和所具有的技术条件。解决价格问题要依靠以下两个方程式：(1)各物品价格等于生产这些物品所使用的一切生产性服务的价格的总和（所谓成本原则）；(2)生产性服务的总供应量等于产制需要的货物时所使用的生产性服务的总量。第一个方程式说明，生产性服务的价格与生产品的价格有确定的关系。在两者价格的每一种具体结合下，一方面存在着一定数量的生产性服务的供应，另一方面存在着一定数量的货物的需求，因此间接地存在着一定数量的生产性服务的需求。第二个方程式说明，在生产性服务和生产品价格的各种结合中，哪种结合能使供求达到平衡，哪种结合就成为实际的结合。

① 《政治经济学原理》，第 4 版，1900 年在罗桑和巴黎出版，第 208 页和以下各页。在他说明的后一部分，他也谈到资本在生产方面的重要性。因此，他在第 24 章中创立一个新的方程式体系，把利息包括进去。我们以后将再讨论这问题。

② 〔已在序文中说过，本书瑞典文原版中所用的符号是瓦尔拉倡用的符号。〕

5. 代数式讨论

由于下面将时常提及上述方程式，这里先对瓦尔拉-卡塞尔方程式体系作一简括的叙述可能是有用的。除在几个地方略加修改外，我们将沿用瓦尔拉自己的解释，但像上面所说，我们将使用博利所用的项目来代替瓦尔拉的项目。

我们的问题就是决定以下各项目的价值：

$X^1 \cdots X^r \cdots X^m$：各种制成品和服务的总需求量，这些制成品和服务共有 m 个。

$P^1 \cdots P^r \cdots P^m$：上述制成品和服务(共有 m 个)的价格。

$Y^1 \cdots Y^s \cdots Y^n$：各种生产性服务的总供给量，这些服务共有 n 个。

$\Pi^1 \cdots \Pi^s \cdots \Pi^n$：上述生产性服务(共有 n 个)的价格。

Y^{sr} … 即制造(X^r)所使用的(Y^s)的总量。由于S自1到n不等，r 自 1 到 m 不等，因此 Y^{sr} 共有 mn 这么多项。如果以 X^r 除 Y^{sr}，我们就得生产一个单位的(X^r)所需要的(Y^s)的数量，即所谓“技术系数”。

解决上述问题，我们得通过以下各个方程式来利用资料。这些方程式是：各种服务供应量方程式，货物需求量方程式，技术系数方程式，生产成本方程式，生产因素使用量方程式。

各种生产性服务的总供应量，在一定程度上要看一般物价情况而定。对每一种生产因素来说，最重要的因素，自然是它自己的价格。但这价格也受到这生产因素所有者所拥有的其他生产性服务的影响；此外还受到制成品的价格的影响，因为制成品的价格决定生产因素所有者最终能够获得多少各种需要品作为供应一定数

量的生产因素的报酬。因此,关于生产性服务供应量,我们得到(n)函数如下:

$$Y^S = F^S(\Pi^1, \Pi^2 \cdots \Pi^n; P^1, P^2 \cdots P^m) \text{因为 } s=1、2\cdots n \quad (1)$$

关于个别货物需求情况的资料,可使用那些表示各种物品总需求量和各种收入情况所要求的各种货物价格的关系的函数来表示。收入情况是决定各个人所愿提供的服务量的函数,同时又是决定这些服务的价格的函数。上面已经说过,各个人所愿提供的服务量是决定一般物价情况的函数,因此,各种物品总需求量可以说是一般物价情况的函数。如果除一种物品外,其他物品总需求量都是已知数,那么,该种物品总需求量也能够决定,因为它必定等于各个人的收入用于满足其他需要后所剩的余额。由于这个相等可从下述各方程体系推算出来①(阅下面),所以我们不把它包括在这里而只对货物和服务需求算出(m-1)函数。我们可把这些函数写成如下:

$$X^r = F^r(\Pi^1, \Pi^2 \cdots \Pi^n; P^1, P^2 \cdots P^m) \text{因为 } r=2, 3\cdots m \quad (2)$$

为了描述生产上的技术情况,瓦尔拉创造一个新的名词即“生产系数”。一种物品的技术系数就是生产一个单位这种物品所需要的各种生产因素的服务的数量。决定生产因素各种价格系数数量的函数看做已知的。技术系数函数计有 mn 个,可以写成如下:

$$\frac{Y^{sr}}{X^r} = F^{sr}(\Pi^1, \Pi^2 \cdots \Pi^n) \text{因为 } \begin{matrix} s=1, 2\cdots n \\ r=1, 2\cdots m \end{matrix} \quad (3)$$

① 瓦尔拉很强调地指出这一点,但卡塞尔却不大注意这一点,因此卡塞尔的说明在形式上似欠精确。参看魏克赛尔:《边际效用学说的辩护》一文,刊载在《政治科学杂志》,1920 年,588 页—589 页。对于卡塞尔晚近所创的一些理论,我们也可提出同样的反对理由。

很明显，它们可从那些表示所生产货物的数量和共同参加生产的因素的数量之间的关系的函数推求出来。因此，这些生产力函数表示生产技术情况的主要材料。从这些函数我们能够决定，在生产因素的各种结合下，每种生产因素的边际生产力是怎样。由于企业家都尽量设法减低生产成本，他们必定是这样地把各种生产因素结合起来投入生产，使得它们的边际生产力与它们的价格保持一定的比例。上面曾假定，不论生产规模大小报酬都相等。① 所以，技术系数可明确地加以决定。②

在获得了表示方程式体系的资料的函数以后，我们还得再建

① 这个假设意味着生产力函数是同次式、一次式的。因此，凡和一定数量的别的生产因素共同从事生产的因素，数量每增加一次，所增多的产量的比例便递减一次。假如在某一场合下，先把每一个生产因素的数量用它的边际生产力来乘，后把积数加在一起，其总和总是和产品的总产量相等。参阅魏克赛尔：《政治经济学讲演集》，第1卷，第126页和以下各页。

② (X^r)物品的生产力函数可写成如下：

$$X=f(y^1\cdots y^s\cdots y^n)$$

这里X表示$y^1\cdots y^s\cdots y^n$等数量的生产性服务的共同产物的数量。如果以$\Pi^1\cdots\Pi^s\cdots\Pi^n$表示这些生产性服务的价格，X的生产成本便是：

$$\sum_{S=1}^{n}\Pi^{sys}$$

我们现在来决定：在生产力函数所表示的关系是真确的假设下，这个数式的极小值是多少。计算所得的结果是：

$$\frac{1}{\Pi^1}\frac{\partial f}{\partial y^1}=\cdots\frac{I}{\Pi^s}\frac{\partial f}{\partial^s}=\cdots=\frac{I}{\Pi^n}\frac{\partial f}{\partial y^n}$$

从这些方程式以及生产力函数（共有n方程式），不论X的价值是若干，我们都能够决定$y^1\cdots y^s\cdots n$.而以$\Pi^1\cdots\Pi^s\cdots\Pi^n$来表示。由于

$$\frac{Y^{sr}}{X^r}=\frac{y^s}{X}$$

技术系数的函数和生产力函数的关系就是像上面所表示的。如果生产力函数是同次式、一次式的，不管X的价值是若干，技术系数的函数将都是一样。

立两个方程式体系，从而解决价格决定这个问题。第一个体系说明，所需要货物的价格，应该相当于这些货物的生产成本（共有 m 方程式）；

$$P^r X^r = \sum_{s=1}^{n} \Pi^s Y^{sr} \quad \text{因为 } r=1,2\cdots m \qquad (4)$$

第二个体系说明，各种因素所提供的服务的数量，等于生产所需要的货物使用服务的总数量。由于生产性服务总共有 n 个，所以我们得到 n 个的生产因素使用量方程式如下：

$$Y^s = \sum_{r=1}^{m} Y^{sr} \quad \text{因为 } s=1,2\cdots n \qquad (5)$$

现在可从体系（4）和（5）推算出没有包括在体系（2）内的方程式。如果其他需求函数都是已知的，我们就可从这个方程式决定第 m 个物品的需求。如果体系（5）的各个方程式的左右两方各别地用 $\Pi^1\cdots\Pi^s\cdots\Pi^n$ 来乘，然后再把体系（4）和体系（5）的方程式各个加在一起，我们就得到两个右方完全一致的方程式，而它们的左方也当然相等。这些方程式如下：

$$\sum_{s=1}^{n} \Pi^s Y^s = \sum_{r=1}^{m} P^r X^r$$

这个方程式说明个人的总收入和他们的总支出相等。很明显，方程式体系（2）所未决定的物品的总需求量，可通过这个方程式加以决定。①

总之，决定（2m＋2n＋mn）未知数，共有（2m＋2n＋mn－1）方程式。如果一切价格都是由某一种商品来表示，就是说由（X^1）来

① 参阅瓦尔拉上述的书第 214 页。

表示，因此 $P^1=1$，那么，未知数就减少一个，而问题也就完全解决。但是，如果用一种货币单位来表示价格，那么，除一个“增加因素”外，问题也可解决。[①] 以货币表示的价格都脱不了这个因素，它并且决定一般物价水平的绝对高度以及货币价值。

第二章　完全的预见与静止情况

1. 所作假设的意义

现在我们引进时间因素，因此价格决定问题的背景，变得与前不同，我们这里要研究的就是这些不同的地方。复杂情况所以发生，部分由于个人从事经济活动时，不但考虑到目前的需要，而且考虑到将来的需要；部分由于将来情形不但不是现在情形的重演，而且是变化无常的；部分由于个人对于将来的看法，带有盖然性判断的性质，因此经济计划就含有风险因素。如果我们逐一地提出这些复杂情况，加以分析，它们的意义便易于说明。因此，本章和下章将不过问由于人们不能正确预测将来而产生的分析上的困难。此外，如果我们假定，人们所期望的都全部实现，我们就能够应用数学来分析问题，像上面所做的那样。本章还要把问题进一步简单化，假定一切情况都固定不变。不但如此，我们将循序渐进地研究这个静态问题，先研究比较简单的情况，然后逐渐进入复杂的情况。在整个分析中，第一章第三节所作的简单假设，将全部保留下来。

必须先谈谈本章所作的基本假设。这些假设就是：将来情况

① 参阅卡塞尔：《社会经济学原理》，第 151 页。

是完全可以预料得到的；社会是处于静止状态中。

上述完全预见性的假设意味着人们对计划经济活动时所考虑的未来状况具有完全的知识（当然，在实际社会里，人们没有这种完全知识，而只能做一些推测）。他们不但预知将来的物价，而且预知作为生产因素所有者、消费者或企业家对这些物价的反应。但是，即使一个人预知他所能提供的生产性服务的将来价格，预知他所想购买的消费品的将来价格，如果不同时晓得在有关的将来时期内，他自己的生产力和自己的需要是怎样，显然还免不了推想上的错误。关于生产力函数，必须把假设解释为人人都晓得什么时候生产技术将发生变革，以及这些变革对生产将发生什么影响。这样，他们就能未雨绸缪，采取措施使那时候的生产工具能够适应新的技术（但这种知识不应该包括懂得技术发明的**性质**的知识，否则我们的分析就要立刻说到发明）。因此，虽然必须假定，人人都晓得将来的物价，晓得那些决定供应、需求以及技术系数怎样依存于物价的函数的形式，但不能把经济发展看做是预先决定的，而必须把它看做是人们行动的结果。因此，我们假设的真正意义是：人们对将来有这样的看法，以致他们的行动引起了恰恰和他们所预期的一模一样的情况。如果有关函数都是已知的，那么，应该如何决定物价以满足上述情况呢？价格决定问题的理论分析其目的就在于弄清怎样决定物价来满足上述情况。

静止情况的特征就是一切不变，首先决定物价的因素总是不变。这些因素是：支配生产性服务的供应的函数，支配人们对于消费品需求的函数，支配生产上所使用的技术系数的函数。由于这个假设，就可以设想物价是固定的。[①] 当然不可假定上述各函数在一切情况下都是不变的。[②] 即使在各函数所根据的思想情况可看做没有变更的情况下，仍然可能在某方面发生一种也许会引起(并不是一定会引起)产生静态情况的发展。例如，如果我们要假定必须先有某种工资水平，然后人口才不致发生变动，那么，在可假定函数是不变的、社会是静止的以前，人口和其他决定物价的因素必定需要有时间来发展，使得上述工资水平能够实现。因此，必须慎重地运用静止的假设。其实，在假设某些函数在一定情况下是不变的时候，已经先对这些函数的具体意义有所假定。

我们在这里把先见的假设和静止的假设合在一起，因此必须注意后者并不包括前者。即使社会的一切事物都静止不动，这并不能使成员不对将来有所希望或有所忧虑。如果这种说法是对

① 也可以在一个不这么严格的假设下得到不变的物价，就是说假定决定物价的因素只发生互相抵消的变动，不变的物价也可得到。如果认为静态这个名词是指固定的物价，那么，不但静止类型的社会是静态的，连马歇尔和卡塞尔所说按照同一速率进展的社会也是静态的，甚至许多可以想象得到的其他社会——这些社会中的变动，虽不是按照同一速率进行着，但这种变动对物价的影响却互相抵消——也可以说是静态的。当我们放弃将来情况可完全预料得到这个假设时，这一点便变得非常重要。因为，如果主要的变动都是这种变动，那么，不管它们是否可以预料得到，它们都与成本原则没有抵触(参看上述缪尔达尔的著作，第67—68页。他在那里明白地强调这种情况)。静态这一名词的这种意义，似和马歇尔、卡塞尔的概念最接近。

② 参看缪尔达尔上述书第五页底的注释："如果注意到这个事实：某些生产因素的数量并不是已定的，而是在函数上由它们的价格决定的，就是说，这数量也取决于人们对这些生产因素所作的评价，那么，就可看出静态理论是建立在社会成员对生产因素有确定的评价这一假设上——不是任何一个的评价而是一个明确的评价。正由于这确定的评价，生产因素的数量在一定情况下才不变动，或在其他情况下才会比例地增加。各人所作的评价，可能各不相同，并且可能时常变更，但总的说来，结果必定是上述确定的数目"。

的，即在静止的社会里，还会发生那些和风险、利润有关的复杂问题。[①] 只有假定人们对将来的看法与后来实际发生的情况完全相符，才能消除这些决定物价的动态因素。这样，和静止的假设相比，上述假设意味着价格决定问题更大程度的简单化，因此我们把它作为我们的说明的主要假设。把上述两假设在本章中合并起来，我们得到了纯粹的“静态”价格决定问题。

2. 在没有资本主义生产制度下的利息

没有社会比生产可不花费时间的社会更简单的社会了。可是，即在这种社会里，时间因素仍然与经济有关系，因为人们彼此可用现在收入交换将来收入。[②] 由于提供现在收入者（即储蓄者）和需求现在收入者之间的竞争，现在收入和将来收入相比，有时价值较大，有时价值较小。这样，时间因素本身就有价格（如果现在收入的价值低于将来收入的价值，价格便是负价格），而社会就有利息率这个东西。[③] 像其他价格一样，利息率水平对人们提供生产

① 把一个以农业、渔业为生的静止社会作为例子。尽管这两种事业的报酬年年都是一样，人们却一直希望渔业能产生更大的收获。因此，投在渔业方面的资本一再超出渔业的收入。结果渔业年年亏损。这亏损可以想象得到是以农业的收入来弥补的。在这种情况下，尽管所假设的是静止社会，成本原则却不适用。

② 参阅本书第 224 页。

③ 在《利息率》这本著作中（1907 年，在纽约出版），费希尔教授以一系列的近似现实的假设来论证利息问题。他所举的第一个假设是：个人的收入量起初是确定的，但由于他们的互相交换，以后发生变动。这个假设所考虑的也就是我们这里所概述的问题。费希尔的结论在我们这里可适用（阅该书第 131 页）。他说：“利息率就是市场上表示现在收入比将来收入好得多少的百分率。它取决于现在收入的供需与将来收入的供需的相对重要性。”有些人认为现在收入比将来收入好得多，他们宁愿牺牲将来收入以争取更大的现在收入。这些人对提高利率起作用。他们是借款者，花（接下页）

性服务和需求消费品情况起决定性作用。(但在上述假设下,利息率水平对于技术系数的决定不起重要作用。)这一点就是现在的问题和以前讨论的问题不同的地方。现在的问题又增加了一个新的未知数即利息率,因此又增加了一个相应的新方程式,就是作为利息率和其他价格的函数的放款供需相等的方程式。由于我们假定情况是静止的而且假定人们有先见之明,所以除这一点外,方程式体系的其他方面仍然和以前无异。

这个事例富有启发价值。它很清楚地表明利息率的产生并不依赖时间因素提高生产力的力量。[①]即在没有人为生产因素这种有形资本的社会里,我们仍然可把"资本价值"说成为将来收入按现在利息率资本化的数额,把"有形资本"说成为这些收入的具体基础(人和土地),把资本的"利息"说成为资本因时间关系而获得的增多价值。这样,把资本概念的应用推广到人为生产因素以外的东西,显然是有正当根据的。

资本概念虽然这样推广,但我们仍能在这较广泛的范围内作些有用的区别:(1)人与有形生产资料的区别;(2)就生产资料范围来说,原始的与人为的生产资料的区别以及永久性与非永久性生产资料的区别。在静止情况下,后两者区别的根据是一致的。在静止情况下,有形资本不是属于人为的非永久性资本(所谓流动资

(接上页)费金钱的人,出卖生产将来收入的财产如股票、债票等的人。另一方面,有些人认为现在收入并不怎么好,宁愿牺牲现在收入,以换取更大的将来收入。这些人对抑低利息率起作用。他们属于放款者,储蓄者、投资者之流。

① 参阅费希尔等对庞巴维克所主张的"第三主要原因"的批评。

本)的范畴,就是属于原始的永久性资本(所谓固定资本)的范畴。但在动态情况下,它们却不相同,因此必须分别这两分类的根据。这些区别的重要性,可从下面的讨论中陆续看出来。

关于刚才所说的资本概念这个问题,我们可暂时离开本题,而来谈谈常被提出讨论的庞巴维克所主张的资本所以有息的三个主要原因。

在刚刚说到的情况下,利息率的产生以及利息率的高低,是单独由于第二原因的作用,即由于偏重眼前,把将来价值估得比现在价值低的结果。也可能设想这样的一种情况,使得第一原因(将来货物供应比现在充足)单独地引起利息率的产生并决定利息率的高低。在下述类型的社会里,第一原因就单独地起这种作用。这社会虽然没采取什么措施来满足将来的需要,但由于将来情况更为光明(例如由于气候情况),尽管和现在需要相比人们并没有低估将来的需要(在人们看来,它们的重要性是没有差别的),但对将来边际需要的满足一般没有看得像现在边际需要的满足那么重要。但是第三原因,即时间的生产力,绝不能单独地决定利息率。在这一点上,庞巴维克的批评者显然是对的。

这个问题可以最简单地说明如下。利息率是个价格。在这里所作的简单假设下,这个价格是由现在货物的供需与将来货物的供需的比率决定的。[①] 庞巴维克所主张的头两个原因对供应起作用,也对需求起作用,因此各个能单独地引起这价格的产生并决定这价格。至于第三原因,它仅仅对需求起作用,因此,除非头两个

① 参阅卡塞尔在《利息的性质和需要》一书中对这问题所作的评述。

原因中的一个同时也发生作用,提供必要的决定性因素以断定现在货物供应和将来货物供应的相对重要性,否则利息率便无从产生。(第三原因显然是和第一原因有密切的关系,因为时间因素的生产力有助于将来货物的供应的扩大,但在某些情形下,这个力量会被其他因素所抵消,不发生作用。)

所以第三原因虽然不能成为资本利息存在的必要条件,但作为决定需求的因素,第三原因对利率的具体水平确具有最大的决定性作用。由于储蓄对于生产是很重要的,所以储蓄需求的弹性很大。至于储蓄的供应,弹性没有这么大,储蓄的供应是由其他两原因决定的(它们的影响是累进的)。因此,需求曲线如果发生变动,这个变动对利率水平的影响,要比供应曲线的相应变动大得多。所以,对利率问题来说,第三原因的作用是最大的。[①] 在下面的分析中,我们将主要讨论价格决定过程由于第三原因而引起的复杂情况。

3. 永久性生产资料和即时完成的生产过程

下一个情况是更复杂的情况。这里我们假定,如果使用本期的生产性服务制造生产资料,其中有的经用好几个时期不坏,有的只经用几个时期,同时,每时期所供应的生产性服务的数量一律不变,这样就可以影响满足现在需要和满足将来需要的比率。此外,还假定这些生产资料的成本不包括任何利息开支,只相当于生产

① 如果假定头两个原因所产生的影响,全部都在供应方面,这个问题就可最适当地加以决定。在这种情况下,储蓄的总供应将按消费性借款(在严格意义上)的需求而减少。这样,需求将单由第三个原因决定,即由对于供生产用的新储蓄的需要求决定。

过程中所使用的生产性服务的价值。[①]

由于生产在这种情况下可能把储蓄吸收过去，静止的假设（现在仍然保持这些假定）变得比以前更复杂了。只在存在着某些特殊情况的前提下，才可假定用于生产的净储蓄的供需都等于零。可以设想这些情况是这样发生的。很明显，生产资料的价值相当于从当时利息率推算求得的它们的将来服务的现在价值的总和。在一定利息率和其他情况下，新的生产资料的生产，到了制造生产资料所使用的生产性服务的价格上涨，而生产资料的服务的价格降低，以致生产成本和资本价值相等的时候，便成为无利可图。这样说来，在一定利息率下，当有形流动资本和其他生产因素相比达到某一数量的时候，便不存在用于生产的净储蓄的需求，从此以后，资本的生产仅仅相当于旧的生产资料的更换。如果在这个情况下，还有人继续供给净储蓄，利息率就将下降。由于利息率的下降，生产资料的价值便增长，愈耐久的生产资料，增长的比例愈大。因此，继续生产生产资料又是有利可图。如果在某一成本水平下，人们有机会在制造寿命较短但价值较大的生产资料和寿命较长但价值较小的生产资料之间做选择，大概他们总将选择后者。这样，吸收到生产方面的净储蓄将增多。正在生产方面已经有足够的资本因此不再需要更多的净储蓄的时候，我们假定净储蓄的供应量也涸竭了。如果其他因素不变，社会就处于静止情况中。

如果我们把这个静止状态和上节所述的静止状态比较一下，

---

① 可简单地想象这个假定的情况的实现是由于假定：生产性服务的报酬都在各时期末支付（生产资料的生产，只需要一个时期的时间）。各期的时间愈短，第一个假定愈接近于事实。

我们就可看出它们的不同地方。在这里，生产性服务的供应来源，一部分是“原始”生产因素，一部分是人为的非永久性生产资料。我们把一切永久不坏的生产资料列为第一类，社会成为静止状态以前所生产的生产资料也列为第一类(静止状态到来以后，显然就不再有这种货物的生产)。因为，生产资料既经产制出来，它的来源究是怎样，无关紧要。并且，由于它们具有和真正的“原始”生产因素相同的特质，把它们归到“原始”生产因素一类，没有什么不合。静止假设对上述两类的生产性服务的界线，分得非常明晰。一切可得利用的这两类生产因素的服务，都全部用来生产人们所需要的消费品和生产资料来替换讨论时期中损坏的生产资料。因此，消费品的总需求量将等于生产性服务的总价值减去总储蓄额的余额，这数额就是生产资料所有者留作更换生产资料用途的数额。成本原则对生产资料的生产和消费品的生产都可适用。就生产资料的生产来说，这意味着成本相当于生产资料所生产的物品在当时利息率下的资本化价值。除这几点修正外，上面所说的方程式体系，对这里所说的情况也适用。

上述就是瓦尔拉在分析价格决定问题引进时间因素时所讨论的情形。尽管他的说明未能令人完全满意，[①]但总的来说，他所倡

① 瓦尔拉起初指出(正确地)，生产服务的总价值(即总收入)超过生产品总需求量(即消费)的数额是相当于新的生产资料的需求量。但他以后又说，如果新的生产资料的需求是止需求的话，社会就是进步的社会。(参看上面引用的书第 252 页。)“由于我们认为服务的正供应应该放在交易方程式的第一项，消费品的正需求应该放在交易方程式的第二项，我们应该把消费品的需求放在新的生产资料的需求的后面，依照这个假设，我们必须把我们的研究限定在进步社会中新的资本的生产，我们将(接下页)

用的方程式体系，提供了一种办法，给我们解决在一定简单假设下怎样把资本和利息纳入价格决定的数学分析的问题。瓦尔拉在这方面的成就特别在于把资本问题和价格决定问题联系起来。他没有像庞巴维克学派那样，在分析资本时仅仅假定一种商品、一种原始生产性服务（劳动）、一种生产资料等等，把这两个问题分开。另一方面，瓦尔拉对资本问题所作的讨论，没有做得像庞巴维克学派那么透彻、那么深入。他把生产资料的更换比率看做已知数，因此也把生产资料的经用时间当作已知数。这样，他排除了研究投资期间与利息率的重要关系的可能性。阿克门详尽地研究了这问题。①但他的研究仅仅限于在简单情况下投资期间与利息率的关系。②把上述两个分析合在一起，即把阿克门的分析一般化，使它也可应用于瓦尔拉的方程式体系所根据的普通假设，这项工作，还

（接上页）不去研究倒退社会现有资本的消耗”。这自然是不对的。只当净储蓄是正净储蓄的时候，社会才是进步的社会。瓦尔拉自己说过，除非新的资本需求额是大于旧的生产资料摊提额和保险额，否则正的净储蓄便不存在。“储蓄等于收入超过消费的数额和资本的摊提额与保险额的总数之差”（上书第250页）。因此，瓦尔拉所讨论的社会不一定是进步的社会。正像魏克赛尔在《经济杂志》中所说的，他的公式比较适用于静止的社会。因此。我们的批评不意味着对方程式体系本身有所不满。但我们可提出这个异议，就是说，不应该把生产资料的服务的供应看做只是一般物价水平的函数。应该把这供应与现有生产资料的数目联系起来。在静止的社会里，这数目等于各期所生产的新的生产资料的数量乘它们的寿命时间。

①　参阅阿克门：《有形资本与资本的利息》第1卷至第2卷，斯德哥尔摩版，1923—1924年。

②　魏克赛尔在《经济杂志》（1923年，第157页和以下各页）发表一篇对阿克门著作的批评。在这一篇书评中，他概括地对本问题作了数学上的讨论。（这篇书评后来译成英文作为他的演讲集的附录）。缪尔达尔对这个问题的解决也作出重大的贡献。在说明静态生产力问题时（上述书，第192页和以下各页），他以对称的方程提出了一个决定企业组织规模的函数。

有待于经济理论家的努力。

讨论这个问题,无疑会导致若干有价值的结果,但也会使我们扯得太远。因此,在下面的分析中,我们不打算讨论这个问题,我们只企图使瓦尔拉的分析能够应用于一般的假设。时间因素对于生产的重要性,不但在于时间因素使永久性生产资料的产制成为可能,而且在于它使人们能够更动消耗在生产过程上的时间。后一种情况对一切生产都有重大关系,因此就生产资料的生产来说,它是必须加以考虑的。但瓦尔拉完全没有考虑到这一点,因此他的分析的一般适用性大大削弱了。在对价格决定问题作一般讨论时,时间因素的上述两方面,显然都得加以考虑。下面我们就将依照这个原则说明问题。

4. 迂回的生产过程

因此我们提出最后一个假设,即生产需要时间。由于时间因素本身的生产性作用,需时较长的生产过程,往往比需时较短的生产过程产生更大的结果。

这个假设通常意味着各个时期的生产性服务,都要用在生产某种物品,生产活动的成果随生产因素的投入与成品或服务的产出之间平均时间的增长(即随平均的投资期间的增长)而按递减率增长。[①] 是,当利但息率是正的利息率的时候,投资时间愈长,则利息费用愈昂。因此,如果投资期间拉得过长,以致产品的增加价值仅够抵偿增多的利息费用,结果便不合算。所以,技术系数(必

① 这个概念的定义,以后当更详尽地加以说明。

须详细说明技术系数，不但要说明生产因素的性质，并且要说明它们投入生产的时期）不但是生产因素所提供的服务的价格的函数，而且是利息率的函数。较低的利息率使生产从较低阶段移向较高阶段。

在静止的社会里，各时期中投入生产来满足将来需要的服务的数量，必须和以前投入生产而在本期中由于产品制成而成熟的服务相等，否则体现这些服务的生产设备便和以前不同。因此，生产一定时期的产品所需要的来自各时期的服务的总数量相当于这时期中原始服务的总需求量。来自以前时期而在这时期“成熟”的服务的价值和在这时期中投入来替换上述服务的服务的价值的差额相当于这时期的流动资本的利息。

把非永久的生产设备纳入本方程式体系，有两种方法可用。（上面已经指出，凡不需要分期摊提的永久性生产设备，即使是由人力制成，也应该列为原始生产因素。）

第一种方法是在估计各时期服务总供应量的时候，对永久性生产设备加以特别的考虑（并且使用特别符号表示它们）。这就是瓦尔拉所采用的方法。因此，属于某一时期的服务，一部分来自非永久的耐用资本，一部分来自原始生产因素。和这供应量相等的就是在这时期中耗用的服务的总数量。它们一部分是用以制造新的耐用设备以替换本期中毁坏的耐用设备，一部分是投在流动资本上，又一部分是直接用于生产消费品。投在流动资本上那一部分，相当于以前投入生产而在本期中耗尽的服务的数量。

按照第二种方法，一件永久的生产设备所提供的服务，是用生产这个设备时所投入的原始服务来表示。这些原始服务在生产设备继续提供服务的时间内，是作为正在成熟的服务来看待。在这种情况下，一组产品的成本确是不可分割的，于是，怎样计算生产设备所提供的服务中的原始服务便或多或少地成为传统的问题。但是，如果我们设想，在静止情况假设下应用于一件完整生产设备的“成本原则”，也适用于这生产设备所陆续提供的服务，本问题的理论性分析，便可比较容易进行。这样，我们可设想，当这生产设备提供服务的时候，第一时期便有一部分原始服务成熟，这成熟部分等于这设备从投资时起所提供的服务按当时利息率折算的价值。关于第一时期，也可以使用同样方法计算出这时期中“成熟”部分的原始服务。这样一来，原始服务的总数量便分散到资本设备的各个服务时期中去，于是各部分的原始服务都可看做单独的投资，像其他投在流动资本上的投资那样生息。因此，我们可把一件生产设备看做“一束”的单独投资，这些单独投资一个一个地在这生产设备存在的时期中相继“成熟”。

如果产制将来能够提供服务的生产设备所需要的原始服务，仅仅限于由一个很短时期而来的原始服务，这方法的应用可以说毫无困难。在资本设备制成的时候，在我们的假设下，投入的服务的价值就等于这资本设备在将来各时期所提供的服务的预期价值的总和。这样，各时期所需要的原始服务，便相当于这时期所提供的服务按当时利息率折算的预期价值。①

① 一个简单例子可说明这个问题。在某一时期中，使用31.7个劳动单位生产一件耐久的资产。嗣后这资产在四个时期中继续提供服务，每期所供给的服务的价值等于10个劳动单位。如果在生产时期结束时以10%折算这些服务的价值(假定工资是在那时候发给)，我们便得到以下数字：第一时期9.1单位，第二时期8.3(接下页)

如果产制生产设备所耗用的原始服务是来自不同的时期，同样的原则也应用得着。我们可把各时期所投入的服务分配到使用这生产设备的各个时期中去，以各时期中提供的服务按当时利息率折算得的价值的比例为分配标准。但我们也可以设想有其他结合，只要这种结合能符合一切投资的报酬率都是同样的这一件。

最后，如果一件耐用的生产工具是靠着另一个生产工具的服务的帮助而制造出来的，那就必须把这个服务看做是从产制后一个工具所使用的服务而来的。如果这种服务本身部分地是从另一个耐用的生产工具而来的，那就必须去探索用以产制这第三个工

(接上页)单位，第三时期 7.5 单位，第四时期 6.8 单位.共计 31.7 单位。这样，像上面所说，整个投资可分解为四个投资，各生 10%的利息：头一个投资包含 9.1 劳动单位，在一年以后成熟，其价值等于 10 单位，第二个投资包含 8.3 单位，在二年以后成熟，其价值等于 10 单位，等等。

关于这一点，应该指出，上述使投入单位成熟的方法，对于摊提资本价值不能适用。因为，按原则说，摊提一件资产的价值，每期所摊提的数目，应该等于这资产的实际损耗。如果我们计算上例中资产的损耗数额(通过比较它的期初价值与期末价值)，我们就得到以下一系列数字：第一时期 6.8；第二时期 7.5；第三时期 8.3，第四时期 9.1。(数字和以前相同，但次序倒置。)如果我们仍然想把生产资料看做一束成熟期限不相同的单独投资，那么，这个明显的矛盾，便可解释如下：当第一时期成熟的投资要用 9.1 单位来代替时，上述生产资料所包含的其他投资由于所生利息、价值增加了 2.3 单位。在摊提整个资产的价值时，应该从 9.1 单位减去 2.3 单位，这样我们就得 6.8 单位，和第二方法相同。

要保持静止的假设，必须以两个条件为前提。第一，各期再投入的单位等于期中成熟的单位；第二，各期所投入的价值等于生产资料实际减低的价值。要不是这样做，投入的单位的总数以及生产设备的总值便和以前不同。我们的例子明显地表示，就个别生产设备来说，这两个前提不能同时实现。但就全部生产设备来说，这两个前提可能同时实现，因为我们可使用一系列不同年龄的生产工具使生产能够调和一致。在我们的例子里，如果每一时期生产一件新的生产工具来替换四个在以前四个时期中所生产的现在损坏了的工具，那么，投入的单位的总数(依照第一法)和投入的价值的总数(依照第二法)都将继续不变。这样，生产调和一致的假设，对静止的社会是必要的假设。

具的服务的由来等等。因此,关于上述第一个生产工具的递减的服务的来源,可以一步一步地向前追溯上去。

但在静止状况下——这种状况可能持续很长的时间——通常不可能追溯到最初的时候,即不可能追溯到仅仅存在着原始服务的时候。这是因为一般地说,不可能设想生产一件耐用的生产工具,而不需要另一件在早一些时候制成的工具的帮助。因此,一件永久性生产工具所提供的服务可分解为一个长系列由早些时期"积贮下来"的原始服务。这系列是收敛的系列,它的项目越来越少,最终变得非常的少。诚然,这个观念是非常抽象的,但它在理论分析上所占的位置却非常重要。[①]

关于上面处理生产资料的两个方法,第一个方法具有更近似实际社会情形的优点,因此它给我们打好了更透彻地分析由于生产资料性质不同而产生的复杂情况的基础。这样,在各种情况下,只需处理数目比较少的技术系数,并且这些系数有比较具体的意义。因此,分析特殊问题将比较容易。反之,第二方法具有这种优点,即不需要为永久性生产资料或和它有关的技术系数采用特别名词。由于永久性生产资料所提供的服务曾经假定分解为用以生产这些资料的原始服务,因此可依照处理其他生产资料的办法来处理永久性生产资料。所以这方法使我们能够对一切种类的资本

① 把永久性生产设备的服务看做从以前时期积贮下来的原始服务这一概念所引起的困难,在处理其他类型的生产设备上也难避免,但程度较轻。即使社会没有永久性生产资料,而且,每件生产资料只在一个时期内提供服务,我们有时还得追溯到很久以前的时候来寻找原始的生产性服务,如果生产一件生产资料曾经使用在早些时候所生产的生产资料的服务,而且生产这些生产资料又曾使用在更早一些时候所产制的生产设备的话。

投资采取一律的处理方法。这样，和第一方法相比，方程式就简单得多了。

对更详尽地分析资本问题的工作来说，第一方法自然较胜一筹。但我们眼前的目的，只在于澄清那些对决定物价有影响的关系。我们只在这个场合下对资本现象加以考虑。由于这样，我们尽可采用比较简单的第二方法。

5．代数式讨论

根据上述假设对价格决定问题进行数学分析时，我们可把上章中模仿瓦尔拉、卡塞尔、博利的方程系所作的方程系作为出发点。因此我们可请读者阅看以前的说明，在那里，我们集中讨论了引进时间因素以后所必须作的修正。

首先应该指出，问题本身的背景和以前不同了。在以前，如果假定供应、需求和技术系数函数是已知的，如果又假定人们对那些平衡价格都有先见之明，平衡状态便可以决定。在现在，除这些外，又须假定维持静止情况的条件是已知的。因此，现在的问题不是决定在某些对于供应、需求和技术系数的假设下，最终会发生哪种静止情况。这个问题属于动态的范畴，必须使用和上述不同的方法来处理。现在的问题可以说是这样：如果某种的静止平衡已经成立，如果除消费品的需求和生产消费品的技术系数的需求已经决定以外，流动资本的数量以及在这些静止情况下决定原始生产服务的供应量的函数也已经决定，那么，一般物价将呈现什么状况？利息率将如何变动？各种商品的产量将有多少？

引进流动资本问题，对静止平衡的性质有很重要的影响。如果把生产资料分解为在生产过程中所耗用的来自各时期的土地和劳动的原始服务,这些影响的性质便更易于说明。我们可想象这些服务在生产资料提供服务的过程中逐渐"成熟"起来。如果我们仍使用以前所用的 Y^s 表示属于本期的原始服务,我们就可以使用 Y^s_T 表示从以前时期积贮起来的服务,T 在这里表示投入这些服务的时期,也就是表示这些服务期间的长短。(由于使用负符号表示过去的时期,于是 T 就有以下的价值:$-1, -2, \cdots\cdots -\mu$;在这里 μ 表示投在生产资料上的服务的最长期间。我们在这里把这些时期作为时间单位看待,并且假定它们是非常的短,所以无论从效率观点来说或从成本观点来说,在一个时期中如何分配服务,关系都不大。)

必须确定这些贮藏在生产资料里面的各种服务的关系,然后才有可能建立静止的平衡。下图说明这些关系的性质。这个图是魏克赛尔在讨论资本问题时所使用的图。[①] 图中最下一排的长方形代表某种服务(Y^s)的数量,这些服务在本期中全部用在生产某种货物(X^r)。这些服务在这里是依照它们提供服务的时间排列的,时间最长的排在左边,时间最短的排在右边。第二排长方形包含将在次期中成熟的贮藏的服务的数量,等等。静止的均衡,意味着无论生产服务(Y^s)和消费品(X^r)是以何种比例结合在一起,资本的时间安排都是像图中所表示的那样。此外,它又意味着不存在什么会刺激企业家更动这个时间安排或把资本从某种投资移转到其他种类投资的动机。

① 参看上述魏克赛尔的演讲稿,第 1 卷,第 152 页。

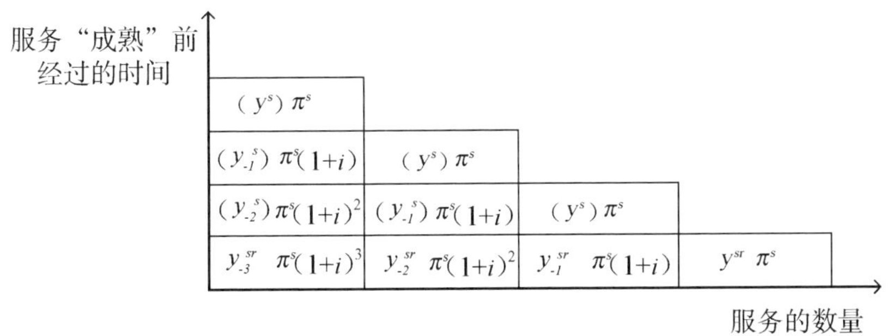

图Ⅳ

这样说来，以下两个条件是不可缺少的：(1)在一切投资部门，在一个时期中所耗用的由各不同时期遗留下来的服务，其配合的比例必须足以使较早生产阶段的生产因素所提供的较高的边际生产力相当于当时利息率(这里用 i 表示)。由于以前所投入的服务的价格必须包括从投入时到成熟时的利息，即使再行更动投资已属无利可图，边际生产力的增长率也必须等于利息率。(2)对于在本期中消耗的一定数量的服务，必须有同量的在较近时期贮积起来的服务来填补，这些服务在以后时期也将成熟。要不是这样，生产过程就不能像以前那样继续下去。

这样，静态的前提意味着流动资本也存在着很确定的时间安排。上面已经说过，在分析静态问题时，必须假定这个时间安排的实现，还必须假定流动资本的形式完全符合静止情况的要求。但是，只可把流动资本的总数看做是已知的，看做是用这个方法或那个方法决定的作为积蓄起来的服务的总数。至于流动资本在各种类型的服务中和在各个先后不同时期投入的服务中的分配情况，这是像利息率一样，属于问题中的未知因素。要不是这样，问题的已知数就过多了。

在作了这些绪论性叙述以后，我们可把问题中的未知数列举如下。它们大部分和以前所列示的相同，但这里要加上资本的项目。我们使用下列符号来表示它们：

X^r：消费品和消费性服务的需求总额，共有 m 个。

P^r：上述货物和服务的价格，共有 m 个。

Y^s：土地和劳动的“原始服务”的供应数量，共有 n 个。

Π^s：上述原始服务的价格，共有 n 个。

Y^s_t：流动生产资料的供应，即不同类型(n)、不同年龄(μ)的贮积的服务，共有 $n\mu$ 个。

Y^{sr}：用以制造(X^r)的(Y^s)的全部数量，共有 mn 个。

i：利息率，只有一个。

现在可用以下各方程式决定上述因素。

“原始”生产性服务供应的函数意味着生产因素已经和当时的物价情形相适应。这包括人口的数目，劳工在各种职业之间的分配以及这里把它归入土地一类的人为的永久性生产资料的供应。(当这种适应过程在开展的时候，显然其他供应函数还可适用。)此外，还假定生产因素所有者同时拥有符合静态社会所特有的情况的流动资本，其数目是已定的。在这些假设下，显然一切种类的生产性服务的供应总额是这些服务的价格的函数，是决定资本收入的利息率的函数，并且是商品价格的函数。因此我们可把下列 n 个方程式表示原始生产服务的供应：

$$Y^s = F^s(\Pi^1, \Pi^2, \cdots \Pi^n; P^1, P^2 \cdots P^m; i) \text{因为 } s=1,2\cdots n \quad (1)$$

在收入已定的情况下，各种消费品的需求总额是商品价格和利息率的函数。此外，由于假定人们所拥有的流动资本的数量是已定的，因此收入情况是一般物价水平的函数。这样，各种货物的需求总额变成一般物价情况的函数。所以，我们像以前那样得到(m－1)表示各种消费资料和消费性服务的需求总额的方程式如下：

$$X^r = F^r(\Pi^1, \Pi^2 \cdots \Pi^n; P^1, P^2 \cdots P^m; i) \text{因为 } r = 2, 3 \cdots m \quad (2)$$

技术系数表示制造一单位消费品时所使用的各种生产性服务的数量。关于这种生产性服务的性质和年龄，这时候必须加以详细的说明。无论哪种商品，我们都得 n 个关于土地和劳动的本期服务的技术系数，$n\mu$ 个关于生产资料的服务的技术系数。这些生产资料所提供的服务，像上面所说的那样，可以分解为生产这些生产资料时所消耗的原始服务。(由于某些积贮的服务特别是永久性生产资料积贮的服务的流通时间是很长的，可以设想 μ 是很大的数目。但是，很多的这些系数，一定是等于零。)很明显，这些系数是原始生产性服务价格的函数(在静态社会里，在一切时期，原始的生产性服务都是一样)，同时又是利息率的函数。这利息率决定着要加于以前各个时期积贮下来的服务的价格内的利息的多少。[①] 由于上述，关于一切消费资料和消费性服务的技术系数，都可以通过下列属于本期的原始服务的 mn 方程式以及属于以前投入的服务的 $mn\mu$ 方程式加以决定，这些方程式共有 $mn(\mu+1)$ 个：

$$\frac{Y^{sr}}{X^r} = F^{sr}(\Pi^1, \Pi^2 \cdots \Pi^n; i) \quad \text{因为} \begin{matrix} s = 1, 2 \cdots n \\ r = 1, 2 \cdots m \end{matrix}$$

① 可照以前那样说明这些函数和生产力函数的关系，这里唯一的修改是：利息成为积贮的服务的价格的一部分。

$$\frac{Y_T^{sr}}{X^r}F_T^{sr}(\Pi^1,\Pi^2\cdots\Pi^n;i)\quad 因为\begin{matrix}s=1,2\cdots n\\ r=1,2\cdots m\\ T=1,2\cdots-\mu\end{matrix}\qquad(3)$$

这样，像以前那样，我们可作出一个方程式体系来说明所需求的货物的价格是等于这货物的**生产成本**，就是说，等于用以制造这货物的一切服务的价格以及投资期间的利息。货物的价值是在一个时期末加以估计。此外，还假定生产性服务的报酬和资本的利息[①]也是在期末支付。因此，这些方程式如下：

$$P^rX^r=\sum_{s=1}^{n}\Pi^s[Y^{sr}+Y_{-1}^{sr}(1+i)+Y_{-2}^{sr}(1+i)^2+\cdots+Y_{-\mu}^{sr}(1+i)^u]$$

$$因为\ r=1,2\cdots m\qquad(4)$$

此外，我们还得到另一个方程式体系，说明无论在哪个时期，所耗用的本期的服务的总数量总是相当于这些服务的供应量。关于在一个时期所使用的各类土地和劳工的生产性服务（Y^s）的总数量，可把这时期中产制各种消费品所耗用的来自先后不同时期的这类服务的一切数量加在一起来求得。这是因为在静态社会里，已经用尽的积贮的服务，都必须在同时期投入相同数量的现在服务来代替它（参看第235页的图）。因此，关于所使用的**原始服务的总数量**，我们得到以下n方程式：

$$Y^s=\sum_{r=1}^{m}(Y^{sr}+Y_{-1}^{sr}+Y_{-2}^{sr}+\cdots+Y_{-\mu}^{sr})$$

$$因为\ s=1,2\cdots n\qquad(5)$$

---

① 如果资本的利息每隔比上述更短的时间支付一次，或是陆陆续续支付（在某些情况下这是更为妥当的假设），这并不妨碍我们计算每期所付的数目。只需把该时期各次所付的利息加在一起就可得其总数。但是，按这个方法，在较低的利息率下可得到和上述相同数目的息金。参看费希尔《投资和收入的性质》第191页。

相似的，我们可建立一个方程式体系来表示积存在生产资料的服务的使用。关于各类的服务（Y^s），由任何时期积存下来的服务的供应总量，必定相当于在本时期所耗用的服务的数量，包括由上述时期以及由更早时期积存下来的服务。（参看上图。）这样，关于资本的全部使用，我们得到以下 $n\mu$ 方程式：

$$Y^s_{-1}=\sum_{r=1}^{m}(Y^{sr}_{-1}+Y^{sr}_{-2}+\cdots+Y^{sr}_{-\mu})$$

$$Y^s_{-2}=\sum_{r=1}^{m}(Y^{sr}_{-2}+Y^{sr}_{-3}+\cdots Y^{sr}_{-\mu})$$

因为 $s=1,2\cdots n$　　　　（6）

$$Y^s_{-\mu}=\sum_{r=1}^{m}Y^{sr}_{-\mu}$$

最后，我们可再作出一个方程式，方程式中的流动资本的数额假定是已定的。魏克赛尔使用相似于我们这里所采用的方法处理问题。他有时假定投资的平均期间是已定的，[①]有时假定资本的数量是已定的，并把资本数额作为交易价值的数额。[②] 由于某些原因（这些原因以后解释），我们在这里把在一个时期中所耗用的一切原始服务的投资期间的加权平均数作为已知的因素，这些服务包括在这期间中所消耗的投资时期等于零的服务。我们以 T 代表投资的平均期间，并把 T 解释为时期期数，在这些时期中每一时期所供应的原始服务按一定复利率计算的总价值，等于这个

① 参阅上述演讲稿，第 1 卷，第 179 页。

② 参阅上述演讲稿，第 308 页。

时期中成熟的、消耗的服务的总价值。① 这样，关于在一个时期中赚得的总收入，我们得到以下方程式：②

$$\sum_{s=1}^{n}\Pi^{s}Y^{s}(1+i)^{T}=\sum_{s=1}^{n}\Pi^{s}\sum_{r=1}^{m}[Y^{sr}+Y_{-1}^{sr}(1+i)+Y_{-2}^{sr}(1+i)^{2}+\cdots+Y_{-\mu}^{sr}(1+i)^{\mu}] \quad (7)$$

如果把第四个方程式体系的左右两方加在一起，我们就得到一个其右方和第七方程式的左方相同的方程式；因此，我们可从它们的左方作成以下方程式：

$$\sum_{s=1}^{n}\Pi^{s}Y^{s}(1+i)^{T}=\sum_{r=1}^{m}P^{r}X^{r}$$

这个方程式说明，一个社会的消费和它的收入相等。明显得很，我们可从这方程式确定对于第 m 的商品的需求总量。这个需求总量就是第二个方程式体系所没有确定的东西。

从上面所列的未知数，可看出未知数的数目是$(2m+2n+mn(\mu+1)+n\mu+1)$。为了决定这些未知数，我们现在作出$(2m+2n+mn(\mu+1)+n\mu)$方程式。像以前的情况一样，我们只缺少一

① 〔这样，T 是 i 的函数。由于 i 是个未知数，所以已定的不是 T 的价值，而是函数的形式。参阅希克斯《价值与资本》，第 217 页和以下各页。〕

② 如果从这方程式的两方减去原始服务的报酬，即土地和劳工的报酬，

$$\sum_{s=1}^{n}\Pi^{s}Y^{s}$$

那么，这个方程式就变为流动资本的全部利息的方程式。如果我们再用利息率即 i 来除这数目，把它资本化，那么，利用第六个方程式体系，我们就得到表示在一个时期开始时流动资本的价值的方程式：

$$\sum_{s=1}^{n}\Pi^{s}Y^{s}\frac{(1+i)T-1}{i}=\sum_{s=1}^{n}\Pi^{s}[Y_{-1}^{s}+Y_{-2}^{s}(1+i)+\cdots+Y_{-\mu}^{s}(1+i)^{\mu-1}]$$

个方程式，即决定物价的绝对高度的方程式。这样，除这个“增加因素”外，问题可以说是完全决定了。

6. 静止情况假设所固有的困难

我们已经概括地叙述了在静止情况下决定物价的一般关系。如果继续分析下去，那么，除其他问题外，就要研究关于技术系数的函数。由于我们已经把技术系数列作积存的服务，所以可把技术系数合并为若干组，代表各个具体生产资料的服务。显然各组中的函数彼此是有密切关系的。此外，还要更明确地决定这些函数和其他已定函数以及在这个基础上细致地作出新的函数。例如，我们可试着来决定利息率作为资本数量的函数，[①]而在这样做的时候记住现代资本理论的基本论点，即如果资本增多，而利息率下降，长期投资大概会比短期投资增加更多。[②] 但是，这个重要

① 对于每一个数额的流动资本，都有一个能够满足上节所述的平衡情况的相应的时间安排，对每种时间安排都必须假定一个利息率。因此，假使其他情况是已定的，就可以确定利息率作为流动资本数额的函数。在传统的资本理论中，这种函数一般都是和由于许多不同种类的生产性服务与生产品的出现而发生的种种复杂情况分开来研究的。（例如，庞巴维克和阿克门的著作。）我们在本文里企图指明如何可把这个资本理论和物价一般理论联系起来。

② 在庞巴维克的著作里，这个基本论点阐述得不够明白。庞巴维克只考虑到整个社会的平均生产时间，而没有注意这个平均时间是怎样由长短不一的投资时间组成的。由于这样，他所能够断定的只限于这一点：资本增多，生产的平均时间就随着延长；从私人的观点看来，拉长投资时间是有利的。至于更明白地阐述这个基本论点，指出资本增多以后，现有的各种投资并不比例地增加，期限较长的投资增加得更多，因此基于资本的增多而发生的工资和其他原始服务的价格的增长受到阻遏，这似乎应归功于魏克赛尔（参阅上述魏克赛尔演讲集，第 1 卷第 162 页）。魏克赛尔在资本理论方面所作的最大贡献，可以说就是这一点。

的、广泛的工作不是我们这里所能胜任的。我们只对价格决定问题本身的背景再补充几点意见。

像上面所说，要研究在静止情况下的价格决定问题，我们得先假定均衡状态的存在，然后接下去分析已定的因素是如何决定当时的物价、利息率、资本的时间安排等等。这种关系的性质可说明如下：上述各种价值是静止状态继续存在的必要条件，但它们不是关于供应、需求等等的某些已定函数的必然结果。因为，如果设想价格是和上述价格不同，那么动态过程就要开始，于是除对期望、计划等等提出更精确的假设外，就没有什么确定的东西可说。当然，过了一段时期，可能又发生一种静止状态。但由于这一段时期中所发生的事件，这个新的静止状态可能多少不同于旧的静止状态。在阐明已定的因素如何影响物价的平衡时，决不能假定，决定一定静止状况的物价的因素发生变动。因为，即使想象变动是那么大的变动，以致马上产生新的静止情况所需要的和上述已定函数的形态相符的条件，但如上面所说，结果将仍然是一个动态过程，这过程将产生何种结果，是不能断定的。

必须把分析和不同的独立静态社会的比较联系起来。可以想象这些独立社会是孤立的社会，就决定物价因素这一方面来说，它们既有相似的地方，又有不同的地方。但是，这种比较也存在着许多方法上的困难。

这种比较如果要收得好效果，那么，所比较的社会的不同地方只可限于一两个决定物价的因素，至于其他因素，应该假定没有差别。[①] 同时还必须假定这些社会都存在着保持静态均衡的必要条件，就是说，凡一切决定物价的因素都能恰如其分地适应静止的情况。这两个假设的结合必然会使问题的处理受到束缚，因为它是根据上述没有差别的决定物价的因素既适应这种静止情况又适应那种静止情况的假设，而这假设可以说是和现实距离很远的。实际上供应、需求、生产力的函数并不是独立的。它们可能都依存于某些共同的基本因素。（例如，如果劳动力供应函数以及工人的嗜好同时发生变动，那么，劳动阶级的心理状态一定有所变动。）因此，静止情况中的某一重要因素如果发生变动，就得对一切函数加以或多或少的修改，然后新的静止情况才能产生。

从静态角度研究价格决定问题还有一个和上述有关的缺点，即在比较不同的静止情况时，很难把那些影响物价的因素决定得使这种比较能做得准确精密。[②] 如果决定物价的因素中某一个发

① 由于需求函数写成上面的形式，它们和其他函数有直接的关系。但是，要是把它们看做在不同收入水平下和在不同物价水平下个人需要的函数，就可以使它们变为独立的。

② 关于这一点，这里可提出一个关于生产性服务供应函数和生产力函数的意见。这些函数可写成各种不同的形式，看一个人是把技术知识、组织知识以及某些影响生产结果的客观情形（"风与气候"）看做制约生产因素本身的东西呢还是看做支配它们的合作的条件而定。依照前一种看法，技术知识的变更，便意味着生产因素（特别是那些在组织上起积极作用的因素）也发生变动，至于生产力函数，仍旧不变。依照后一种看法，生产因素看做没有变动，因此生产结果的变动完全归因于生产力函数的变动。如果生产结果的变更是由于气候情况，同样的观点也可适用。改变生产因素或改变生产力函数，两者都可以变更生产的结果。对分析来说，哪一种方法更为适用，这要看在各种情况下问题的背景而定。在我们据以讨论价格决定问题的简单化假设下，似乎把一切"自由生产因素"，因此也把一切对大众有利的技术知识、组织知识以及不可抗力的客观情况看做决定生产力函数的要素是为适当。另一方面，构成某些人额外收入来源的这些人所掌握的技术知识，就应该看做这些人的特殊劳动能力。

生变动，则我们说其他因素不变的时候，这句话究竟是指什么呢？发生变动的因素，我们能否确定它的变动的程度呢？这些问题，在讨论静态问题时不断发生，而且有时很难解答。我们在这里只能对一个最重要的争点提出一些意见，这个争点就是在静止情况下应该如何计量资本的数额。

7. 资本数量的计量

在分析资本理论时，通常用以估计流动资本数量的方法，主要有以下两种。

(1)第一种方法，以生产现有生产资料所使用的服务的原来价值的总和来表示资本的数量。在静止情况下，这个资本数量等于现有资本的总收入中留作将来购买生产性服务进行再投资的部分。如果投入生产的服务是某种劳动，问题就是资本所预付的工资共有多少，即所付的相当于多少“工资基金”。这种方法的毛病，在于它只把投入的各个价值加在一起，而没有考虑到资本投入以后所生的利息。这样，“工资基金”的数量将按投资平均期间的比例而增减。这个平均期间即等于某一时期投入生产的一切原始服务在变成消费品以前所经历的时间的未加权算术平均数。庞巴维克对工资高度与平均生产期间所作的著名计算，即以这种计算资本数量方法为根据。魏克赛尔在其早期著作中，在这方面效法庞巴维克。这种资本概念在阿克门的著作中也占非常重要的位置。

(2) 很明显，也可以使用资本所代表的各个价值的总和来计量资本的数量。在静止情况下，这总和等于投入生产的服务的价值加上所生利息的总数。当把资本作为各价值的总和来计算时，也可以应用投资平均期间这个概念；但上面已经指出，这里要采用另一种方法来确定这时间，即把它作为一切原始服务的投资期间的**加权平均数**，其中包括投资期间等于零的服务。至于加权，要把各投资期间中的利息费用作为权数，[①]并且应该按复利计算利息费用。（如果按单利计算利息，显然就会导致和以上方法一样的结果。）这个方法比较普通，也就是我们用以测定资本数额的方法。

当问题是确定在决定物价的其他因素不变的条件下流动资本数量的变动怎样影响物价的时候，第一种方法只在工资基金和作为价值总和的资本的数量呈现同一方向的变动的场合下可以使用。实际上这两个数量变动的方向并不总是一致的。有时可能资本增多（由于储蓄的缘故）而工资基金反见减少。有时也会有这种情况：资本数量没有变动，但由于使用资本的方法不同，尽管利息和其他生产因素的报酬没有变动，工资基金却变动很大。[②]由此

① 当“工资基金”是按投资平均期间的正比例而增减，并且作为未加权算术平均数来计算的时候，看做价值总和的资本和以利息费用加权的投资期间的平均数这两者的关系比较复杂。使用以前所用的符号，我们得到以下方程式：

$$\bar{K}=\bar{T}\sum_{s=1}^{n}\Pi^{s}Y^{s} \quad 和 \quad K=\frac{(1+i)^{T}-1}{i}\sum_{s=1}^{n}\Pi^{s}Y^{s}$$

在这些方程式内，$\bar{K}$ 表示工资基金，K 表示资本价值，$\bar{T}$ 表示未加权的投资期间平均数，T 表示加权的投资期间平均数，决定的方法有如上述。

② 我们可用下例来加以阐明。在某一社会里，农业和林业是同样有利的职业。我们假定生产情形是这样的，以致在农业方面，资本（表现为各价值的总和）共分为两个大小相同的部分，一部分用作一年的投资，一部分用作十年的投资（投在原料和工具上），而在林业方面，全部资本都用作四十年的投资。我们还假定为简单起见以劳动单位计算的原始生产服务在当时的物价情形下也按照资本的比例分配到农业、林业中去。关于那些不投在生产资料上的劳动单位，我们假定它们是和生产资料共同生产最后制成品（在林业方面例如斫伐木材、运送木材等等）。我们假定：这个社会在最初是静止的社会，后来，等于一百劳动单位的价值的资本逐渐由农业向林业方面移（接下页）

可见，我们不能依赖工资基金来确定不变的资本数量这一概念，因为这个概念意味着一个静止状况到另一个静止状况的过渡，并不以储蓄为必要条件。在某些情况下，尽管工资基金发生变动，上述原则还是有效。当一个人只用单利进行计算时，有时可以把问题弄得简单为理由，为根据工资基金估计资本数量这个方法作辩护。[①]除此之外，这个方法似乎没有任何科学价值。[②]

我这样说并不意味着在资本数量可认为是不变的时候，采用把资本看做价值总和的概念，问题就可解决。不错，有的时候，可

(接上页)动(相应数量的原始服务也同时移动)；最终，社会又达到一个新的静止状态，而工资和利息又恢复旧观(可以假定，它们在过渡期间并没有变动)。在比较上述两个静止情况时，显然可以说资本数量没有变更，因为在这两静止情况交替的时候，并没有储蓄发生，资本的总价值也没有增减。但就工资基金来说——假定利息是6%——在农业方面，原来88劳动单位的工资基金等于移到林业方面去的100劳动单位的资本的价值，而在林业方面，新的工资基金却仅有26单位。这样，工资基金的总额减少了，所减少的数量相当于62劳动单位的价值。

① 从庞巴维克的著作，可以看出庞巴维克所以把资本当作工资基金看待，也就是出于这种动机，而不是由于臆测。参看庞巴维克所著的《资本实证论》，第3版，1909—1911年在英斯布罗克刊行，第604页注1。庞巴维克自己承认，由于使用复利，他的表并不完全正确。与庞巴维克相反，阿克曼却根据原则上的理由把估计的资本额作为工资基金。参看我在《政治经济学杂志》(1923年第349页和以下各页以及1925年第80页和以下各页)上对这部著作的评论。

② 上面所说的话，并不意味着我对工资基金学说有所不满。这个学说的真正意义是：工资(以及原始因素的其他报酬)由资本家预付，所以工资的数额要看可供这种用途的基金数额大小而定。这个学说就它本身来说，是十分正确的。庞巴维克的公式化讲述，就是特别得力于这个学说。这个学说并不假定从资本项下提出一笔数目充作“工资基金”，和其他资本价值分开。因为可把全部资本看做基金，并且严格地说，应该把资本看做基金，所有工资等项，都由这基金预付。认为这个基金不但包括工资(包括其他原始服务的报酬)而且还包括劳动结果等等成熟以前的利息，这显然并不妨碍上述观点的应用。这个观点大概就是庞巴维克的基本观点。他常常提及“生活基金”，把生活基金说成是社会的全部财富。

使用这个概念或和它有紧密联系的“加权平均投资期间”的概念[①]，但有的时候要确定一个时候来比较两个不同的静止情况，似乎是办不到的。例如，当我们说人口不同、文化不同因此价格关系也不同的两个社会有同一数量的资本时，这到底是指什么意思呢？如果认为两个社会的流动资本价值相同（以共同的货币单位计算），或者加权投资平均期间相同，它们的资本数量就也相同，这显然是纯粹传统观念。由于这缘故，依据这些方法分析价格决定问题，可能性显然是不大的。

这里所说的困难是和问题的静态背景分不开的。由于不自然的、非常特殊的假设，静态问题和决定实际社会的物价现象可以说是没有关系的。因此，必须在这个基础上改善我们的分析，使它具有更大的普遍性和确实性。

第三章　完全的预见与动态情况

1. 问题的背景

在开始说明动态下的价格决定问题时，我们将继续使用上章

① 〔上述两种计量资本数量的方法有共同的优点：假使人们有完全的预见，那就可以把资本的一切变动归因于正储蓄或负储蓄。另一方面，它们也有共同的缺点，那就是依靠投入的服务的价格和利息率来测定资本的数量——这些是问题中的未知数。在意外情况使这些因素发生变动的时候，如果资本是用以下两方法中的一个来计量的话，资本的数量通常也要变动。这两个方法是，把资本作为一笔交换价值，或把资本数量作为一切原始服务的投资平均期间。由于没有其他更好的方法可用，我们必须在这两方法中选择其一。上面对价格决定问题作代数式分析时，我们选用了第二种方法。因为，一般地说，第二种方法受物价或利息率的意外变动的影响似乎是比较小的（因为这些变动仅仅影响用以计算投资平均期间的权数）〕。

所说的基本假设，即人人都有完全的预见。我们也将继续使用第一章第三节所说的简单化假定。

在这些假设下，动态问题和刚才所讨论的问题的主要不同之点，在于决定物价的因素现在不是像以前那样不变的了。① 静止状态实是一系列相同情况反复重演的状态。与此相反，我们现在所遇到的乃是一系列在决定物价的因素上和在物价本身上都各不相同的状态。不错，这个动态过程是个连续的过程，但把它划分为若干较短的时期，并假定在各时期中物价都没变动，分析工作便容易得多。因此，我们假定物价的变动是在两个时期交替的时候发生的，至于在各时期中，平均地说，一切情形都没变动。

正如在静止情况下一样，我们把各时期的物价情况看做是消费品需求、生产性服务供应以及企业家使用这些服务来生产消费资料和生产资料时所采取的措施的结果。像从前一样，我们也以下列条件为保持均衡的必要条件：价格和生产成本一致；生产资源都全部加以使用。在这两种状态下，影响物价的因素不但是决定本期物价的函数，而且是决定未来时期物价的函数。个人在从事经济活动时，莫不考虑到未来的物价。

但是，在静止情况下，未来时期的物价和本期的物价是相同的，因此，没有引进新的未知数。反之，在动态情况下，未来时期的

① 当社会是以一致的速率进步时，就是说，当一切因素的供应和消费品的需求呈现着同比例的增长或减缩而技术系数没有变动时，不相同的程度便最小。很明显，在这种情况下，物价自然也不会变动，因此可照以前那样处理价格决定问题。第二章所述的方程式体系，只须以表示从第一时期起所发生的变动的程度的因素乘决定(Y^s)和(X^r)的各时期的函数，就完全可以适用。

物价和本期的物价多少是不一致的。由于这个缘故,动态问题比静态问题来得复杂。在讨论一个时期的物价时,必须同时考虑到未来的不同物价情况;这意味着对于影响这些时期的物价的因素有充分的认识。我们现在可这样提出问题:如果那些对动态过程中各时期物价的形成起积极作用的因素都是已知的,这些时期中的物价情形将是怎样呢?

动态价格决定问题与静态价格决定问题在性质上的另一个不同之点,是由于最初对生产设备的性质所作的假设有所不同。在静止情况下,我们可把一切生产资料分为两类,一类包括原来的、永久的生产资料("土地"),一类包括体现积贮下来的服务的生产资料,同时也就是非永久的生产资料("流动资本")。在静止情况下,有如上述(参阅本书第238—239页),这分类所根据的两种区别不可以说是相符的。一方面,在一定范围内,能通过生产过程来获得永久不坏的设备。例如把湖水抽干或岩石炸开,人们就可获得与本来的土地无异的土地。另一方面,并非一切原始的天然资源都是永久不坏的。矿山和类似的天然资源,在某种程度上必须把它们列为非永久的有形资本。[1] 因此,把生产资料区别为原始的生产资料和人为的生产资料,和把生产资料区别为永久的生产资料和非永久的生产资料是不能混为一谈的。两种分类都必须加以使用,但使用的目的不相同。

在按我们这里所说的方法分析动态问题时(就是说,假定未来

① 静态社会不生产永久的生产资料,原始生产因素的供应在静态社会也不会呈现逐渐减少的情况。如果这些情况发生,那就不是静态的了。在达到静态之前可能已生产了某些永久性生产资料这一事实,与我们的问题无关,这点已经在上面说过。

情况完全可以预料得到),第一种区别的用处如下:在动态过程的初期,社会所拥有的一切生产设备,包括那些不属于分析范围内的更早些时期制造出来的设备,都可作为原始生产设备看待。由于在开始时对一切生产设备的性质只能任意推断,所以它们的由来是无关重要的。对物价的形成来说,人为的生产资料和真正来自原始源泉的同种生产资料是同样重要的。同样的,属于以后时期的生产资料可以看做原始的生产资料,只要它们不是在我们分析所包括的时期中生产的就可以了。如果它们是在分析所包括的时期中生产的,它们就属于人为的生产资料,它们因此体现这些时期中投在生产资料上的服务。我们必须把这一类看做特别的种类,因为它不能像其他生产资料一样包括在已定的因素内。反之,像物价一样,它们的生产是那些被已定因素所决定的数量中的一个数量。

分类的其他根据,对问题的更详尽分析也应用得着。"原始的"和"人为的"分类可以再分为永久的和非永久的生产资料。这个观点从下述方面看来尤为重要。非永久的生产资料以后可用其他投资来替换,所以它的性质是属于社会资本的可变部分。至于永久不坏的生产资料,一经制造出来,性质就一直不改,各期都是一样。

根据这些概念,我们现在把我们的方程式体系加以扩充,使得这方程式体系在人人有完全的预见的假设下对于动态情况也可适用。

2. 代数式讨论

这样，我们就有以下问题：如果（从一定时候开始）所有生产性服务的供应量、消费品的需求量和有关这些消费品的生产的技术系数都是已定的，并把它们作为决定将在这些时期中实现的物价和利息率的函数，那么，什么物价和利息率将成为这些时期中的物价和利息率，什么货物将在这些时期中生产和消费？

处理这个问题，我们需要特别符号来表示那些构成动态过程的各时期。这些时期计有1，2，3…V。像以前一样，这些数字将作为接尾字来写的。我们把V时期看做是这样遥远的时期，以致以后时期的情形便和我们所研究的时期的物价不产生关系。因此，即使V时期的社会状态变成静止状态，动态过程中的早些时期的情形也不会因此有所变更。为简单化分析起见，我们假定情况就是这样。

在第一时期（1）中，一切生产因素都作为"原始"的生产性服务看待，不管它们是否在不属我们研究范围的更早一些时期中由人力制造出来的。在以后各时期（2，3，4…）中，作为"原始"因素看待的，只限于不在以前时期（属于我们研究范围的时期）生产的因素。至于其他因素，像在上述静止事例中一样，都作为从以前时期积贮下来的服务。关于这些积贮下来的服务，需要两种接尾字，一种表示投入服务的时期，一种表示服务成熟的时期。前者（T）的价值当然不能高于后者（t）的价值。这样，Y_{Tt}^{SY}就表示在T时期投入生产而在t时期由于制成消费品而成熟的（Y^s）因素的数量。

必须承认，"原始"服务和积贮服务的区别，在这里比在静止情况下来得明显。依照我们的假设,第一时期中只存在着“原始”因素。但这些因素中,若干应该属于这一时期,若干应该属于以后时期,这还是个未解决的问题。如果一个因素现在可以拿来利用,将来也可以拿来利用,那么,说这因素属于现在固然是对的,说它属于将来也没有什么不对。(例如,在生长中的一个森林。人们可以在第一期中把它全部斫光,但通常总是留一部分供将来使用。对于这个森林,可用两种不同看法加以研究。一种看法,把这森林在第一时期所具有的价值全部看做可供这时期使用的原始服务;如果不把它斫光,而让它长大起来,那就等于把服务积贮起来,于是森林就变为人为的有形资本。另一种看法,把在以后时期斫伐的木材看做森林的原始服务,属于那时期所有。这样,在它整个生命过程中,森林将一直是“原始”的生产因素。)从眼前问题的理论性分析上说,这两种观点都可用。但就决定生产因素的供应的函数来说,它显然是以这个问题的已经解决为前提。如果采取第一种观点,把所讨论的因素的供应看做属于第一时期,那么,所积贮的服务在没成熟以前,必须按当时的利息率给息。反之,如果采用第二种观点,那就意味着预先假定以后时期的供应函数,不但依存于物价,并且依存于技术系数。为了避免公式弄得过于复杂,我们宁可采用第一观点,虽然从纯粹理论观点上说,它是比较不令人满意的。

此外,还应该注意在动态情况下,各时期都可能发生正净储蓄或负净储蓄,因此生产资料的数量也可能发生增减。下面的讨论没有明白地把决定净储蓄的函数包括在已知的因素内。我们以前曾把一切关于消费品需求的函数都看做已知的函数。因此,在每一个时期中，这些函数共有 m 个，而在静止状况下这些函数仅有(m－1)个。由于储蓄是作为各期收入与消费(解决本问题的已定因素)的差额，显然可把储蓄作为余额来计算。我们将在本节末再来讨论这个问题。

我们现可开始讨论数学问题。我们使用下列符号表示未知数：

X_t^r：V 个时期中每一个时期消费品和服务的总需求量，共计有 mV 个。

P_t^r：上述货物和服务的价格，共计有 mV 个。

Y_t^s：V 个时期中每一个时期原始生产性服务的供应量，共计有 mV 个。

Π_t^s：上述服务的价格，共计有 mV 个。

Y_{Tt}^{sr}：在 T 时期投入而在 t 时期由于生产(X^r)而成熟的(Y^s)的总数量。当 T＝t 时，这些服务在投入的时期就被耗尽。由于 T 不能比 t 高，这些项目共计有 $\frac{1}{2}$mnv(1＋V)[①]个。

i：V 个时期中每一个时期的利息率，这利息率对展到次期的放款也适用，共计有 V 个。

以下各方程式决定这些未知数：

第一时期中原始生产性服务总供应量取决于该时期和以后时期中的物价和利息率。在第一时期以后的任何时期，上述服务的

① 像(Y^{sr})这些项目的总数目，在第一时期是 mn，在第二时期是 2mn，在第三时期是 3mn，在第 V 时期是 Vmn。这样，每增加一个新的时期，项数就增加 mn 个，因为使用积蓄服务的时期增加了一个。如果把这些算术系列加起来，结果就得上述的总和。

总供应量不但依存于该时期和以后时期的物价，而且依存于以前各时期的物价，一直到第一时期为止。这是由于假定人人都有完全的预见。因为，依据这个假设，我们可想象人们早在第一时期就计划好要在以后各时期从事什么经济活动，根据他们所知道的关于这些时期的情况订定计划，于是这些计划后来就支配他们的将来行动。[①] 因此，可用下列(nv)方程式表示生产性服务的供应量：

$$Y_t^s = F_t^s(\Pi_1^1, \Pi_1^2 \cdots \Pi_1^n; P_1^1, P_1^2 \cdots P_1^m; i_1; \Pi_2^1, \Pi_2^2 \cdots \Pi_2^n; P_2^1, P_2^2 \cdots P_2^m; i_2; \cdots \Pi_v^1, \Pi_v^2 \cdots \Pi_v^n; P_v^1, P_v^2 \cdots P_v^m; i_v)$$

$$\text{因为}\begin{matrix} s=1,2\cdots n \\ t=1,2\cdots V \end{matrix} \qquad (1)$$

依据同一原则，我们可以说，各时期中各消费品的总需求量是一切时期的物价和利息率的函数。这样，收入以及储蓄都是上述各变数的函数。另一方面，一定时期中总消费量在各种货物方面的分配是这些货物价格的函数。因此，消费品总需求量方程式(共有 mv 个)，可写成如下：

$$X_t^r = F_t^r(\Pi_1^1, \Pi_1^2 \cdots \Pi_1^n; P_1^1, P_1^2 \cdots P_1^m; i_1; \Pi_2^1, \Pi_2^2 \cdots \Pi_2^n; P_2^1, P_2^2 \cdots P_2^m; i_2; \cdots \Pi_v^1, \Pi_v^2 \cdots \Pi_v^n; P_v^1, P_v^2 \cdots P_v^m; i_v)$$

$$\text{因为}\begin{matrix} s=1,2\cdots n \\ t=1,2\cdots V \end{matrix} \qquad (2)$$

可以把一定时期中用以产制消费品的**技术**系数看做可在该时期使用的生产性服务的价格的函数。上面已经说过，可想象这些

---

① 生产性服务供应量不但是这些服务的函数，并且是消费品和利息率的函数。应该特别注意，利息率决定各时期的储蓄数量，因此也决定人为的生产资料的收入。这些收入在一定程度上影响“原始服务”的供应。

服务一部分是“原始”服务，一部分是从早些时期积贮下来的服务。在我们的假设下，后一部分服务的价格等于在以前时期投入的服务的成本与这些服务在整个投资期间内所得的利息的总数。这样说来，所有与某一时期有关的技术系数就是这时期和以前时期的一切“原始”服务和利息率的函数。由于完全预见的假设不一定排除技术上的新发明（这一点已在第二章第二节说过），所以各时期的这些函数都可能有所不同。因此，我们所得的函数的数目等于Y^{sr}_{Tt}类型未知数的数目，即$\frac{1}{2}mnv(1+v)$。它们可写成如下：

$$\frac{Y^{sr}_{Tt}}{X^r}=F^{sr}_{Tt}(\Pi^1_1,\Pi^2_1\cdots\Pi^n_1;\Pi^1_2,\Pi^2_2\cdots\Pi^n_2;i_2;\cdots\Pi^1_t,\Pi^2_t\cdots\Pi^n_t;i_t)$$

$$\text{因为}\begin{array}{l}r=1,2\cdots m\\ s=1,2\cdots n\\ T=1,2\cdots t\\ t=1,2\cdots v\end{array}\qquad(3)$$

依照我们的假设，消费品的价格必定与它的**生产成本**相等。所以，每一时期的每一种消费品都有一个方程式；说明生产一定数量该种消费品所使用的各种年龄的原始服务的价格与利息①之和等于该种消费品的价值。这些方程式共有 mv 个：

$$P^r_1X^r_1=\sum_{s=1}^{n}\Pi^s_1Y^{sr}_{11}$$

$$P^r_2X^r_2=\sum_{s=1}^{n}[\Pi^z_2Y^{sr}_{22}+\Pi^s_1Y^{sr}_{12}(1+i_1)]$$

$$\text{因为 }r=1,2\cdots m\qquad(4)$$

………………

① 应该记住，和以前一样，我们假设一切生产性服务和消费品的价格，都是在期末支付。因此，对于在某一时期中投入生产的服务所应付的利息，应该从该时期末起算，算至下时期末为止。

$$P_v^r X_v^r = \sum_{s=1}^{n}[\Pi_v^s Y_{vv}^{sr} + \Pi_{v-1}^s Y_{v-1,v}^{sr}(1+i_{v-1}) + \cdots$$
$$+ \Pi_1^s Y_{v1}^{sr}(1+i_{v-1})\cdots(1+i_1)]$$

最后，我们可作出一个方程式体系说明全部“原始”服务的使用。在我们所假定的类型的社会里生产因素所有者在各时期中所供给的生产性服务的数量，必定在同时期中耗尽，或供眼前消费，或用作投资。估计一定时期中的投资数量，必须把该时期所蓄积以供将来使用的一切服务加起来，求得其总和，此外再加上一个小小数目。假使在某一时期中有永久不坏的生产资料生产出来，这生产资料的成熟过程就不以 V 时期为其终点(V 时期是我们所研究的时期的最后一时期)。在 V 时期后一定还有余额可供利用。上面会假定社会从 V 时期超便进入静止状态。这个假设使我们能够计算上述余额。[①] 因此，表示“原始”服务供需均等的方程式可写成如下，[②]共计有 nv 个：

$$Y_1^s = \sum_{r=1}^{m}[Y_{11}^{sr} + Y_{12}^{sr} + Y_{13}^{sr} + \cdots + Y_{1v}^{sr} \cdot \frac{1+i_v}{i_v}]$$

$$Y_2^s = \sum_{r=1}^{m}[Y_{22}^{sr} + Y_{23}^{sr} + Y_{24}^{sr} + \cdots + Y_{2v}^{sr} \cdot \frac{1+i_v}{i_v}]$$

……………………………………………

$$Y_v^s = \sum_{r=1}^{m}[Y_{vv}^{sr} + Y_{v-1,v}^{sr} + Y_{v-2,v}^{sr} + \cdots + Y_{1v}^{sr}]$$

---

① 依照第 2 章第 4 节的说明，要估计投在永久性货物上的服务的“成熟”，最适当的方法就是按复利预计这货物所提供的服务的将来价值。按照这个方法，我们只需把这无限的但是收敛的系列加起来，第一项是 Y_{tv}^{sr}，第二项是 $Y_{tv}^{sr}(1+i_v)^{-1}$，等等。

② 最后一个方程式是关于 V 时期的方程式。这个方程式假定该时期社会已进入静止状态，流动资本的最长投资期间是 V 时期。参看第 2 章第 5 节。

因为 s＝1,2…n　　(5)

方程式的数目，现在共计有 $V(2m+2n+\frac{1}{2}mn(1+V))$ 个，而未知数的数目（阅上列一览表）则有 $V(2m+2n+\frac{1}{2}mn(1+V)+1)$ 个。这样，各期都缺少一个方程式，一共缺少 V 个方程式。设使我们使用一种消费品来表示一切价格，那么，各期的未知数就减少一个，而问题也就完全决定。在假定使用一种货币单位来表示价格的场合下，除各期的增加因素外，问题也决定了。因此，在已知的资料的基础上，我们不能决定第一时期中物价水平的绝对高度，也不能决定以后时期中物价的变动情况。由于跨期的放款利息率的高度要以货币单位的价值的变动为转移，所以我们只能决定它和一般物价水平的关系。

从上述我们可得出这个重要结论，完全预见性的假设不一定含有关于一般物价水平变动的任何条件。物价水平可能发生任何方面的变动，就是说，各时期的一切物价可能比例地升高或比例地降低而不影响到经济交易（保有现金的可能变动和其他与货币经济有关的复杂情况可暂不过问）。特别当人人都预先晓得物价将发生什么变动时，可通过利息率的变动来抵消物价变动的影响。

在上面的分析中，我们没有使用资本价值、收入、储蓄等概念。对价格决定问题的理论性分析来说，这些概念并不是不可少的，它们是不大重要的。但是，由于可根据上面所使用的项目来决定它们，所以不妨在这里顺便谈谈关于它们的方程式。

关于在一定时候所有的生产因素（包括劳动力）的资本价值，如果我们计算出在以后各时期所提供的生产性服务的预期价值，把它们加在一起，我们就可以求出上述资本价值。这样，我们可作

出以下(V)方程式表示各时期初的资本总价值:①

$$K_0=\sum_{S=1}^{n}\Big[\frac{\Pi_1^s Y_1^s}{1+i_1}+\frac{\Pi_2^s Y_2^s}{(1+i_1)(1+i_2)}+\cdots+\frac{\Pi_v^s Y_v^s}{(1+i_1)(1+i_2)\cdots(1+i_v)i_v}\Big] \quad (6)$$

$$K_1=\sum_{S和r=1}^{S=n,r=m}\Big[\Pi_1^s Y_1^s-\Pi_1^s Y_{11}^{sr}+\frac{\Pi_2^s Y_2^s}{1+i_2}+\frac{\Pi_3^s Y_3^s}{(1+i_2)(1+i_3)}+\cdots+\frac{\Pi_v^s Y_v^s}{(1+i_2)(1+i_3)\cdots(1+i_v)i_v}\Big]$$

由于根据第四方程式体系,第二方程式的负项与上期消费的价值相等,而第二方程式的其他项目与第一方程式的项目用第一时期的利息因素(1+i)来乘后的结果相等,因此我们可更概括地说:

$$K_t=(1+i_t)K_{t-1}-\sum_{r=1}^{m}P_t^r X_t^r \text{ 或}$$

$$K_t-K_{t-1}=i_t K_{-1}-\sum_{r=1}^{m}P_t^r X_t^r \quad (6a)$$

如果我们把总净收入解释为全体生产因素(包括劳动力在内)的资本价值在本期中所得的利息,并把净储蓄解释为净收入与消费的差额,我们就可以写成下式:

$$S_t=i_t K_{t-1}-\sum P_t^r X_t^r \quad (7)$$

由于方程式(7)的右方和方程式(6a)的右方相等,我们得到

---

① 由于假定从第 V 时期起静止状态开始存在,该时期服务的预期价值必须使用 i_v 来除,把它资本化。

$$S_t = K_t - K_{t-1} \quad (7a)$$

上述方程式表示在一定时期中,净储蓄的数额是与资本的增加价值相等。

显而易见,即使我们采用资本的平常意义,认为资本只包括有外形的因素而不包括劳动力,把收入解释为资本(依照上述狭义的定义)的利息与工资之和,上面的方程式仍然可以适用。但我们将在下面看到如果放弃完全预见性的假设,储蓄与资本的增加价值便不相等。

3. 物价和利息率的发展

在将来是完全可以预测得到的假设下,动态过程所包括的各时期中的一切物价,在一个统一体系下结成了分不开的关系。正如静止的状态一样,保持这个体系的平衡的也是下述两个原则:生产成本与价格一致;对生产性服务和消费品的供需也一致。动态情况和静态情况的真正不同之点,在于主要因素在静态假定为已定的而在动态却假定为每期改变的。这样,在动态体系内势必发生变动。理论的任务就是更细致地阐明这个变动所依存的一般条件,在各种可想象的假设下更精密地描述这个变动的过程。我们的陈述只限于以下几点意见。

其他影响不提,且说一个时期中各种物价的一般相互关系,以及各个时期中物价情况的一般相互关系。这种情况,使物价变动有趋于和缓及减弱的显著倾向。在未来无从完全预测的社会里,就没有这种显著倾向。还有一种情况使物价形成的相对稳定性更为加强,那就是决定供应、需求、技术系数的函数的变化存在着一定的规则性。这些函数就是我们所认为的决定物价的主要因素，同时也是价格决定问题所凭借的论据。我们可把这个情况叙述如下：有关现在和将来物价发展的函数，不断发生变化和一般情况相适应。

如果仅仅这种倾向存在着，社会迟早必将抵达静止情况。人口、资本以及其他影响物价的因素必将逐渐达到这样的相应数量和性质，以致在当时流行的物价下一种静止情况终于成立起来。但是，在目前情况下，这种倾向不能够完全实现，因为人口，资本等等常常发生比较自发性质的变动，即不是起因于经济情况的变动。这是因为人性的发展不受机械规律的支配，而受有机规律的支配，这些有机规律往往引起新的情绪、新的行为，有悖于静止的倾向。此外，人不能控制生活中的自然条件。他对气候等等没有多大的控制能力。因此，类似这种性质的变动不断发生，干扰人类的经济生活。但是，如果人们能于事先预料到这些对于物价发展有重大关系的变动（我们就是从这角度讨论问题的），那么，决定物价的因素以及物价本身就能在适当的时候适应新的情况。例如，如果能够预知由于消费者的嗜好的变更（由于时尚关系），某种物品在将来时候的需求将大大增加，生产力就会事先在适当的时候投入这种生产部门，这样，生产机构就可事先早作准备，在需求发生时能够应付裕如，而这物品的价格无须增加很多。这样，社会将不会发生物价突然剧变的现象。物价的发展将是平静的、和缓的。

以上是就物价的全面发展来说。现在再对在一般物价水平不变的前提下个别物价和利息率的相对变动说几句话。

个别消费品价格逐期变动的幅度，不会超过为使这消费品在供应比较短缺时期能够增多而进行的生产过程变革的费用。一般地说，在要延缓生产过程防止一种物品涨价的时候，上述费用不会很大。无论如何，不会超出这物品的贮藏费用，包括对投在这项存货上的资本所付的利息费用。反之，在要加速生产过程的时候，变更的价格和生产过程变革的费用的差额可能较大，因为加速正在生产中的货物的完成是比较困难的。可以想象得到，由于新的技术发明，一种物品的价格在某一时期中可能呈现暴跌现象，但这种情形是例外。在其他情况下，价格的下跌变动也将变得和缓。

原始生产服务的价格，只在供需的变动不能互相抵消的情况下才会发生变动。就个别种类的服务来说，供需的变动大概总能互相抵消。例如，某种劳动力的供应，由于学习这种工艺的新工人人数的增减，可能发生变动。但可以想象得到，这种劳动力的需求也会发生相应的变动，与供应的变动相适应。另一方面，企业家会于适当的时候利用一切机会使用代用品，使需求适应供应。由于这些适应的结果，一方面价格变动本身变为和缓了。另一方面这些变动分散在许多可以互相代替的种类的服务之间，于是每种服务价格的变动又进一步缓和起来。总之，继续发生的变动，将不过是由于人口的变动、生产设备的增减、技术的发展等而发生的缓慢的、轻微的变动。由于在实际生活上这些变动对物价的影响，在很大程度上会互相抵消，引起生产性服务价格的变动的力量，比我们所设想的要小得多。

如果我们设想一般物价是平稳的，则利息率的变动在我们这里的假设下也一定是轻微的。我们可根据上面对于消费品的价格和原始服务的价格所说的来断定这一点。一般物价的变动既然是和缓的、平静的，可以料想得到，企业家对于储蓄的需要也不会有很大的变动(如果不考虑例外的情形，例如由于技术上的发明，生产过程发生剧变等等)。所以，由于储蓄的供应在我们的假设下大概不会有大的变动，没有什么理由可说利息率会发生很大的变动。但应该指出，即使储蓄的供应或需求发生变动，企业家仍然有很多机会来变更利用储蓄的方法。因此，在这里的情况下，可以料想价格的曲线将比在其他情况下均匀得多。

我们可提出一个具体的事例，把上述论点弄明白。假定在其他方面情况都相似的场合下，人们有理由相信储蓄在将来某一时期会大大增加，但在该时期的前后两时期中，储蓄仍比较正常。设使人们没有意料到这种未来的反常储蓄情况，那么，很明显，利息率(特别是如果我放弃上面简单假设的话)在那时候必大跌特跌，而后来又围绕着较高于那时候但较低于原来的水平而变动。[①] 反之，如果人人都预料这种反常的储蓄将要发生而预采必要的行动，利息率的现象便将迥异于上述。因为生产机构便将用来吸收这项大量的储蓄，其结果急降的利息曲线便将变为平稳的利息曲线。利息水平便将在一个时间内逐渐由旧的水平降到新的水平，这个时间包括发生储蓄的时期以及在它前后的两时期。

我们想一想，如果企业家预料利息率在储蓄剧增时期会大大下降并且以后会停留在较低水平，将采取什么行动，我们就可明白上述的道理。一方面，他们必定会把本来要在该时期以前进行的

① 我们在这里所设想的是，当这反常的储蓄发生以后，企业家就将采取必要的措施来适应新的情形。由于生产设备的增加，将来的利息率一定会低于过去的利息率。

正常的新的投资延搁下来，借以收取低息的利益。由于企业家在储蓄即将发生以前就减少对储蓄的需要，利息率会在储蓄未增加以前就开始下降。同时，由于企业家在储蓄发生时期和后来增加对储蓄的需要，利息率就会提高。另一方面，企业家将延期进行本来要在储蓄增多时期或增多以后进行的投资。因为那时候利息率较低，这样延长投资时间显然是有利的。这样，在该时期中更多的储蓄将被吸收过去，这自然会使利息水平继续上升。上述两方面生产过程的改组，将继续进行，直到利息曲线变得很均匀为止。这就是企业家在开始时所期望的状况，如果他们预知日后形势的话。

如果预期的利息率变动和上述有所不同，例如在一个时期中，储蓄大大减少或预期资本的供应在短时期将增加或减少，也可以使用相似的方法来说明在这些情况下利息曲线的修匀过程是怎样发展的。

最后，在我们的假设下，除资本的价值由于新投入的服务和所得的利息而增长，或由于服务的成熟而降落外，生产资料的价格不会发生变动。因此，资本价值只能由于正储蓄或负储蓄而有所变动。这不但适用于人为的生产资料，就原始的生产资料来说，如果资本所生的利息超过(或少于)本期中成熟的服务的价值，它们的价值也会由于正储蓄(或负储蓄)而增大(或减少)。在研究储蓄函数时，显然不能不考虑到和原始的生产资料有关的这种储蓄。就我们这里的问题来说，这种考虑更属必要，因为我们把第一期中所有的一切生产资料全部列为原始的生产资料，只把以后生产的生产资料列为人为的设备。也许这个观点有更大的应用范围，因为它使我们在讨论价格决定问题时无须过问所有一切生产设备的来源。但无论界线是如何划分，它多多少少总带些臆断的性质。因此，单把储蓄概念应用于一种生产设备，似乎是不大妥当的。

在上面的分析中，我们没有过问这个事实：在动态过程中，由于货币单位价值的变动，一般物价水平可能跟着也发生变动，结果使一切货币价格比例地上升或下降。但这并不影响上面对于价格的相对变动所做的分析的正确性，同时在其他方面，对我们的问题也没有重要的影响——如果我们把由于币制而发生的某些复杂情况撇开不谈——因为，像费希尔教授所说那样，所预料的一般物价水平的变动，可以通过相当的利息率的变动加以抵消。只在分析利息率的发展和跟利息率的发展有密切联系的因素的时候——例如以货币计算的收入和储蓄[①]——才有考虑上述现象的必要。很明显，一般物价水平必须相当稳定，然后我们的利息率理论才能应用。

正像上面所说，就人们有完全的预见的社会来说，不可能对一般物价水平的变动订立任何一般法则。要决定这个因素，那就得先对币制和货币政策提出更多的特殊假设。[②]

在未来是完全可以预料得到的假设下，更精细地研究动态问

① 〔上节把收入解释为一切资本价值的本期利息，把储蓄解释为超过消费的收入，这些解释在这一方面引起一些复杂情况。必须注意，基于物价水平的上涨而增长的资本价值，已经包括在按照上述解释的收入和储蓄内。这样，收入和储蓄这两个名词便具有纯粹的货币性质。如果我们要研究关于储蓄的函数，我们自然必须考虑到货币单位价值可能有的变动。但是，当货币单位的价值是固定的时候，要计算收入和储蓄，单单使用以物价指数来除的方法是不够的。此外，还必须计算出在货币单位价值没有变动的情况下的利息率，然后应用这个利息率估计资本的价值以及以该价值为根据的收入和储蓄。〕

② 〔我们已经在本书第二部分讨论过这问题，参阅第 1 章第 5 节。〕

题，所要研究的最重要一点就是，如果引进各种重大变动，一定过程将呈现哪些性质的变化。在这里，我们必须谨慎运用其他情况不变的前提，因为不论哪一个对物价有影响的因素预料将发生变动，这个因素的变动总不能和其他因素的或大或小的变动无关。因此，分析工作并不是简单的。但尽管如此，我们仍可希望从分析得到直接的有益结果，尤其是我们可望从分析知道，如果负责的人有更完全的预见，可在什么程度上避免或减轻经济生活上的扰乱。

上述这些问题虽然还没讨论得很透彻，[①]但我们不打算继续讨论它们。我们将研究，如果放弃未来已被完全预见的假设，情况将变得怎样复杂。

第四章　不完全的预见

1．只对短时期有完全的预见

当我们第二次接近现实的时候，我们又假定，人们对于将来的看法是一致的，而且每一个人都确信这种看法是会实现的。我们也假定，对于将来的这些看法，能够完全实现，如果意料不到的事件不是时常发生——这里所提出的事例和前一章所论述的事例不同之点就在于此。由于意料不到的事件时常发生的结果，事情的实际发展或多或少地将和社会成员所预期的有所不同。至于第

① 在上引著作中(第 213 页和以下各页)，缪尔达尔研究了“建设企业的最有利方法”将如何受到产品、原料等价格的预期变动的影响。他的研究非常有趣。

一章第三节所作的简单假设,这里仍然保留下来。

这里可按照前一章所使用的方法来讨论。从一定时期出发,我们可作出一系列方程式,这些方程式将决定所预期的发展。构成方程式的材料,是影响人们所预期的物价的各种因素,如供应和需求的函数以及被认为在动态过程各个时期中都能适用的技术系数的函数。我们所要寻求的,乃是所有预测如果都能实现,物价将怎样发展。由于我们假定意料不到的事件不断发生,使人们改变他们对将来的看法,因此每一个新的决定物价时期,都有一个新的、和这时期中的预测相适应的物价体系。

按照这种方式提出问题,对我们的研究将有帮助。因为,通过研究各个时期中所预期的物价发展,我们就能为分析事件的实际发展打好基础。

首先,可假定意料不到的事件是在一个时期过渡到另一个时期的时间中发生的。当讨论的是很短的时期时,这个假设似乎是合理的。这样,一定时期中所预测的物价系列,至少在这个时期内,将和物价的实际发展相符。因此,初期物价情况将是这两个物价系列的共同情况。如果后来发生的意料不到的事件不引起过于剧烈的变动,那么这两个物价系列在各个相连的时期内也将有许多相同之点。这样,对一定时期物价情况的分析可和对同时期中预测的研究结合起来。在这个分析里,预期的那一系列物价中由于后来发生的意料不到的事件而不能实现的部分也是有重大意义的,因为它影响人们的行动,因而成为决定初期物价情况的因素。

所以，在这里所作的假设[1]下来研究价格决定问题时，我们可把前一章的分析直接拿来应用。

此外，我们也可从所预期的某一时期中的物价系列出发，研究在过渡到第二个时期的时间中所发生的意料不到的事件怎样改变所预期的第二个时期中的物价系列。这样，不但可以看出一种物价状态怎样转变为另一种物价状态，而且也可以看出意料不到的变动对物价实际发展的重要性。

后一个问题在理论上和在实际上都有重大的意义，我们现在打算对这问题提出几点比较一般的意见。上面已经说过，意料不到的变动会使人们改变对于将来的以前看法。现在所提出的事例和以前所论述的事例大不相同的地方就在于此。由于这种情况，要阐明一种状态怎样过渡到另一种状态，我们就需要两个方程式体系——一个关于变动发生以前的情况；一个关于变动发生以后的情况。

---

① 这一个假设是：在一定时期，人们能完全预料到这一时期中由于他们的行动而发生的物价水平。严格地说，这个假设是把物价情况作为平衡状态来说明的必要条件，就是说，在供求和实际物价之间存在着相互的关系，因而在现今物价下，交易能够继续下去，一直到需要得到完全满足为止。所以，这个假设成为大多数价格决定理论的基础，如果放弃这个假设，就得使用另一个分析方法。换句话说，必须想象，人们预料物价将呈现某种情况，因而对需求量和供应量作出决定，而且由于这种决定，物价情况便变得和所预期的有所不同。（在这两种情况下，即使价格能够符合，供求的关系也不会相同。）新的情况使人们改变他们的决定，这又产生另一种情况，于是人们又作出新的决定，等等。这样。在一定时候，在物价和影响物价的因素之间，并不存在着相互的依赖，而却存在着片面的因果关系。决定物价的这种"曲折"变动，事实上存在着，尤其是在对物价变动非常敏感的交易里存在着，特别是在证券交易所和物品交易所里存在着。但在这里，我们不能讨论这种动态的物价变动。〔在第一篇中，我们已经说到这个问题。〕

上述问题所牵涉的另一方面是：人们所拥有的资产的价值，由于他们的期望变更而变更，于是有时产生利得，有时产生损失。缪尔达尔曾正确地指出，[①]这些利得和损失是属于和收入与成本大不相同的范畴。后者可看做（生产性劳动或产品的）价格，但前者“却不是价格而是价格的变更”。为说明这两者的区别，我们也可以说，一个人从一定资本所得到的具有利息形式的收入，是要经过一定时间才能得到的收入；至于利得或损失一刹那间即可产生，因为资产所有者，遇到意料不到的事件，会突然改变他们对于资产的估价。

正由于这些利得和损失（缪尔达尔曾在不同假设[②]下仔细分析了这些利得和损失的程度和性质，因此我们不需要在这里加以讨论），当人们不能像从前那样正确预测将来情况的时候，另一个结论，即社会的资本价值只能由于同数额的正储蓄或负储蓄而增加或减少，就不能适用。因为，硬把刚才所说的全部利得和损失都归到储蓄中去，储蓄这一概念便被歪曲了。储蓄一语只能意味着不把收入花费掉——至于不花费资本，我们把它叫做“等待”——尽管我们可对不花费收入这一说法作不同的解释（这要看我们对消费和收入下什么定义而定[③]）。但刚才已经说过，把利得和损失看做正收入和负收入，就原则上说是不正确的。所以，利得和损失

① 《价格问题和物价变动》，第 44 页。

② 同上书，第五章——如果我们放弃简单假设，那么在正文中所作的关于人们的预测的假设下，利得和损失都将增多，但由于种种原因，损失将增得比利得更多。关于这一点，读者可参阅该书第 75 页和第 89 页。

③ 如果扩大资本这个概念的范围，把人也作为资本看待，那么为保持前后说法的一致，就应该把目的在于生产的消费也看做储蓄。从某些观点看来，这样解（接下页）

决不能作为储蓄的对象。[①]储蓄像消费一样，需要时间来进行，它有个时间范围。相反的，利得和损失严格地说没有时间性，因此就这一点说，它显然属于和储蓄完全不相同的经济范畴。此外，这个不相同也表现在资本价值由于储蓄和由于利得和损失而发生的变动在形式上有所不同。无论储蓄意味着把利息加到资本，或意味着出现了新的投资，其结果都是资本价值连续不断的改变。即在发生负储蓄，因而有的资金被消耗掉的时候，情况也是一样。相反的，利得和损失所带来的资本价值的变更却是不连续的变更。

如果我们要确定在一定情况下某些意料不到的事件所产生的经济后果，上述一切都是相当重要的。因为在这里，第一个工作就是研究这些事件所引起的利得和损失的数额，以及由此而产生的资本价值增减的数额。按照上述，资本价值的变动似乎是意料不到的变动的最直接结果。至于表示储蓄的函数，由于意料不到的变动的影响，究竟是上升或下降，以及资本的损失，经过若干时间以后，究竟会不会被增加的储蓄所抵消，这是另一个问题。不错，这种趋向并不是不可能有的，但我们必须对每一次发生的这种趋向作特别的研究。无论如何，我们必须提醒人们，不可认为储蓄数

(接上页)释资本是很有理由的。从财富观点看来，劳工生产力的发展，和具体生产资料生产力的发展，可以说是同样重要的。而且，由于收入分配的变更往往带来这两种类型“资本”形成在比例上的变更，因此如果我们只把有形性质的储蓄看做储蓄，那么，就会产生不正确的印象。但从其他观点看来，似乎应该只把资本和储蓄这两个概念应用在有外表的东西方面。(我们曾作了另一个区分，即“总储蓄”和“净储蓄”的区分。关于这个区分，我们不需要作任何特殊说明。)

① 〔上面的话也可适用于事前估计的储蓄。我们已经指出，对一定时期事后计算的储蓄的数目，将包括一部分利得和损失，这要看那个时期的活动而定。〕

额如果没有变更，资本价值就不会变更。其实，储蓄数额没有变更和资本价值变更这两者往往有难分难解的关系。如果假定意料不到的事件发生以前和发生以后的储蓄是等于零，那么以后各时期的资本价值，必定和原来价值有所差异，所差异的数额等于利得和损失的数额。

2. 把上述推论应用于意外储蓄的事例

意外的储蓄给以上推论提供一个很有趣的应用。由于储蓄是意外发生的，这种储蓄引起了利得和损失，正像其他意外的事件一样。因此，这些利得和损失将增多或减少由意外储蓄所直接引起而具体表现在新的生产资料的生产或旧的生产资料所累积的利息上面的基本设备价值的增长程度。所以已经存在的生产资料，或多或少地受到这些利得和损失的影响。

为把问题的一般性质更明显地揭示出来，我们将比较仔细地研究上述情况。如果我们要(在一定假设下)研究某一个时期中突然发生但在以后时期不继续发生的储蓄的影响，假定没有其他意外的重要变动，我们的分析便如下述：

我们假定，在过渡到发生储蓄时期的时间中，人们都了解储蓄的后果。[①] 他们因此改变前此对物价发展所作的预测。其结果，即在储蓄还没发生以前，资本价值便有所增减，就是说，利得和损失便发生。如果我们把储蓄总额加在资本新价值的总和里，我们

① 上面已经指出，如果没有这个假设，那就不能把一定时期的物价状态解释为反映那个时期的供需的平衡状态。

就得到这个社会在储蓄时期结束时的资本额。如果我们可以设想，每一个人从储蓄时期起，都能完全预知将来的发展，那么，在将来各时期，这个社会的资本显然将保持上述数额，因为按照假设，没有新的储蓄(正的或负的)发生，也没有利得和损失发生。此外，在储蓄时期中如果人们对将来的看法不大正确，后来没有实现，那么，在过渡到第二个时期的时间中，新的利得和损失便将发生。为使这第二个时期不出现储蓄，所有投资计划的目的显然都在于保持这些新的资本价值。但是，这个时期中所作的预测，如果在过渡到下一个时期的时间中加以修改，结果将有新的利得和损失产生，而上面提到的过程便将无限期地继续下去。

关于人们在各个情况下所作预测的假设，显然对发展过程的性质具有决定性影响。就假设的情况来说，关于人们先见的假设不应该含有一点武断性。从理论观点看来，最自然的假设，或者是人们的预测都能实现(像上面那样的假设)，或者是人们在各个时期中都断定那个时期的物价情况将继续下去。

我们选用这个情况作为说明上面推论的例子，其原因在于阿克曼在他的关于资本的重要著作第二卷里，曾按不同方法详细论述这种情况。[①] 他所用的方法和我们上面所述的方法最大不同之点[②]是：他始终把社会资本作为“工资基金”，即作为投入工资的总

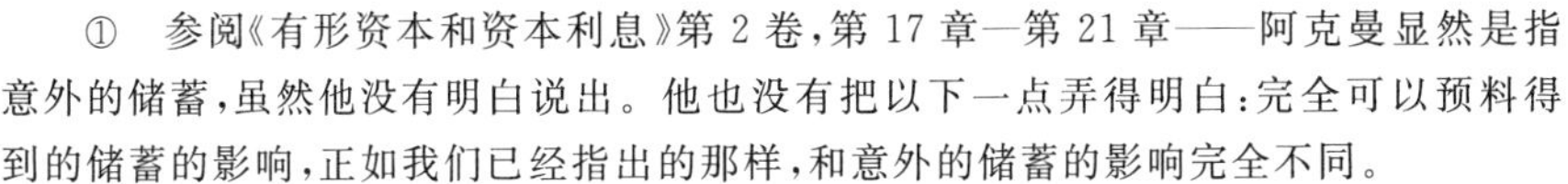

① 参阅《有形资本和资本利息》第 2 卷，第 17 章—第 21 章——阿克曼显然是指意外的储蓄，虽然他没有明白说出。他也没有把以下一点弄得明白：完全可以预料得到的储蓄的影响，正如我们已经指出的那样，和意外的储蓄的影响完全不同。

② 另一个不同之点，也是原则上的不同之点，可以从阿克曼对企业家的预测所提出的有些武断的假设里找出来。读者可参阅我在《政治科学杂志》(1925 年，第 80 页和以下各页)上对这一个问题和其他问题所作的评论。

和，而不过问它所生的利息。[①] 这个总和先按储蓄数额增加，以后如果没有新的储蓄，即保持原额不变。当然，这个方法，比我们所说的方法简单得多。但问题是，这个方法在逻辑上是否站得住脚。

明显地，阿克曼的方法是建筑在两个前提上的。第一个前提是，所有储蓄都用作新的投入工资；第二个前提是，旧的生产资料所代表的工资总额，总是等于原来投入的工资。

诚然，上述第一个前提，在阿克曼所假定的特殊情况下，理论上是正确的。在那种特殊情况下，他的假设是，生产资料的制造不需要时间，换句话说，成本不包括资本利息。但是，如果我们放弃这个不现实的假设，我们就能明显看出，也可用储蓄来延长一定数额的投入工资的成熟时间。所以，不但投入的工资可以储蓄起来，而且连这种工资从投入时刻起所产生的利息，也可以储蓄起来。在一些情况下，可以完全使用储蓄来延长已经投入的劳动的成熟时间。我们所指的是魏克赛尔所举的贮酒的例子。[②] 这里，储蓄的作用在于使酒的寿命得以延长。此外，关于我们在前一些时候对工资基金学说所作的评论，我们必须指出，在这种情况下，不但工资基金可能增加得少于储蓄数额或保持旧额，尽管储蓄业经发生，而且由于储蓄的缘故工资基金甚至可能减少。我们可这样修改以上所使用的社会同时从事农业和林业的例子，使产生这种结

① 参阅前述。我们假定，关于这一方面，工资概念也包括劳动以外的其他原始服务的报酬。

② 《讲演集》第1卷第176页。

果。[1] 由此可见,阿克曼的方法,即使在其他方面是正确的,在和现实相符合的假设下是不能使用的。

成为阿克曼理论的基础的第二个前提是:在一个时期中投入来替代那个时候正在成熟的劳动,因而不能成为新储蓄的工资的总数,等于代表这些劳动的原始代价的工资的总和。如果人们都能完全预知将来情况,如果我们保持生产资料的生产成本不包括利息这一前提,那么这种说法可以说是对的。因为一种生产资料的价值,如果由于人们当初所准确预料的工资率的变动而变更,那么他们在计算原始利润时,就一定会把这项变更计算在内。这样,这种变更的数目便成为投资所得的利息中一个正项目或负项目。所以,再投资应当由最初的生产成本来决定。

但在我们现今所考虑的情况下,上述计划受到意外储蓄的干扰。这会引起动态过程,给旧的生产资料所有者带来利得和损失。这些利得和损失,由于上面提到的原因,不能看做是最初投资的利息中的正项目和负项目。反之,它们应当包括在每期生有利息而且由于投入新的服务来替补已成熟的服务因而价值保持不变的资本的价值内。所以,在每一个时期内,再投资应当相当于有关资本由于劳动的成熟而减少的价值的数额,不管它是大于或小于成熟的劳动的最初价值。这就意味着,再投资不是和生产资料的原始生产费用相符,而是和各个时期再生产的费用相符。前者和后者所以不同,是由于所发生的变动的缘故。根据原始工资费用因而

① 对于那里提到的例子,我们只需要作以下的修改。即把由于一定数量储蓄而引起的利息率轻微的下降作为资本从农业移转到林业的动机。

比所需要的数额来得大或来得少的再投资(按照上述见解)将按上述变动程度包括正储蓄或负储蓄,如果再投资一名词是按这里所提示的意义来理解的话。因此,从我们这里所采用的观点看来,上面所说的前提是不能坚持的。在人们不能完全预知将来情况的动态社会里,如果各个时期中没有发生(正的或负的)储蓄,资本便不能保持不变的数额作为工资基金。① 由此可见,阿克曼的方法,不能达到它的目的,尽管是建筑在高度抽象理论的基础上,就是说,尽管建筑在生产过程不需要时间这一假设上。在研究具有讨论中的性质的动态过程时,我们无法避免计算利得和损失的麻烦。因此,我们在上面所说的方法,是唯一可以使用的方法。②

3. 进一步接近于现实的假设

我们的研究现在已经到达这样的阶段,以致要进一步接近现实,就要遇到很大的困难,因此我们在下面只对这个问题的一个特殊背景作一些说明。

显然,在分析的第二阶段,我们以前所作的人们都能准确地预测将来发展的假设,必须使用人们对将来看法只具有盖然性性质

---

① 所以,阿克曼的假设,应当这样提出,即各个时期中储蓄的数额都达到足使工资基金数额保持固定的程度。至于使用这个假设的动机,可以说是:事实上企业家有时愿把记在账簿上的生产资料的原始价值一笔注销,而不计及后来的变动。

② 同样的,我们在这里对阿克曼处理这个问题所作的评论,也可适用于根据这一假设(即尽管有各种变动,作为工资基金的社会资本却保持旧额的假设)来处理类似问题的其他论述。例如,上述假设就是魏克赛尔在分析一般捐税对生产的影响时所根据的前提(《财政理论分析》1896 年在耶拿出版,第 36 页和以下各页)。我曾根据上述理由批评这篇分析(见《课税的正当性》,1919 年在伦德出版,第 117 页的注释)。

这一假设来替代。这样，在人们看来，将来的发展是一系列多少具有或然性的、可以这样可以那样的发展。这种看法的性质是看以下两个因素而定的：人们对将来发展的判断力；他们看法受情感支配的程度。在这些看法的影响下，他们将怎样行动，这要看第三个因素而定。这第三个因素是他们对各种可以选择的行动的危险性的估计。这三个紧密联系着的因素，即企业家在他们的假设下实际所冒的客观危险，他们对这些客观危险的看法以及他们对所想象的危险的估计，乃是动态的成本平衡问题即企业家利润问题的主要方面。[①] 这里所说的“客观危险”，是指企业家根据他们实际上所掌握的知识和经验对危险所作的冷静估计。

要阐明在上述更复杂的假设下某种物价状态是怎样决定的，我们只能使用一系列代表着缪尔达尔所说的特殊“复杂”情况即静态经济制度包含有动态因素的联立方程式来作说明。我们已经指出，[②]静态未必不包含危险因素。而且，关于危险因素所引起的复杂情况的研究，当然会变得简单得多，如果它是基于以下假设，即尽管人们不能完全预知将来情况，因而要冒风险，但经济状态还是静止的。

然而，我们引进危险因素，就意味着，我们不能像从前那样，使

① 见上面所引的缪尔达尔著作第103页。上面所说的话，不但适用于狭义上的“企业”而且可广泛适用。下面一段的话摘自缪尔达尔著作第115页：“从决定一般物价的观点看来，所有的人都是企业家。企业意味着作出有重大经济意义的决定。无论这种决定是采取行动或不采取行动，如果有若干可供选择的不同办法，而决定对将来收入和成本数额或对成本开始发生作用时间关系重要，所有风险因素便成为采取行动或不采取行动的动机”。

② 参阅上面第2章第1节最后一段。

用那些表示总数量的函数来作说明,而必须使用个别函数来作说明,因为纯粹动态问题的特征乃是各人各有不同特点。人们的预测具有不同程度的或然性,这也使方程式变得更复杂。每种企业都是根据对于一定投资在将来能生若干收入和需要若干费用的估计(这些估计是大略的估计)。从估计的收入,先减去由于可能发生的风险而引起的损失,然后折算成目前的资本价值。私人企业家往往企图尽量高估这个资本价值,在市场和其他企业家竞争,结果就各人对风险所作的不同估计以及由信贷关系、惯性因素等等所引起的复杂情况这两个方面来说,物价状态是从边际来决定的。当然,平衡问题现在变得比上面提到的平衡问题更为复杂。缪尔达尔在他的著作里,曾经对这个问题的轮廓做了一些说明。

最后,我们只想提醒读者,我们在整个研究中所使用的假设,都属于抽象的性质(参阅第一章第三节)。我们所以选用这些假设——在这些假设中,最重要的是简单假设——目的在于把说明弄得简单。但是,只要假定人们能够完全预知将来情况,上述假设就不至动摇我们的结论。

附录　平衡预算问题

瑞典政府1927年指定了一个委员会调查研究瑞典失业情况。这个委员会调查研究的结果，不但对于帮助解决当前经济政策的一些问题是重要的，而且对于纯科学来说也是重要的。在研究时经济专家作出很大的贡献，因此我们有理由可以说，委员会的报告是瑞典在研究最近数年商业循环问题方面的一个重大成就。我们这样说，并不是只想到那些附在报告书后面的专论(这些专论是由委员会主席以及六个经济学教授、副教授负责写的)。委员会本身所作的两个报告书，也含有高度科学价值的理论和统计资料。这无疑地多半应归功于哈马舍尔德博士，他在若干时间内曾担任委员会秘书职务。此外，这些报告，虽然是属于科学研究性质，但对非经济专家的读者来说，也会引起他们的兴趣。报告书第一部分是关于瑞典战后经济发展的很详尽的论述。第二部分是关于瑞典当前经济政策的总结，同时也说到这些经济政策的理论基础。①

① 失业委员会报告第1卷、第2卷(《施政方针公报》1931年第20期和1935年第6期。)专论附录：(1)巴格所作的专论(《施政方针公报》1931年第21期)；(2)哈斯所作的专论(《施政方针公报》1931年第42期)；(3)阿克曼所作的专论(《施政方针公报》1931年第42期)，(4)哈马舍尔德所作的专论(《施政方针公报》1933年第29期)；(5)默德尔所作的专论(《施政方针公报》1934年第一期)；(6)约翰逊所作的专论(《施政方针公报》1934年第2期)，(7)奥林所作的专论(《施政方针公报》1934年第12期)。

委员会把注意力主要放在失业循环问题上，这是很自然的，因为在进行研究时发生的不景气必然对委员会有所影响。但是，后来的经济复兴，并不减低委员会成就的重要性。委员会所建议的，就是一个旨在通过各种政治行动来消除商业变动的宏大计划。为达到这个目的，主要手段乃是合理地运用货币政策。委员会曾订出施行货币政策的方法，但它又建议采用有关的财政政策、商业政策和工资政策来补充这个方法，使得货币政策能够充分发生效力。

在下面我只就有关财政政策经济效果的四个问题进行讨论：(1)长时期中平衡预算问题；(2)修改长期计划来消除工业变动(当对外关系允许我们推行积极政策的时候)；(3)国际复杂因素的影响；(4)预算技术问题。讨论这些问题最适当的方法似乎是就缪尔达尔给委员会所作的研究进行评论。①

1. 长期解决方法

当然，每一个预算在形式上都是平衡的，因为支出方面各项目的总额必须等于收入方面各项目的总额。所以，平衡预算的要求，必定意味着，一些种类收入的总额一定等于一些种类支出的总额。最自然的程序，或是从经常收入总额出发，即从不是来自变卖固定资产或发行公债的收入出发，或是从经常支出总额出发，即从不会

---

① 默德尔：《国家财政的经济效果》，见《施政方针公报》1934年第1期。

〔这个论文第一节到第四节(1934年写的)所说的瑞典情况是指1935年以前的情况。至于1935—1938时期的重要预算改革，这是在第五节里叙述的。〕

〔关于从英国观点来论述这些问题以及其他有关问题，读者可参阅希克斯所著的《英国政府在1920—1936时期的财政》。〕

增加社会固定资产净额的支出出发。如果经常收入和经常支出恰好相等，那么，从国家总资产净值仍旧不变的意义上说，预算明显地是平衡的（假定这个净值是按和编制预算所根据的同样原则来估定的）。如果经常收入超过经常支出，那么国家财产净值便有相应的增高。为了说明“国家资产净额的长期发展趋向”，缪尔达尔采用了“财政健全”这一名词。缪尔达尔采用这个名词的意图在于弄明白这一点，即平衡预算问题主要是关于中央政府（以及地方政府）应否增加或减少它的资产净额以及应该在什么程度上增加或减少资产净额的问题。

缪尔达尔指出，就长期政策来说，比较高度的“财政健全”有许多好处。他也指出，当国家资产净额是很小或是负的，因此经常赋税很重而负担不合理时，尤需要增强财政的“健全”。“但是，困难在于：在我们所作的关于直接支出数额的假设下，要过渡到更大的财政‘健全’（显然，高的赋税水平证明更高度的财政健全是正当的），便需要即时地和长期地提高经常税率，使得由于减少借款、偿还旧债或设置特别基金的结果，最终可把税率相应地降低”。[①] 可惜，缪尔达尔没有对征收哪些赋税来增加国家资产这个问题作出更详尽的论述。我们很难以某些捐税已经很高，必须减低的理由，作为提高这些捐税的主张的根据。解决方法似乎是提高资本税（特别是遗产税，但其他真正的财产税也需要提高），从而减轻对经常收入所课的税额。

这个问题这样的提出，也更好地说明从政治上论述这个问题

① 缪尔达尔：《国家财政的经济效果》第112页。

时所存在的利害冲突。总的说来，国家资产的提高必定对工人阶级有利，只要由此而产生的捐税减轻，不被资本的逃避或资本的其他损失所抵消。在另一方面，这种计划必定会遇到有产阶级的反对，因为，为了减轻将来的赋税，他们的财产现在就受到损失，至于赋税减轻所产生的利益，他们却不能独享，而必须和整个社会均分。国家资产净额的增加意味着目前的财产分配不均有所减少。这样，政治利益的矛盾便跟着发生。

这的确是问题的症结。国家投资问题的长期解决方法，对于财产的分配极其重要。对劳力市场特别是失业问题的关系，却不怎么重要。当然，可以说，上面提到的计划将影响国内资本供应量，因而劳力需求量可能发生变动。也可以想象，由于国家资产净额增加而产生的对收入课税的减低，可能使工人更愿意接受稍稍减低的名义收入，而就业的平均人数可能因此稍稍增加。但是，解决国家财产问题的方法所导致的后果，可能彼此相互抵消，或被其他情况所抵消，因此这些后果未必具有决定性的重要性。从劳力市场的观点看来，似乎没有人会反对较高的“财政健全”标准，如果考虑其他问题的结果，这种标准显得是需要的。

按瑞典财政传统，“财政健全”的公认标准可概述如下：国家资产（按广义说）净额，就长期来说应该上增，所增加的数额应该相当于不产生货币收入的新的固定资产价值超过旧的资产（同类型的资产）的损耗价值，加上公债的一定还本数额的总和。所以，在这个范围内必须从经常收入，而不是从公债收入，来筹措基本设备投资的资金。至于地方政府资产净额的增加，不能应用同样的标准，因为一方面，地方政府只能在有限度内发行公债，来筹措设置永久性基本设备的资金（不管是否产生收入的设备），这些设备的开支和每年的正常开支比较，数目是非常大的；但是，另一方面，连比较平常的、能自清还本身费用的资本支出，也必须从经常收入项下来给付。诚然，上述原则不具有特殊重要性，[①]但像其他原则那样，似乎可以采用。也许应该更详细地说明公债还本的比率。公债的还本，如属可能，应当和遗产税收入以及其他财产税的收入联系起来。但是，这个原则的最大局限性是它只适用于长久的时期。在解决年预算问题时，必须加以修改。

2. 短期解决方法

就劳力市场来说，经济变动的缓和意味着，在不景气时期，失业人数减少，但在大景气时期，失业人数可能比在经济变动没有缓和的情况下多一些。这种政策的优点在于：失业人数的减少，在程度上比失业人数的增加来得大，因此失业的平均人数最终将要减低。

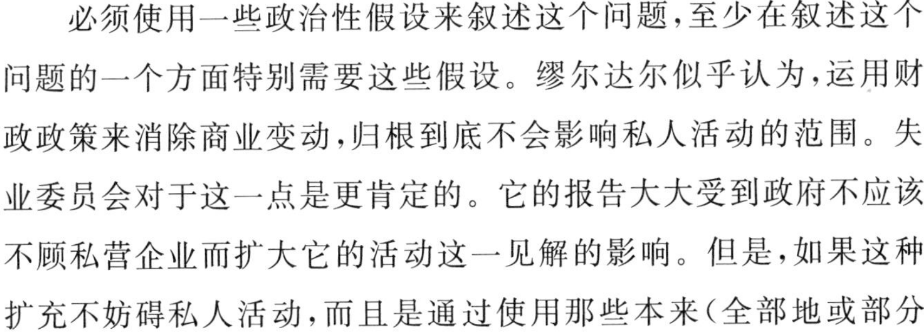

必须使用一些政治性假设来叙述这个问题，至少在叙述这个问题的一个方面特别需要这些假设。缪尔达尔似乎认为，运用财政政策来消除商业变动，归根到底不会影响私人活动的范围。失业委员会对于这一点是更肯定的。它的报告大大受到政府不应该不顾私营企业而扩大它的活动这一见解的影响。但是，如果这种扩充不妨碍私人活动，而且是通过使用那些本来（全部地或部分

① 瑞典政府在1935年以前所施行的会计制度，足以说明瑞典政府所采用的原则。按照瑞典会计制度，对于不产生货币收入的资产，一般不估定货币价值。以此之故，如果这种投资是通过借贷来筹措资金，那么净资本便将减少。

地）未加使用的生产资源来实现的，那是可以允许的。不管人们是否完全赞同这个意见，[①]可把它作为出发点来分析这个问题，即在什么程度上值得使用财政政策来缓和商业变动。

由于中央银行的利息政策以及国币与外币的比率跟国内经济情况有紧密的关系，所以，在我看来，凡是应消除的商业变动都应当使用货币措施来消除。执行商业循环政策的主要责任，因此应当属于中央银行，因为这个责任和保卫货币制度的责任有紧密的联系。国家财政只可作为补充手段，在可能范围内应当和中央银行所执行的政策结合起来。缪尔达尔和失业委员会对于这一点似乎有相同的意见。

要成功地推行这种财政政策，就应当使它能适用于由于国际关系而产生的困难局面，这是很重要的。因此，实行一个自主政策，就必须留有缪尔达尔所说的“国际余地”。此外，编制预算的技术和管理预算的机构必须具有这样的性质，使得上述财政政策能够行得通。最后，必须有理由可以认为，短期经济预测能够做得相当准确。

当更详细地讨论这种财政政策的含义时，必须把上述假设弄得更明确。应该先从比较有利的条件出发，然后研究，在更复杂的情况下必须怎样修改结论。

在研究应付商业循环的预算计划时必须认识这一点，即政府

① 从这个观点看来是正当的财政措施，可以说是瑞典各政党都同意的最低标准的措施。如果采取对国营企业更有利的财政纲领，那么它可能包含更有效地缓和商业变动的其他措施，但这些措施可能逐渐减少私营经济企业。这些措施的正确性，是个政治问题，本论文不加以讨论。

行动有加剧循环变动而不是缓和循环变动的“自然”趋势。这意味着，当不景气到来以后，在把预算交议的时候，政府往往预料，经常收入将要减少，而且由于不景气所产生的紧急局面，经常支出将要增加。由于这个原因，在经常支出和基本投资方面都将厉行节约。因此，像私营企业一样基本投资先受到削减。在大景气时期，情况和上述恰恰相反。不但在经常开支方面政府比较随便开支，而且有更显著的进行建设的倾向。这种建设需要借款，因此，原来资本缺少的现象便加剧起来。①

国家政策（假定有执行控制国内经济循环的积极政策的余地）应该对循环变动没有影响，绝对不应该加剧循环变动。失业委员会大多数成员都采取这个谨慎的意见，这个意见和该委员会的一个成员巴格教授以前所发表的意见相符。这就意味着，公共工程和采购的总数量，应该适应于正常的发展趋向，因此不应该以商业情况的每年变动为转移。至于各年中在收入方面难以避免的剩余和短缺，可把它转到为这目的设置的基金，予以消除。

实现这个计划，和传统的预算政策相比，无疑地将是一个大的改进。而且，从经济政策的观点看来，如果负有缓和经济变动主要责任的货币管理机构积极地、认真地推行这个计划，在大多数场合

① 但上述表示，国家政策不仅对商业变动起加剧的作用。因为，在不景气时期，预算通常是“赤字”“预算”，而在大景气时期，预算通常是“有盈余的预算”。这意味着，在不景气时期，经常支出倾向于超过经常收入，而在大景气时期，经常支出少于经常收入。由于在不最气时期政府通常设法利用隐藏的准备来避免捐税的急剧增加，而在大景气时期采取相反的行动，上述的抵消倾向便增强了。但是，这些情况（缪尔达尔著作也提到这些情况）还不足以抵消上面提到的加剧的影响，这特别是由于国家投资数额与一般投资数额同时增减的缘故。

下当可得到令人满意的结果。但我认为,在一个更积极的政策明显地会产生良好效果的时候,一味推行上述"中立"的财政政策,使更积极的政策不能施展作用,这不但是不合理的,而且是不幸的。这也不是失业委员会的意图,因为它说到"摸索经验"。赞成"中立"预算政策的议论,只等于说:一些和中立政策有所分歧的政策,尽管合理,但不值得尝试,因为这些政策很难施行,而且常常不合时宜。如果我们认为上述困难都是可以克服的,那么赞成中立政策的议论便失去它的论据。

我认为能够找到这个问题的另一个解决方法,这个方法和失业委员会所提出的方法同样可靠,而且对失业和工业变动会产生更有利的影响。这个解决方法有两个先决条件:第一,核准和实行伸缩性比较大的方法来平衡预算(后面再来说明);第二,所有可延缓的公共工程和订购的宣布,应当根据两个类型的决定:关于从每年经常预算可以利用的款项中拨出的款的决定;关于所拨款项的支付和实际工程的举办的决定。我们所建议的解决方法的后果将是:在改革生效以后,管理拨款当局可自由行动,采取他们认为最合理的措施来适应工业变动。在我们的假设下,可以希望,管理拨款当局对于工业变动的反应,其趋向将和现今的一般趋向相反。按照目前办法,款项一经拨出,很难把工作延搁下来。当然,大多数上述款项都是在大景气时期中拨出的,就是在收入比较充沛而政府当局对纳税能力有比较乐观看法的时候拨出的。但在情况许可的条件下,把拨款的使用延搁起来,等到经济趋势转变方向,工程成本降得较低时再来动用,不但是合理的而且是有益的。

在最近不景气时期内,政府企图加速进行各种公共工程,有人对此提出批评。显然，这种批评不能影响按照上述原则决定的兴办土木工程时间。当时所发生的困难，一半是由于准备不够充分，因而工程举办得太晚；一半是由于在决定举办工程的时候，不但需要有意识地或无意识地估计这些工程的直接利益，而且需要从失业观点来估计这些工程的利益。我们的计划不会有这种困难；而且，它和政府行动的长期计划正相吻合。唯一不同之点是：在计划的时候就投票拨款，这项拨款包括在本年预算内，但动用拨款的时间可由有关机构自由选择。[①]

我不想否认，这个解决方法也有它的困难；这种困难一半是属于行政性质的困难，一半是正确解释经济情况的困难。在这里，我们不能对前者加以讨论。只有一点需要注意：如果地方政府的财政政策部分地放在中央政策监督之下，问题的解决便会容易些。[②]

当然，在解释经济趋向时，几乎不能避免错误。但这种错误绝不会使计划的最重要部分不能实现，就是说，绝不会使建设工程等不能从一个大景气时期延缓到下一个不景气时期来举办。主要的错误在于不能及时发觉不景气的消失，结果建设工程进行的时间不能按照理想在不景气时期中均匀地加以分配。但是，即在这种

① 〔类似的办法是：另外批准一个“非常预算”，在经济情况恶化时应用——参阅下面第五节。〕

② 关于这一点，我们应该指出，对地方政府来说，这个问题的解决是特别急迫的，因为一般地说，地方政府不能彻底实行固定支出的原则。就地方行政单位来说，建设新校舍或新贫民院，是个不常有的、比较大的事业。这种建设工作不能均匀地分配到若干年时间中去。它们要对以下两个办法作出抉择，或是在景气年中，劳工比较缺乏而材料价值比较高的时候进行建设，或是在不景气年中失业工人比较多和其他费用比较低的时候进行建设。当然，后一办法从各方面看来比较合宜。

情况下，这种办法总比无差别地把建设工程分配在不景气时期和景气时期进行的做法强一些。

如果彻底实行这个计划，就可得到以下重大利益：(1)建设费用的平均水平较低，因此中央政府和地方政府在开支方面能够得到节约的利益；(2)在不景气年头，失业人数将减少，而生产力能够更好地加以利用；(3)物价比较稳定，经济变动比较和缓，这是由于反复地把预算编成有“赤字”或编成有“盈余”的结果。这种结果是通过调节大景气时期和不景气时期的国家支出来实现的。

上述计划根据这个原则：由于政府当局想得到财政上的利益，他们一定将这样行动，使得他们也能得到其他两个从一般观点看来是重大的利益。就这一方面来说，这计划似乎比失业委员会所提出的“消极”财政政策更为有效。由于这计划在政治上是完全中立的，所以在条件允许施行一个独立的稳定国内经济的政策的时候，这计划似乎是可以采用的。

至于后来能在什么程度上通过更积极的措施把这个计划扩大，借以进一步稳定经济变动，这是个必须和一系列特殊情况结合起来讨论的问题。我们在这里只说到两点。

在这方面，最困难的问题就是在不景气时期中举办**更多的公共工程**。这种工程不直接产生收入，但会扩大劳动和其他生产因素的使用，因此从改善失业或扩充经济的政策的角度看来，似乎是有利的。在判断这种工程的价值时，往往发生各方面经济利害冲突的问题。的确，这种工程的一些效果，从私人利益的观点看来，是有利的。例如，失业工人救济金这项支出减少了，并且由于举办这种工程对各种货物的需要起刺激作用，私营企业的经济情况因此有所改善。但这项工程的其他效果，只给某些团体带来利益，而给其他团体却带来损害。就举办公共工程意味着劳工报酬增加、原料价格增高等等来说，这种工程对提供上述劳动的人和出售上述货物的企业产生良好的影响。但那些要和国家竞争来取得这种劳工和货物，而且自己货物的价格没有相应提高的人，却感到他们的经济状况不如从前。这就是在这种工程不以救济失业的名义举办时人们常常提出反对的一个最重要原因。即使失业委员会说得对，在一个国家的大部分生产力还没有加以使用的时候，举办这些工程更显得有利，但是，上述问题理论上的解答在一定程度上必须建立在政治性假设和估计上，而问题的实际解答必须建立在政治权力的分配上。由于这个问题具有复杂的、需要审慎处理的性质，应当首先把精力集中在上述政治上中立的计划方面。

另一方面，似乎应该通过旨在稳定经济的直接行动来补充那些从纯财政观点看来是适当的措施。在预算是“赤字预算”或“有盈余的预算”时，私人投资所可利用的净储蓄额便受到影响。当预算是赤字预算，政府对资金的需求使资本市场非常紧张的时候，私人所可利用的净储蓄额便减少。在相反的情况下，私人所可利用的净储蓄额便增加。由于私人对投资的需求也有变动，要使这两个因素更好地相适应，就得推行上面所提议的政策。这样，预算政策成为货币政策的重要补充措施，使资本市场得以保持平衡。但是，预算政策的稳定力量未必在每个情况下都能完全达到所期望的程度。因为，国家活动是许多具有不同目的的中央和地方当局的决定的总结果。所以，这个总结果也许需要加以调整，使得预算政策能更好地和货币政策相适应。如果中央银行理事每年告诉政府，从货币观点看来，在最近的将来，把预算编成有若干“赤字”或有若干“盈余”最为适宜，上述调整也许可以做到。因此，如有可能，就应当调整预算。这就是有意识地采用预算措施来达到货币政策所要求的目的，就是，使资本市场能够保持平衡。

上面在一些简单假设下对预算政策所作的阐述，在缪尔达尔著作里、在失业委员会报告（第七章）和在研究公共工程的含义的奥林补充报告（第五章）中，解释得更详尽。虽然这些论著的作家也许不会全部赞同上面所说的话，但总的来说，关于以下各要点，我们和他们的意见似乎是相同的。

（1）不应该让商业循环影响到正常的国家活动。这意味着，在正常活动方面，应当防止在不景气年减少支出而在景气年增加支出的倾向。由于某种原因而需要在这方面对财政政策作任何修改时，应当通过调整生产因素的收入，而不应当通过改变生产因素的使用数量来进行。

（2）公共建设工程，不管能否自己清偿本身的费用，都应当这样分散到不景气年头和大景气年头中去，使能收到最好的预算后果，就是说，使建设费用能减低到最低的水平。因此，这些建设工程应该集中在工程费用较低的不景气年头，如果这种政策不影响政府当局行使他们的职责。这样，政府行动会自动产生一个反趋向，这个反趋向可对一般趋向起稳定的作用。

（3）总的说来，捐税负担在不景气时期应当较轻，而在大景气时期应当较重。这就要求，在不景气年头，把预算编为“赤字的预算”,而在大景气年头,把预算编为“有盈余的预算”。至于应该有多少“赤字”或多少“盈余”,应当和中央银行商量决定,使预算政策和货币政策能相适应。这样,预算政策就会影响私人投资所可利用的储蓄数额,而且使储蓄供应额在商业循环各阶段中能够和储蓄需求额更好地相适应。

3. 由于国际关系而发生的变更

到现在为止,问题是在没有考虑到国际关系的情况下讨论的。在考虑到国际关系时,可使用典型事例来说明国际关系所引起的复杂情况。就我来说,我倒想强调不同币制在这方面的重要性。因此,我要对这方面补充几点意见。

这似乎是一般规律:金本位制往往会增加采用应付循环的预算政策的需要,但同时它却会使这种政策的实行变得比较困难。至于独立币制,情形恰恰相反。

像瑞典这样小的国家,如果采用金本位币制,就应该多方面设法适应国际商业变动。采取独立政策的可能性是非常有限的,除非同时也采取非常独立的商业政策。无论如何,上面提到的那一种新的预算政策带来很大的危险性,这特别是由于经济预测的不可靠性。例如,在不景气时期,可相当准确地断定经济趋向在过了一些时间以后将改变过来,但很难预测这将怎样影响到未来物价水平。这个困难是极其重要的,因为把物价抬高来造成扩张形势,可能引起不幸的结果,如果正当的政策是相反的政策,就是说应该使物价加速地下降,从而使平衡能在较低的物价水平下尽快地实现。我们的结论是:通过预算措施来缓和经济变动的办法,虽然由于在上述情况下货币政策的功用有限，而成为特别适宜的政策，但只能在有限的范围内加以使用。因此，必须审慎地运用上面所说的有关预算政策的规律。

另一方面，我认为上述规律，对于施行自由币制的国家可能是更重要的。诚然，在这种情况下，要预测国际趋向是同样困难的。此外，也必须顾虑到国外趋向对国内趋向的影响以及国内和国际有同样发展的可能性。但是，主要的不同之点在于：在自由币制下，有可能对国内未来物价水平施加决定性影响。因此，实行合理的商业循环政策的财政计划的可能性便大大增加。例如，在不景气时期，可适当地通过借款筹措资金，兴建那些会改变经济趋向的公共工程。这种措施的后果，由于国外不景气的影响，也许是微不足道的，但在金本位制度下所能发生的危险，即政府可能被迫去使用价值较高的通货来偿还它的债务的危险却不存在。即使一般政策是在于维持比较稳定的外汇行情，国内物价水平可通过外汇率的调整，使其达到任何需要的水平。但是，货币政策如能巧妙地加以运用，而自由通货稳定一般经济趋向的巨大可能性能加以适当的利用，则上面所述预算计划某些部分的重要性便会同时减低。

4. 预算的编制

我们现在要谈谈编制预算的技术问题。我们已经知道，一个旨在缓和周期变动的财政政策，便意味着，在不景气时期要把预算编成“有赤字”的预算，而在大景气时期要把预算编成“有盈余”的预算。这样，问题是：在编制年预算的技术方面，怎样可实行随时变通的办法，而又不妨碍所计划的国家净资产的长期增加。这个问题的关键是，怎样使某一年的预算“赤字”真正地能被另一年的预算“盈余”所抵消，以致净资产的长期增加不致落到所期望的数额以下。

缪尔达尔在提出解决预算问题方案的同时，提出要求，把瑞典的预算会计制度加以改造，使这制度成为范围比较广大的制度。这个改革首先意味着：除政府各部门的直接货币支出外，使用政府固定资产所得到利益的每年价值，也应该记在账簿上。这个原则和瑞典国营企业所采用的原则是一样的，就是说，投入的资本的利息和损耗都作为支出或费用记在账簿上。① 这个范围比较广大的会计制度有以下优点：使瑞典现在所采用的平衡预算的原则可以规定得比较灵活。连无利可获的基本投资，在一定程度上也可用借款来进行，因为基本投资的损耗将由将来的预算负担。这样，更换基本设备的基金，将按基本设备价值下降的同一速度增加，国家净资产因此不会减低。

但是，我们就要看到，即使不改变传统的预算会计制度，也能相当确定地把国家资产增加到我们想要增加的程度，如果我们采用那些有伸缩性的平衡年预算方法。为达到这个目的，最重要的是：预算应该这样编制，使得“盈亏”程度都能明显地看得出来。在传统的预算会计制度下也能够达到这个结果，正如在比较完善的

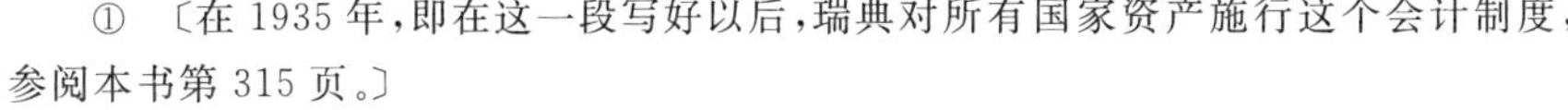

① 〔在1935年，即在这一段写好以后，瑞典对所有国家资产施行这个会计制度，参阅本书第315页。〕

会计制度下能够达到一样。[①] 在传统制度下，有意识地滥用平衡预算技术的可能性，比在新的制度下来得大，但这一点是比较不重要的。所以，采用新的平衡预算原则，无须改革旧的政府会计制度。

为说明我对合理使用新的预算技术的看法，我在下面作出两个可替换使用的编制预算方案。在这两个方案中，第一个只包括货币收入和货币支出，而第二个方案，除货币收入利货币支出外，还包括准备金和国家所拥有的基本设备的费用。

第一个方案和瑞典在1935年以前所施行的制度很接近。这个方案根据这个原则，即通常由捐税或由其他真正收入来给付的支出，要列入普通预算，而其他货币支出要列入特别预算。因此所有所谓经常支出，即经常行政费用和其他经常消费、公债利息等等，都归入普通预算。至于资本方面的支出，即基本设备投资、公债还本的支出以及拨作资本基金的款项(最后一个项目不列在表内)，都按照所采用的资产长期增加原则分配到普通预算和特别预算中去。如果要想把瑞典在这一方面的传统保留下来，那么，无利可获的政府投资和公债经常还本的一些支出就应该列入经常预算的借方，而其他资本方面的支出则应该列入特别预算。把支出列在经常预算和特别预算的做法，已被认为是通过立法程序或其他

① 因此，预算如果是按照上面所推荐的方法编得更为明晰，以下引文(摘自上面提到的缪尔达尔著作第138页)，在现今预算会计制度下同样可以适用："按照这种方法，至少可消除掩盖国家财政真相使人民无法察觉、无法监督，从而使国家财政陷入不健全状态的可能性。当然，国家财政仍可能陷入不健全状态，但这种不健全状态是隐瞒不住的。目的在于更有效地保证财政健全的预算技术方法，所能得到的效果，就是上述更明晰的预算"。

方式确立的制度。

编制预算方法

第一方案

普通预算

经常收入		经常支出	
赋税、关税、消费税、手续费、国营企业的净收入、借出资本所得到利息以及其他货币收入	e	用于消费的支出，公债利息，等等	a
		维护资本和增加资本的支出	
		关于无利可获的基本设备投资的支出	b
来自特别预算…………	$a+b+c-e$	公债的经常还本	c
总数…………………	$a+b+c$	总数……………………	$a+b+c$

特别预算

借款和固定资产的变卖		关于增加资本的支出	
来自现金准备………………	f	关于能自清偿本身费用的基本投资的支出…………………………	d
借款	$a+b+c+d-e-f$	转入普通预算	$a+b+c-e$
总数……	$a+b+c+d-e$	总数……………	$a+b+c+d-e$

这种编制预算的方法有这样一个优点：平衡的程度可以经常预算直接来确定。如果经常收入恰好等于这预算中所列的支出，那就是按照以获得国家净资产的长期增加为目的而设定的标准来平衡的。如果经常收入(e)是大于或小于讨论中的支出(a＋b＋c)，那么预算就是“有盈余的”或“有赤字的”预算。在上面所列的表里，我们所假定的是一个“赤字”预算。在这种情况下，经常收入的不足，可由特别预算中拨出一个数额来弥补。这个数额的大小(a＋b＋c－e)表示“赤字”的程度。如果预算是“有盈余”的预算，这个盈余的程度就表现在经常预算的盈余数额(转入特别预算)，这种数额列在经常预算支出方面，作为一个特殊项目。这些从特别预算转入经常预算或从经常预算转入特别预算的数额，将再出现于特别预算，作为支出方面或收入方面的增加额。这两个预算

的总数因此将受到这种移转的影响。

使用新的、更灵活的平衡预算原则，不但意味着预算无须每年平衡，而且意味着正离差和负离差是可以容许的，如果它们最终会互相抵消的话。因此，如果在某些年份预算有“赤字”，在以后若干年份预算就得有相应的“盈余”。这种办法可能发展成为固定的传统，把预算频年发生“赤字”的危险完全消除。但是，关于这一点，不应该先订下解决这个重要问题的一般规则，就是说，不应该限定一定程度的“赤字”被相应的“盈余”完全抵消的时间。总之，应该设法做到，经常预算的盈余和赤字，在一个商业循环期间内能够相互抵消。可是，将来发生的商业循环，可能比过去的循环更不规则，所以，不能确定赤字被盈余抵消的时间。此外，应该注意，经济变动并不限于狭义的商业循环。我们需要考虑到其他或长或短的繁荣时期和衰退时期。因此，应该对平衡预算的方法加以相应的修改。此外，我们应当记住，最终要由赋税收入来筹措的基本投资，可能各年各不相同。因此，可能要把预算在形式上变为有相应的“赤字”或“盈余”的预算来清除这些差异。如果这些差异延长到几十年的时间，最好要使用其他方法来达到必要的调整，例如，修改公债的经常还本标准。①

① 这个问题在不久的将来很可能变得尖锐化，如果我们决定，在以下十年期间，使用一向没有工作的人来搞那些将大大增加无利可获的固定资产的公共工程（例如筑路）。假定这一方面的支出是按照上面提到的原则列入普通预算的，又假定普通预算是平衡的，而且国债的偿还保持原有的速度，那么国家净资产（指广义的、包括上述新主要资源的资产）在这个十年期间将有非常大的增加。如果要把这种增加分散到比十年更长的时期，那么可这样编制这十年期间的预算，使它终于成为有赤字的预（接下页）

第二个编制预算方案和第一个方案主要不同之点在于它包括以下估计项目:收入这一边包括国家所拥有和所使用的建筑物与其他有形资本的利息;支出这一边包括这些资产所提供服务的价值(这些价值可分解为利息和损耗)。因为利息项目(g)在预算的两边出现,它的唯一后果将是总数的增加。把损耗项目(h)列入费用这一边,有个更重要的意义,因为这样做使得我们能够计算出那些为着保持国家财富(按广义说)必须由经常预算收入来抵补的开支总数(a+h)。但是,如果按照瑞典传统,预算的平衡不但意味着财富保持原状,而且意味着国家财富每年要按公债经常还本数额(c)加上无利可获的固定资产经常增加数额的总和而增加,那么这两个项目也必须包括在经常开支内,作为拨充资本基金的正常开支。因此,所有无利可获和能自清偿本身费用的投资,都可转入特别预算,或是通过变卖固定资产或是通过借款来筹措这种投资的资金。这样,特别预算主要记录国家财富在各种基金账上的转账。财富这样移转的数额,将看转入普通预算或从普通预算转出数额的多寡而有所不同。

这个编制预算方法〔它是适应于新的瑞典会计制度的〕,和第一个方法比较,当然有一定的优点。这个方法把预算所包含的国家财富的每年变动更明显地表示出来。这个方法也使得我们能够把它们和对国家财富每年“正常”增加额所设的标准相比较。此

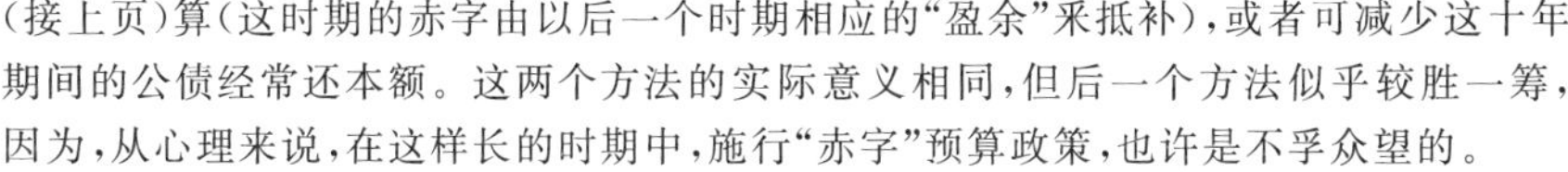
(接上页)算(这时期的赤字由以后一个时期相应的“盈余”采抵补),或者可减少这十年期间的公债经常还本额。这两个方法的实际意义相同,但后一个方法似乎较胜一筹,因为,从心理来说,在这样长的时期中,施行“赤字”预算政策,也许是不孚众望的。

外，采用这个方法，就不需要对筹措无利可获的和能自清偿本身费用的投资资金的方法区别开来，像现在所做那样。如果在经常预算中把足够的数额转入资本基金，所有投资都可通过借款或变卖固定资产来筹措资金，而不会危害到国家净财富。这样就可避免由于无利可获的投资（例如由于社会福利或军备的投资）的需要有所增减而产生的赋税负担的每年变动。我们已经说过，这一方面的困难是第一个方法内在的困难。但应该承认，这种困难并不是不能克服的。

编　制　预　算　方　法

第　二　方　案

经　常　预　算

经常收入		经常支出	
捐税、关税、消费税、手续费 国营企业的净收入、借出资本的利息以及其他货币收入	e	用于消费的支出，公债利息，等等	a
		国家所拥有和使用的有形资本估计的租金	
国家所拥有和使用的有形资本估计的利息	g	1. 利息	g
来自特别预算	$a+b+c-e$	2. 损耗（拨归还债基金）	h
		关于增加资本的开支	
		资本基金的增加	$b-h$
		公债的还本	c
总数	$a+b+c+g$	总数	$a+b+c+g$

特　别　预　算

借款和固定资产的变卖		关于维护和增加资本的开支	
来自还债基金	$b+f$	关于无利可获的基本投资的开支	b
来自资本基金	$a+b+c+d-e-f$	关于能自清偿本身费用的基本投资的支出	d
		输入经常预算	$a+b+c-e$
总数	$a+2b+c+d-e$	总数	$a+2b+c+d-e$

在上面，我只企图说明新预算方法的主要原则。当然，即使预

算项目是按照和这里所说不同的方法来排列的，这些原则也可以适用。因此，经常预算上所发生的赤字或盈余，究是转入特别预算，像上面所说那样，还是记入特别基金，即“平衡预算基金”的借方或贷方，这是无关重要的（参阅下面）。

这里所推荐的预算编制方法，和瑞典近来使用的方法最重要的不同之点在于：前者更明显地表示“赤字”或“盈余”的程度。在 1931 年到 1934 年预算呈现“赤字”的时期，瑞典使用了两个不同方法。首先，把某些支出项目从经常预算转到借款预算；同时，并把某些将来收入留作迅速偿还新借款之用。其次，提出某些固定资产和投资基金（其中包括由改变会计方法而获得的一次收入）来弥补经常预算。这种“赤字”是打算由以后几年中相应的盈余来抵消，其做法就是增加经常预算的负担，增加公债还本像刚才所说那样，以及提拨一定收入充作特别基金（除由借款预算支出一方再转来的数目外）。

这种做法不甚合理的地方在于同时使用两个不同方法把预算编为“有赤字”或“有盈余”。诚然，可使用历史观点来说明合并使用两个方法的理由，因为从前认为，可利用现金准备来弥补经常的小额赤字。如果保留这种办法，不加变动，而且按一般认为危险性最小的方式来筹措弥补差额所需要的借款，那便和传统方法相去不远。但是，平衡预算的新原则一经有意识地采用以后，逻辑便要求我们贯彻下去，而且废除对于“赤字”预算所作的下述旧区别——如果利用现金准备来弥补差额，那便是可以允许的“赤字”预算；如果使用借款来弥补差额，那便是和财政传统背道而驰的“赤字”预算（但是，在所讨论的情况下，作为消灭不景气的特殊措施也许是适当的）。事实上，这两种“赤字”预算是没有差异的。保留这种区别，使刚才所批判的错误见解滋长起来，这是愚蠢的做法。

最好使用新的、合理的方法来解决上述问题，使所得的结果也能完全满意地适用于长期问题。首先，所有提用的现金准备应当列入特别预算，而不应当列入经常预算。这样，经常预算上的赤字同时亦可完全呈现出来。这个赤字应该使用什么方法来消除，或由特别预算拨出一定数目转入经常预算（即上面所建议的方法），或把经常预算中某些支出项目移列特别预算，并没有什么重要的关系。由于第二个方法缺乏必要的伸缩性，而且支出项目不断地从一个预算移转到另一个预算，结果会使平衡的程度比较难于判断，所以第一个方法似乎较胜一筹。

上面所说只限于中央财政。至于地方财政问题，需要不同的处理，因为，通过借款来筹措无利可获的基本投资的资金，在一定情况下是法律所许可的。为防止财政情况的不断恶化，瑞典法律规定，地方政府进行新的借款须得地方议会三分之二成员的同意，而且要受中央政府一定程度的监督。但尽管如此，地方政府的财政是非常没有伸缩性的。所有管理费用以及基本设备正常增加所需要的资金都必须由每年经常收入项下来支付。因此，一般地说，地方捐税在不景气年头总是比其他年头繁重。在这一方面，地方政府似乎也很需要采用具有更大伸缩性的原则来平衡预算。（在中央政府一定程度的监督下）创设地方平衡基金，似乎是减低工业变动对地方财政不良影响的最简单方法。

5. 关于瑞典预算改革的一个意见(1939)

瑞典政府财政部长韦弗斯先生近年来已经实行了通过不景气

时期的赤字预算和大景气时期的盈余预算来消除商业循环的原则。上面已经说过(第 292 页),在前一个不景气时期,瑞典政府主要是通过发行新的公债筹措救济失业工人的费用,有意识地实行赤字预算。这种公债是短期公债,因为,按照计划,这种公债是要在商业循环下一个上升阶段还本,在那时候,把预算编成盈余的预算。事实上,这个计划已经顺利地完成,所有公债在 1938 年中就已全部还本。①

由于财政政策新纪元是在不景气当中开始的,所以要实行这个计划的其他部分,即把国家投资集中在商业循环的下降阶段,就比较困难。把公共工程集中在商业循环的下降阶段,需要事前作充分准备。可是,当时没有做这样的准备。但从那时以来,在国家投资长期计划方面有了很大的进展。这种计划将有助于缓和未来的商业循环,它不但包括中央政府和国营企业的投资,而且也包括地方政府的投资。

为使基本原则和现今预算技术更相接近,韦弗斯先生相继采用了一系列新的方法来编制中央政府预算。

1935 年采取了第一个步骤,把无利可获的不动产同时列入中央政府的资本账目和收入账目。此外又创设了一个特别基金,其数目相当于上述不动产价值。同时,把这些资产所提供的服务的估计价值,列入预算作为支出。这个数目减去转到还债基金的余额,列作不动产基金的净收入(参阅本书第 296 页的表以及第 290

① 读者可参阅韦弗斯所写的《不景气时期和大最气时期的财政政策》一文,见《美国学会年鉴》,1938 年 5 月,第 25 页和以下各页。读者也可参阅那篇论文的第 63 页,以及托马士所写的《货币政策和危机》,第 205 页和以下各页。

页)。这样就能够通过借款来筹措这种性质的基本建设费用,而不减少中央政府净资产的账面数额。由于资产每年的损耗(像刚才所说那样)是由每年预算的经常收入来弥补的,所以保持政府所拥有的资产的价值的经费也备有的款项。

同时,财政部长组织专门委员会拟定按照新原则重新安排国家预算的全面计划。这个委员会提出了更彻底地改革预算的计划。1938—1939 会计年度预算就是依照这个计划编制的,而下一个会计年度预算也采用这个计划,不过加以轻微的修改。可从下面的表看出这个计划的轮廓。[①] 在这里对这个计划做一些评论,似乎是适当的。

最重要之点是,普通预算或经常预算只应该包括通常由经常收入(而不是由借款或固定资产)来支付的费用。经常收入和经常支出这两者的正差额或负差额,应当明显地列为盈余或赤字(像上面所提示那样)。但按照这个计划,这种盈余与赤字和资本预算不发生联系,而是转到一种特别基金,即所谓平衡预算基金。平衡预算基金也应当表示收入和支出的预算数额和实际数额的差额。为使这个基金在一个长时期中能保持一定水平,按照这个方案每年预算应该包括一个关于解决以后十年中平衡问题的计划。

正像在上面第二表里那样(本书第 318 页),一切会增加政府会计账目中所包括的资本基金的资本开支,都归到资本预算。这个预算因此将表示国家投资总额,包括能自清偿本身费用的国家

① 我们假定,实际预算情况,和上表的情况相同,而且两个方案中所使用的代数符号具有同样的意义,这样我们就能够对这两个方案进行直接的比较。

投资和无利可获的国家投资。但是,筹措投资所需要的资金的方法,不能够直接从预算看得出来,因为预算的收入一边只列有一个笼统的项目。但是,所需要的款项却可能来自不同方面,或来自还债基金或其他基金,或来自新的借款(参阅本书第318页的表)

到现在为止,这个计划大体上和上面第二表相符。但我们要说到一个不同之点,就是这里没有上面表中列在经常预算支出一边的"关于增加资本的支出"这一项目。所提出的理由是:如果账面上的国家净资产没有变更,预算就是"平衡"的。所以,经常预算支出一边,除消费性费用和公债利息外,只应当包含一些摊提项目,相当于上述国家资产减少的数额。① 这样,平衡预算,就不需要国家财产账面净值的增加,例如相当于公债经常还本的数额的增加。

① 按照这个见解,在专家们所提出的预算原计划,经常预算还列有一个项目,即"摊提资本损失"项目。专家们主张,要保持国家资产,就应该由经常预算中拨出相应的款项来补偿由于资本损失而引起的国家资产的减少。我们可从原则上和实践上的观点来反对这个论点。就原则说,从经常收入弥补资本损失,是难于贯彻的。如果严格遵循上述计划,就会在不景气时期中当国家资产价值和其他价值都下降的时候引起严重的不幸结果。只应该使用经常收入来弥补本年活动所产生的损失。实际上,财政当局很可能不去清查一切资本损失,而所清查的只限于那些对预算的编制不会引起不方便的损失。这样比较随便地运用原则,似乎会引起以下一个危险:平衡问题可能是这样处理,以致公众不能看出这个问题究竟解决到什么程度。例如,经常预算中所注销的资本损失数额,在不景气时期可能减少,而在大景气时期可能增加。这样,财政当局能够很容易地规避整个改革的目标(目标就是使公众知道实际预算情况)。所以,财政部长在实施最后计划时,把资本损失一项略去是很有理由的。

在1933—40会计年度,经常预算支出一边列有"资本基金损失"一项。但这项所指的,并不是真正的资本损失,而是预期会在本年中发生的和国家资本基金有关的比较正常的损失。上面的议论,并不适用于这种损失。当然,这种损失,应当由经常收入抵补,正像其他经常年支出由经常岁入给付一样。

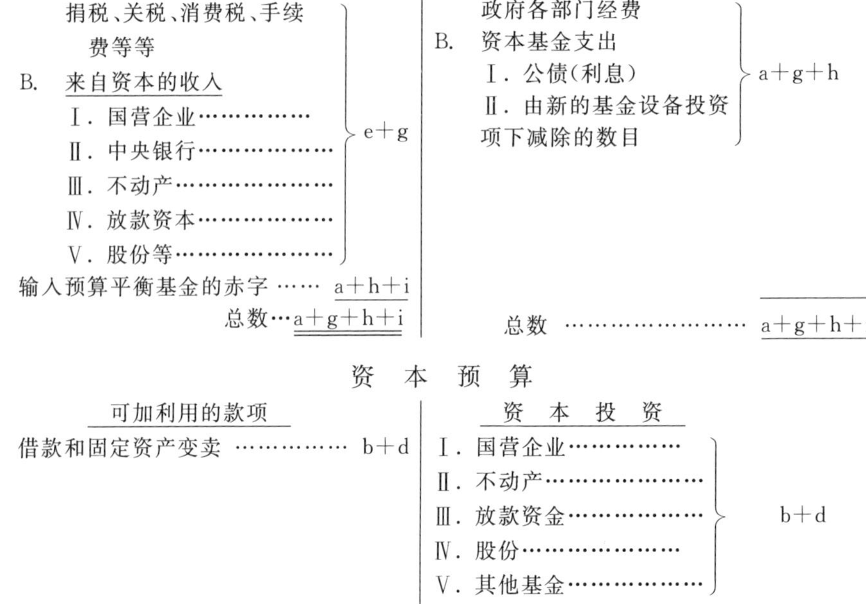

瑞典 1938—39 预算年度所使用的预算编制方法

经　常　预　算

收入		支出	
A. 政府经常收入		A. 政府经常支出	
捐税、关税、消费税、手续费等等	e+g	政府各部门经费	a+g+h
B. 来自资本的收入		B. 资本基金支出	
Ⅰ. 国营企业……………		Ⅰ. 公债(利息)	
Ⅱ. 中央银行………………		Ⅱ. 由新的基金设备投资项下减除的数目	
Ⅲ. 不动产…………………			
Ⅳ. 放款资本………………			
Ⅴ. 股份等…………………			
输入预算平衡基金的赤字 ……	a+h+i		
总数…	a+g+h+i	总数 ……………………	a+g+h+i

资　本　预　算

可加利用的款项		资　本　投　资	
借款和固定资产变卖 ……………	b+d	Ⅰ. 国营企业……………	b+d
		Ⅱ. 不动产………………	
		Ⅲ. 放款资金………………	
		Ⅳ. 股份…………………	
		Ⅴ. 其他基金………………	
总数	b+d	总数	b+d

这似乎和“平衡”预算的原来意义完全相符，但和瑞典所公认的“财政健全”标准不尽相符(参阅本书第 297 页)。瑞典的财政健全标准不但意味着国家应当保持原有的资产净额，而且意味着应当在一定程度上使资产递增。从这个观点看来，如果预算给国家资产净额提供了以下两种的增加，预算便是平衡的：(1)由于公债的经常还本而表现在会计账目上的增加；(2)其他增加，相当于无利可获的新投资对旧投资损耗的超过额，或表现在会计账目上，或不表现在会计账目上。

现在的预算明显地没有提供刚才所说的国家财富第一种的增加。不过，这种背离传统的“健全”标准，实际上关系不大，因为所牵涉的数额只是比较小的数额。但不妨指出，这种编制预算方法产生一个不自然的现象。

如果要想减低公债或增加国家资产净额(无利可获的投资不在此限)，按照上述编制预算方法，只能从增加预算平衡基金和把预算编成有相应数目的盈余着手。如果增加国家财富的计划是几年的计划，平衡基金将失去它的原来意义，而且它对解决短期平衡问题的作用便看不出来。所以，要实行这种计划，就应当从平衡基金把所需要的款额转到资本预算中来处理上述困难。

比较重要的是第二种国家财富的增加，即不生货币收入的无利可获的投资的增加。严格地实施上面说到的新计划，必定意味着预算也不提供第二类的增加。如果这种投资是完全通过借款来举办的，如果经常预算中每年所指拨的款额仅仅相当于这种投资的实际损耗，那么，国家资产净额不但没有表现在账目上的增加，而且也没有不表现在账目上的增加。

在上面第 312 页所列的表中，采用了以下方法来处理这种困难，即在经常预算中特拨一笔款额来充实基金，其数额相当于无利可获的新投资对旧投资损耗的超过额(b—h)。在瑞典 1938—1939 会计年度的预算中，政府作出了另一个安排，所得结果和上述至少是部分相同。关于无利可获的新投资，那时候作出了决定，立刻把这种投资成本的账面数额减掉相当大的部分(即百分之二十五到五十)，同时在经常预算中列入相应的数额(在表里以 i 来表示)作为抵补。这样对 1935 年改革方案所作的这个修改，实际上是接近于处理这种投资的旧的办法，即把这种投资的全部账面数额立刻加以注销。因为 i 也许是小于(b—h)，所以在投资数额

没有改变的假设下，国家财富的实际增加将比在旧的平衡预算方法下来得小。应该注意，这种财富的增加，正如在旧制度下一样，不在账目上出现，因为它只相当于所注销的数额对无利可获的投资的实际损耗的超过额。

我们因此可下结论说，瑞典近来的预算改革已经稍稍改变了它的“财政健全”传统标准，国家财富不但没有表现在账目上的增加，并且在其他情况不变下，不表现在账目上的增加也减少了。但这些大抵可被无利可获的投资总额的增加所抵消。

最后，我们可简单地说一说，如果后来经济情况改变，预算要做一些修改，瑞典应该采取什么方法来调整预算。传统的方法是，在拨款的增加无可避免的时候，提出一个追加预算。但这种方法不足以使支出能随时适应于商业情况的变化，因为当瑞典国会在五月底休会以后，政府没有宪法上的权力实行适应商业衰退的财政措施。所以，在1938上半年，当政府不能预测商业循环的下降阶段是否将在1938—1939会计年度开始的时候，国会便通过了一个旨在适应不景气状态的“紧急预算”，作为经常预算的补充。经常预算的编制是根据商业不发生重大变动这一假设的。而紧急预算则包括附带条件的拨款，这些拨款只在商业情况发生重大恶化的条件下才可动用。这样，经常预算具有适应大景气时期需要的最小预算的性质，而紧急预算和经常预算合在一起则具有适应不景气时期需要的最大预算的性质。由于紧急预算对于附带条件的拨款的资金来源没有提出解决方法，所以可推断这种预算会导致赤字。这个附有紧急预算的新预算制度还没有试行过，因为，到目前为止，还不需要实施这种制度。但这个方法似乎能够很有效地

克服以缓和商业循环为目的的财政政策所遭遇的最大困难，即正确判断商业未来发展的困难。

总的来说，瑞典现在所实行的预算计划，既简单明晰，又符合平衡预算的新原则。

图书在版编目(CIP)数据

货币和资本理论的研究/(瑞典)林达尔著;陈福生,陈振骅译.—北京:商务印书馆,2017
(汉译世界学术名著丛书:120年纪念版:珍藏本)
ISBN 978-7-100-14159-8

Ⅰ.①货… Ⅱ.①林… ②陈… ③陈… Ⅲ.①瑞典学派—研究 ②货币理论—研究 ③资本—理论研究 Ⅳ.①F091.346 ②F820 ③F032

中国版本图书馆CIP数据核字(2017)第138579号

汉译世界学术名著丛书
(120年纪念版·珍藏本)
货币和资本理论的研究
〔瑞典〕林达尔 著
陈福生 陈振骅 译

商务印书馆出版
(北京王府井大街36号 邮政编码100710)
商务印书馆发行
南京爱德印刷有限公司印刷
ISBN 978-7-100-14159-8

2017年12月第1版 开本710×1000 1/16
2017年12月第1次印刷 印张20¾
定价:98.00元